精细育人故事 100 例编委会

德育新思维丛书

精细育人故事100例

主　编：彭志斌　袁昌红
副主编：林家祥　袁吉玉　边相君

暨南大学出版社
JINAN UNIVERSITY PRESS

中国·广州

图书在版编目（CIP）数据

精细育人故事100例/彭志斌，袁昌红主编；林家祥，袁吉玉，边相君副主编. —广州：暨南大学出版社，2011.8
（德育新思维丛书）
ISBN 978-7-81135-918-3

Ⅰ. ①精… Ⅱ. ①彭… ②袁… ③林… ④袁… ⑤边… Ⅲ. ①教育—文集
Ⅳ. ①G4-53

中国版本图书馆CIP数据核字(2011)第143731号

出版发行：暨南大学出版社

地　址：中国广州暨南大学
电　话：总编室（8620）85221601
营销部（8620）85225284　85228291　85228292（邮购）
传　真：（8620）85221583（办公室）　85223774（营销部）
邮　编：510630
网　址：http：//www. jnupress. com　http：//press. jnu. edu. cn

排　版：广州市天河星辰文化发展部照排中心
印　刷：湛江日报社印刷厂

开　本：787mm×960mm　1/16
印　张：15.75
字　数：310千
版　次：2011年8月第1版
印　次：2011年8月第1次
印　数：1—3000册

定　价：32.00元

前　言

教育，是人类生存与发展的摇篮，是文化传承与创新的桥梁，是社会进步与和谐的基石。而教育研究，与教育是孪生子。20世纪90年代，教育叙事研究在我国兴起，至今已走过了20年的历程。当前，教育叙事研究已成为教育的流行语，而教育故事则成为教师表达自己教学体验的不二选择。

中等职业教育（以下简称中职教育），相对普通高等教育而言，其教育的艰难不言而喻。2001年，广东省佛山市顺德区陈村职业技术学校彭志斌校长顺应社会城市化发展，开创性地提出中职教育新理念——“城市化意识教育”，着力培养“高素质、高品位、高度文明、高尚道德”的现代城市新人。在实践“城市化意识教育”的过程中，我们意识到：德育，应是“城市化意识教育”的主阵地，而学生文明行为习惯的养成则是最终目的。其间，我们注意到了“精细化管理”理念，深入了解其内涵之后，认同它可以实现“规范学校日常管理、明确管理目标、细化管理单元、改进管理方式，确保管理高效、准确、到位，提升学校工作开展的效率和管理水平，形成带动学校良性发展的健康机制”的目标，因而决定在我校引入“精细化管理”，使之与“城市化意识教育”有机融合，移植到德育管理之中，并逐步形成“精细德育”模式。

如果说“城市化意识教育”是一种理念，那么“精细德育”则是实施该理念的具体途径。在我校开展“精细德育：职校生文明行为养成教育模式研究”的科研课题过程中，教育叙事研究成为我们的重点研究方法之一。我们鼓励全体教师围绕课题开展叙事研究，留心日常教学事件和生活事件，关注学生的心灵成长历程，反思自己的教育行为，进而改进自己的教育实践，完善自己的教育理念。我们期待“小叙事”繁荣“大生活”，“小细节”成就“大德育”。

本书收集了我校教师在教育实践和教育生活中发生的各种真实、鲜活的教育事件和发人深省的教育故事。全书共分为“遇上你是我们共同的缘”、“让春风化雨暖你心”、“想说爱你不容易”、“换个视角，海阔天空”、“最幸福的回报”五个部分，每个部分含有20个教育故事，每个故事都附有简明扼要的点评，指出其中蕴涵的教育意义和反思感悟。

华南师范大学刘良华教授说：“我们没有必要期望教师创造出‘经典’的教育故事，但可以期待教师创造出‘自己’的故事。”这本书正是一本教师“自己”的故事集，我们期待与您分享，我们期待您的加入！

本书由我校全体语文教研组教师负责点评和编辑，五个部分的责任编辑分别为刘建华、边相君、杨艳娟、尹志群、袁昌红。全书主编为彭志斌、袁昌红，副主编为林家祥、袁吉玉、边相君。

在本书的编写过程中，我们参考了一些资料，引用了一些专家和同行的言论和研究成果，在此表示感谢。由于时间、水平有限，书中难免有不足和疏漏之处，恳请大家批评、指正。

编　者

2011年5月20日

目　录

前　言 …………………………………………………………………………（1）

第一编　遇上你是我们共同的缘

1. 我以真诚换真心——我与小婉的心灵对话 ……………… 周文君（3）
2. 一个违心的决定 ……………………………………………… 杜文林（6）
3. 师爱不言放弃 ………………………………………………… 钟玉润（8）
4. 活宝的故事 …………………………………………………… 霍淑琼（10）
5. 我与电子 073 班的故事 ……………………………………… 江爱云（12）
6. 理解搭建心桥 ………………………………………………… 卢国志（16）
7. 鼓励造就人才 ………………………………………………… 林清香（18）
8. 心香一瓣添春意 ……………………………………………… 黄法强（20）
9. 做家长亲密无间的合作伙伴 ………………………………… 梁颖琦（22）
10. 多一分耐心，多一分收获 …………………………………… 吴柳春（24）
11. 一个“废人”，乐观走向冠军奖台 ………………………… 江存志（26）
12. 插上自信的翅膀，让学习充满欢乐 ………………………… 霍淑琼（28）
13. 每一朵花都有自己的春天 …………………………………… 黄法强（30）
14. 门外的家访 …………………………………………………… 刘选明（32）
15. 记忆深刻的感悟 ……………………………………………… 王江霞（35）
16. 迟到这件“小”事 …………………………………………… 谢剑青（38）
17. 岁月的反思 …………………………………………………… 王战义（40）
18. 伴着学生成长 ………………………………………………… 汤　敏（42）
19. “包工头”工作两三事 ……………………………………… 李　毅（45）
20. 真诚面对“学生辍学”问题 ………………………………… 黎　钢（47）

第二编　让春风化雨暖你心

21．春风细雨化冰凌 …………………………………… 邱群灯（51）
22．误会中的思考 …………………………………… 成晓丽（53）
23．家庭教育是学校教育的关键 ……………………… 龙福林（55）
24．来吧，横着跑 …………………………………… 吴海奋（57）
25．温声细语入心田 ………………………………… 罗　雪（59）
26．错怪的启示 ……………………………………… 何爱华（61）
27．给个支点，撑起学生的人生 ……………………… 梁敬华（63）
28．“垃圾”的处理 …………………………………… 徐珊妮（65）
29．分开疏导，化解危机 ……………………………… 李平新（67）
30．主业PK副业 ……………………………………… 陈雪华（69）
31．教育需要谎言 …………………………………… 梁丽媚（72）
32．徘徊中见榜样，重新树立自信 …………………… 赵海军（74）
33．用理智涤荡冲动的心魔 …………………………… 黄燕娜（76）
34．循循善诱，助学生化蝶 …………………………… 边相君（78）
35．老师，谢谢您不问 ………………………………… 谈卫兵（80）
36．架起家长与学生沟通的桥梁 ……………………… 梁丽婷（82）
37．阿标的故事 ……………………………………… 潘美芳（85）
38．请你代替我一天 ………………………………… 李瑞怡（88）
39．碰撞才能见火花 ………………………………… 梁倡明（90）
40．相信信心的力量 ………………………………… 陈德乾（92）

第三编　想说爱你不容易

41．宽容是一剂良药 ………………………………… 周　才（97）
42．早恋不是洪水猛兽 ……………………………… 高　玲（99）
43．爱的力量 ………………………………………… 罗慧珍（103）
44．沟通、理解与成长 ……………………………… 古振忠（106）
45．教育，从心出发 ………………………………… 朱晓君（108）
46．有一种教育叫爱 ………………………………… 黎少碧（110）

47. 敲开学生心里那扇门 …………………………………… 杨敏宜（112）
48. 走进学生心灵 …………………………………………… 周　旭（114）
49. 教育源于爱 ……………………………………………… 王永清（116）
50. 师爱如灯 ………………………………………………… 李　丹（118）
51. 老师，他们打了我一巴掌 ……………………………… 钱伟坚（121）
52. 从为他着想开始 ………………………………………… 党信兵（124）
53. 偷窃发生之后 …………………………………………… 刘作武（127）
54. 仪表整改引起的风波 …………………………………… 潘炎建（129）
55. 在挫折中成长 …………………………………………… 唐　洁（131）
56. 手机风波 ………………………………………………… 朱燕芬（133）
57. 爱与责任 ………………………………………………… 李　丹（136）
58. 栏杆旁的梦魇 …………………………………………… 邓富华（139）
59. 拥抱冬日的太阳 ………………………………………… 利艳兴（141）
60. 用爱唤醒心灵 …………………………………………… 孔燕娜（143）

第四编　换个视角，海阔天空

61. 选好教育的最佳时机 …………………………………… 易　梅（149）
62. 适当的让步，也是一种智慧 …………………………… 何小毛（151）
63. 你写，我写，大家写 …………………………………… 朱淑英（153）
64. “差生”，成了我和同学们唯一倚重的人 ……………… 廖志辉（155）
65. 石头开花的奇迹 ………………………………………… 邓以琼（157）
66. 当学生实习情绪低落后 ………………………………… 冯　坤（160）
67. 尊严如金 ………………………………………………… 李玲艳（162）
68. 另一种地狱 ……………………………………………… 刘金华（164）
69. 换位思考，润物无声 …………………………………… 黄清海（166）
70. 用故事陪伴学生成长 …………………………………… 尹志群（168）
71. 老师，相信我，这次我能处理好 ……………………… 黄法强（172）
72. 退一步海阔天空 ………………………………………… 周武英（174）
73. 精诚所至，金石为开 …………………………………… 马敏丽（176）
74. 理解是桥　宽容为怀 …………………………………… 李　华（178）
75. 让小钻石更好地映射出太阳的光芒 …………………… 李洁红（180）
76. 承诺·责任 ……………………………………………… 梁彩萍（182）

77. 用哲理小文，触动学生的心灵 …………………… 赖盛昌（184）
78. 用智慧敲开那扇门 …………………… 李　丹（187）
79. 周记——沟通心灵的桥梁 …………………… 朱锦饰（189）
80. 春暖花会开 …………………… 梁倡明（191）

第五编　最幸福的回报

81. 那一刻，我很感动 …………………… 祝咏香（195）
82. 坚持，赢来了幸福 …………………… 王先梅（197）
83. 与“鞋类代言人”的亲密接触 …………………… 陈观带（199）
84. “较量”的旅程 …………………… 欧阳俊（202）
85. 三次“斗牛” …………………… 李　德（205）
86. 投篮比赛 …………………… 刘作武（207）
87. 我在全班学生面前说了谎 …………………… 李炳莉（209）
88. “火鸡”的重生 …………………… 陈小静（212）
89. 一份意想不到的学生礼物 …………………… 龙　斌（215）
90. 沟通，需要技巧 …………………… 林秀梅（217）
91. 我付出，我快乐 …………………… 张瑞冰（219）
92. 没有礼物的教师节 …………………… 蔡凌云（221）
93. 冲突之后 …………………… 陈新曦（223）
94. 尊重的回报 …………………… 谢伟华（226）
95. 我对“发哥”的爱 …………………… 周文君（228）
96. 用爱心敲开学生的心门 …………………… 何佩仪（230）
97. 宽容创造的奇迹 …………………… 沈少华（232）
98. 美丽的内部处理 …………………… 邓　波（234）
99. 一碗双皮奶——我和学生阿诚的故事 …………………… 刘伟清（236）
100. 因为爱，我幸福着 …………………… 杨艳娟（239）

后　记 ……………………………………（242）

第一编　遇上你是我们共同的缘

从我手里经过的学生成千上万，奇怪的是，留给我印象最深的并不是无可挑剔的模范生，而是别具特点、与众不同的孩子。

——苏霍姆林斯基

1　我以真诚换真心——我与小婉的心灵对话

周文君

那是开学的第五天，我突然发现班上的小婉同学把头发全染成了金黄色，还在右手臂上纹了几个我完全看不懂的火星文。我马上找她谈话，然而她的态度却非常冷淡。我说什么，问什么，她都低头看地，一声不吭。后来我去她家家访，才了解到她目前跟父母的关系闹得很僵。

经过冷静的思考，我决定放下我的班主任身份，用平等的姿态与她相处，用心去感受她，用心去教育她，让她明白自己的问题。最终我选择了用周记对话的形式展开了与她的交流。

第一次，她的周记是这样写的：

周老师：

说真的，刚开始时我真的一点都不喜欢您，甚至有点想欺负您。因为您戴着一副眼镜，外表看起来斯斯文文的，身材苗条得就像一条竹竿，天生一副弱不禁风的样子。您知道吗？我在初中时经常旷课，顶撞老师，喜欢个性张扬的打扮。但自从遇到您，我才真正知道自己错了。您的真诚，您的平等，您放下自己的姿态，让我感觉很温暖。以前的老师对我都是凶巴巴的，跟我谈话都是用训斥的话语，好像我天生就是给老师骂的。初中三年，没有一个老师去过我家，因为他们都看不起我。但周老师您在两个星期里，就去过我家三次。请相信我，周老师，我会按照您的要求，从头做起，重新做人。

我鼓励她：

小婉同学：

老师谢谢你。谢谢你能冷静地思考！老师完全相信你，请你记住：自暴自弃是彻底的失败。坚持一下，成功也许就在下一分钟。

第二次，她这样写道：

在这个星期里，我能按时上学，团结同学，虽然上课有时也会开小差，但比以前好多了。上星期扑克无端出现在我的抽屉里面，当时我刚从抽屉里拿出书本，扑克就从抽屉里滑落下来，不幸的是还被老师看见了，真是“跳入黄河都洗不清”了。但我真的不知道扑克是从哪里来的，好在班主任很相信我，我心里不免有一丝丝的安慰。但按班规处理，被扣了10分，真是心痛，现在德育分还不合格呢！哎！但是我会努力的，不会拖班级的后腿，一定不会的！或许是基础差导致很多功课都听不明白，或许是自己不够认真听课吧！但是我会慢慢去改的。时间能证明一切！

我开导她：

小婉同学：

看了你的日记，我发觉你的文采很不错。

这个学期开学初，你让老师伤透了脑筋，你很有个性，但又很任性。不过后来有很明显的进步。

不要忘记老师对你说过的话，老师相信你是无辜的，也相信你一定会成为一个优秀的好学生，加油，好吗？

第三次，她是这么写的：

下星期事情还真多，广播体操比赛、校运会、考试！哎，最害怕的就是下星期的中段考了，不过我一定会好好复习，争取合格，不拖班级的后腿。努力加油吧！小婉，哈哈！最近发现有个女同学经常和隔壁班的男生说说笑笑，追追打打的，她可是女生啊！和一大群男生在一起，成何体统呢？如果她继续下去，必定会成为我们班的坏榜样。真令人愤怒，不知羞耻，女生最重要的是名节吧！怎么能无所谓呢？

真期待校运会，我们班每个同学都很积极参与，每个人都希望可以为班级出一分力，这是好事。但只可惜名额有限，我的体育成绩向来一般，肯定轮不到我了，好在还能帮他们打打气，哈哈！物流093班的同学一起努力加油吧！成功是汗水和勤劳换来的，谨记“一分耕耘一分收获”！

我安慰她：

小婉同学：

这个星期你表现不错，对班级有爱心，有集体荣誉感，总想着为班级出一分力，这是好现象。

自从你进入物流093班，我一直关注你，从你的头发到你的指甲、你的眼神。老师知道，你很有“个性”，你很有“风格”。目前，你的表现是越来越好了，能够认真上课、认真听讲，能够分清是非、对老师有礼貌，老师很欣慰！

你的进步让老师打心底里开心，老师谢谢你！也祝贺你！

学习要坚持不懈，努力向上，勤勉好问，记住：书山有路勤为径，学海无涯苦作舟。

如今的小婉，学习上进步了许多，也不再顶撞老师，更不再做“金毛狮王”了，和家人的关系也和谐了。我这才深深地体会到：以尊重、爱护、宽容之心对待学生，以平等的身份去了解、感化和激励学生，多一些鼓励和表扬，少一些批评与责问，学生的心灵世界才会向你敞开，师生之间的真正交流也才会出现，真正的教育也就由此开始了。

点评：与其端起“严师”的架势，不如放下教师的架子，用尊重、爱护、宽容的心走近学生、走进学生、了解学生。让每一个学生都能沐浴在和谐、民主的师爱温暖之中，让师生之情在心与心的真诚交流中得到升华！

（李　丹）

2 一个违心的决定

杜文林

2009年3月7日，一个很平常的星期六，我们数控铣床竞赛项目训练队要进行一场优劣淘汰赛，以确定参加佛山市数控铣床项目竞赛的最后选手。

这是一场5天前就宣布要进行的比赛，按照学校的要求，临近比赛之际，要集中精力辅导真正参赛的学生，而让不参与这次比赛的学生暂时先离开训练队。其实，完全可以通过平常训练表现，让最差的那个学生直接离开就行了，无须多此一举。但转念一想，借这个淘汰赛给参赛选手施加一点压力也是可行的，所以决定举行这一场比赛。

其实五选四，我心中早就默认了淘汰的人选——阿涛，平常表现最差的就是他，无论他怎么比都比不过其他的4名同学。自从我宣布以比赛来确定参赛人选后，这几天的训练，5名同学都更加积极了，表现出来的拼搏精神更是让我们指导老师感动，没有人放弃，没有人掉以轻心，毕竟每个人都不想在艰苦奋斗了几个月后中途离开。

今天，真要进行比赛了，作为辅导老师的我却犹豫了，如果好的选手发挥失常了，怎么办？这不是不可能的，因为数控铣床项目的比赛，偶然性很大，很可能会因为一点小错误而导致彻底失败。从平常的表现来看，虽然5人水平有高低，而且相差比较大，但是没有人可以保证每次训练时都可以做到不出错。所以没有人可以保证每次都是最好的。如果真出现这种情况，我会失言吗？如果我失言了，学生还会再相信我吗？如果下次还有人要离开，他们还会这样努力去争取名额吗？要是学生都以为老师都已经决定了，所以就无所谓了，那整个训练队伍不就完了？

虽然心里很矛盾、很犹豫、很担心，但比赛仍然按计划进行了。比赛中，我努力控制自己的心态，从机床到使用的工具都采取抽签的形式，一切都公平对待。因为直径20厘米的好刀只有3把，所以规定都不使用这种刀。比赛时间是6个小时，这是非常难熬的6个小时，因为比赛现场的情况是，每个人都有出错。而我本打算淘汰的平时技能最差的阿涛，这几天竟然突飞猛进，比赛表现比较好，虽然中途编程出错导致工件过切，但是后面发挥一直比较稳，随着其他同学的出错，他开始慢慢建立优势。不过到后面阶段，毕竟水平与其他同学相比稍差一点，慢慢地又被其他同学赶上了。比赛马上要结束了，我开始放心了，因为这正是我要的结果。但是当我告诉他们还有最后10分钟时，有名同学选择了放弃加工，因为未加工的部分没有时间编程和加工了；另外一名同学急着多加工一个轮廓，却出错把已加工的部分给铣掉了，不仅没有多得分，反而把已经得到的分给丢了。阿涛这个时候放弃了很多地方，找了个既容易编程又容易加工的地方加工。这让我头疼了，我打心眼里不希望有这样的结果，因为根据平常的表现和他们的水平，我内心早就已经确定了离开的人选。

最后比赛评分结果出来了，阿涛排在了第三名，而且比第四名多1分，比第五名多3分。也就是说，最后的10分钟决定了胜负。虽然我依然有足够的权利选择让他离开，毕竟多出的分数不多，我可以以参照平常的成绩为由，让他这3分的优势变没了。但是最后，不管我内心多么不舍得淘汰平时表现好的同学，我还是执行了比赛规定，让最后一名离开。

第二天，当我静下心来的时候，我突然明白：真正在比赛中能胜出的选手，靠的不单是技能水平，还有心理素质，随机应变的能力，以及锲而不舍的精神。剩下的四名同学训练更加积极了，因为他们知道只有稳定的发挥才是留下来的资本，而阿涛也再次凭借敢于拼搏、永不放弃的精神和稳定的心理素质在四选三中留了下来。在佛山市中等职业技术学校的数控铣床项目竞赛中，虽然中途出现断钻头的情况，但他仍然沉着冷静，没有放弃，最终取得了第五名的好成绩。我很庆幸自己当初做出的这个违心的决定。

点评：一个优秀教师的魅力，绝不仅仅来自于渊博的知识，还来自于客观公正对待每一个学生的态度。当初的一个违心的决定，说明了老师不会片面看重学生某一方面的能力，更看重的是学生的综合素质，事实也证明：只有综合素质高的人，才容易获得成功。

（高　玲）

3 师爱不言放弃

钟玉润

别林斯基说："爱是教育的工具和媒介，对孩子的教育是成功的保障。"要热爱学生并不难，难的是平等地热爱每一位学生，给每位学生一份最真诚的师爱。

记得一个周五的早上，给我送作业的竟然不是科代表，而是他，当时我很奇怪，科代表向来很负责任，今天怎么是他来送作业呢？看着满脸笑容的他，我几乎忘记了两个月前那张沮丧、自卑的脸。他，就是我们班的小盛同学。

小盛是经过选拔考试才进入我班的。在他转班之前，我曾向原班的班主任了解过他的基本情况。据原班主任梁老师反映，他是个品行良好的孩子，但性格内向，成绩与接受能力一般。自从来到我班后，他的确不太主动与其他同学交往，听课的状态也不理想，上课常常开小差、走神。为此，我很担心他在班里会感到孤独，特意安排了和他一起进来的原同班同学小轩做他的同桌。

一个星期后，他突然来找我，提出申请退出"升大"班，理由是感到压力大，学习进度跟不上，想回到原来的班级。他的话让我犹豫起来，根据他的成绩以及性格特点，要赶上班级水平确实有点难，他退出去就意味着我少了一份负担；但是他也是参加了"升大"选拔考试，并经过了层层选拔才进入我班的，这证明其内心还是有着强烈的求知愿望的。如果仅因眼前遇到的小小困难就同意他退出，使他曾经的大学梦夭折，岂不是很可惜？老师的职责告诉我，应该帮助这个学生实现他的大学梦，而不是顺水推舟同意他退出"升大"班。

为此，我和他交谈了整整一个晚上，我尝试去了解他内心最真实的想法。经过推心置腹的交谈后，我得知：他的确是想读"升大"班的，只是突然骤紧的学习生活给他带来了巨大的压力，看到别的同学都劲头十足，信心百倍，自己却越学越不懂，便认为自己不是读书的材料。针对他的心理，我客观地分析了他的情况，并对他说："困难确实是存在的，但并不是不能克服的，虽然和同学们不在同一起跑线上，但勤能补拙，如果愿意比别的同学花费更多的时间在学习上，相信差距是可以慢慢缩小的，最终一定能赶上其他同学！况且你是经过层层选拔才进入'升大'班，这来之不易的机会怎么能轻言放弃呢？其实老师还有同学都很愿意帮你一把……”通过一个晚上的沟通，他暂时打消了退出“升大”班的念头。

接下来的日子，在课堂当中我有意无意地在他身边稍作停留，了解他的听课情况；课后经常去留意他的学习动态，并鼓励他遇到任何问题可随时到办公室找我；在重新调换座位时，又特意安排了几名学习成绩优秀的同学坐在他旁边。也许他也感受到了我对他的关爱，上课认真了，似乎开始慢慢找到奋斗的感觉了，成绩也有所提升。看到小盛的积极上进，我感到非常欣慰。相对于让一个优生在原有的基础上提高，让一个失去信心的孩子重新点燃学习的信心与激情显得更难能可贵。

“老师，因为我跑得快，第一节课上机，所以我帮科代表送作业过来，科代表说还有两个人没交。”小盛的声音把我从记忆中拉回到了眼前，我故作生气地说：“你回去让科代表督促他们赶快交上来，否则我要罚他们的。”迟疑了一下，他说：“老师，我能帮您去催那几个同学交吗？”他一向都很内向，这次的表现让我有些意外，他成绩不好，表现也不突出，同学能听他的吗？但转念一想：这也许正是我进一步与他沟通，帮助他提高的好机会。所以我答应并告诉他中午放学前要收上来送给我。他听了以后非常开心，带着满脸的喜悦离开了办公室。

中午时分，他抱着作业本自豪地对我说：“老师，收好了。给您！”看着欢喜的小盛，我才明白他潜意识里是很希望得到老师及全班同学的肯定与认可的，我不禁为自己的决定感到高兴：“你做得很好，以后你就做科代表的助理吧。同时也希望你能把自己的成绩提上来，好吗？”他听了后坚定地点点头。

在接下来的时间，只要找到合适的机会，我就会不断给他打气鼓励。经过几次考试，小盛的数学成绩一次比一次高，甚至连接几次成为优生，他对自己有了更大的信心，也变得更自信。在中段考中，小盛取得了数学 132 分、英语 112 分的好成绩，进入了班级前十名。

点评：真情化春雨，才能润物细无声。在我们伤心、失望的同时，我们是否想过，也许我们再多一点点耐心，再多做几次工作，再多找学生真诚地谈一次话，哪怕只是再多一个期待的眼神，我们就多拥有了一次取得教育成功的机会！让我们用永不放弃的师爱阳光，去照亮学生的心灵！

（黄法强）

4 活宝的故事

霍淑琼

“老师，小梁和小吴又迟交作业了。您去管管他们吧。”科代表匆匆忙忙地跑过来向我抱怨。“又是那两个家伙！老师，您少管一下子，他们就故态复发。”“好，待会儿我找他们俩聊聊。”科代表得到我的肯定答复后离开了，我不禁叹气：“哎，这俩家伙，看来我又要跟他们谈谈心了。”

小梁和小吴是我们班的两大活宝（同学们戏称小梁是大宝，小吴是小宝），又是两大懒虫。自从新生报到起，我就发现了这两个典型人物，之后我从没间断过对他们的教育。一段时间后，虽然他们的坏习惯改掉了很多，但是每到做作业或者背诵课文时，他们的“懒筋”就突显出来了，也因为常常拖交作业，他们俩被定为受导生。

但他们也不是一无是处的。我发现他们都喜欢“发言”，平常课堂回答问题挺积极的。于是我让科任老师平时上课多提问他们，而且对于他们的良好表现及时给予表扬。每当有空余时间，我就会找这两大活宝聊天。“大宝你虽然是受导生，但你脑子灵活，点子多，很多老师都对你在课堂上的快速反应表示赞赏，只要你再勤奋点，还是一个可造之材。”“小宝，虽然你表面懒散，其实你是一个很有责任心的同学，由你来担任计算机的科代表，相信你一定能完成任务，而且能成为老师的好帮手的。”

从那以后，我发现他们慢慢地变得勤快了，被学生和老师“投诉”的次数越来越少了。因为他们俩热心助人，同学遇到困难第一个出手帮助，特别是上机课，同学遇到难题请教他们，他们总能快速地帮助同学解决疑问，有时还被老师钦点为“小老师”，所以同学们慢慢地喜欢他们了。

为了更快地帮助他们改掉坏习惯，摘掉后进生的帽子，我根据他们俩的特点，在课堂上经常让他们代表小组发言，然后，对他们的发言作一定的点评和鼓励。逐渐地，组员对他们越来越信任了。有了老师的鼓励和同学们的信任，他们俩已经慢慢开始改掉一些坏习惯，学习比以前用功了，对我这个班主任也更加尊重与信任了。篮球比赛时，他们俩都积极报名参赛，上场前都会友好地跟我说：“老师，我们要去打篮球了，您去支持支持我们吧！”而我，都会毫不犹疑地与他们同行。

印象中，有这么一件事情令我感触很深。当时，我担任中考监考员，也正值我班学生准备会计考证的最后攻坚阶段。我担心班级个别同学会出现回校迟到甚至旷课的不良情况以致影响考证。因此，在中考前两天的班会课上我一再强调要按时回校复习，认真备考。当我刚提出要同学们互相监督时，大宝就举手说："老师，您放心，考勤工作我来做，每天7点40分您会准时收到我的信息的，这样您监考时就不用担心了。"一听这话我觉得心头的一块大石轻了，但是并没能放下。我心里在想："行吗？他真能做到吗？"下课以后，两大活宝一起到了我的办公室，还没等我开口，大宝就说道："老师，我来帮您弄一份我们班的通讯录以及考勤表，我会做好这几天的考勤登记的。您就每天等我的消息，上午监考完就去保安那里拿我填的考勤表吧！""想得可真周到，但是真的能做到吗？"我心里既高兴又怀疑，但还是表扬了他们，并让他们编制了班级的考勤表。

布置中考考场那天早上，7点20分我就早早地到了学校。站到办公室阳台上，我偷偷地看着我班学生陆续地进入学校并朝机房走去。7点40分，我悄悄地在机房旁边观察着学生，我发现班级53名学生全部按时到校参加备考复习。就在我准备进去看看时，我收到了大宝准时发来的信息："可爱的老师，全班猴子准时到机房摘果，等您来品尝——悄悄地告诉您，我看见您的眼睛就在机房旁哦，我做事您放心吧。"嘿，这家伙，居然看见那个偷偷观察的我了。看完他的信息，我打消了原本想进去看看的念头。果然，接下来的3天，我每天7点40准时收到活宝的信息，每天准能在保安室拿到活宝填写得工工整整的考勤表。

学期末，活宝们的成绩有了很大的进步，在优秀学生推选中，全班学生一致推举两大活宝为班级突出贡献人物。他们，如愿摘掉了"后进生"的帽子。

点评："玉不琢，不成器。人不学，不知义。"每一个学生都是一块璞玉，都是可造之材，但璞玉成器需要一个打磨和雕琢的过程，同样学生的成才也离不开教师的教诲和点化。

（王江霞）

5 我与电子 073 班的故事

江爱云

“亲其师，信其道”，进而“乐其道，学其道”，这是我从教 8 年来一直信奉的教育古训。在刚带完的这届电子 073 班，我更是体验到这一金科玉律的魅力所在。

2009 年 2 月，我休完产假后回校担任了电子 073 班的英语教学任务。这时已经是高二第二学期，2007 级“升大”班的学生又是我镇普通高中扩招后，我校生源质量骤降的第一届高考备考生，而电子 073 班则是在距离高考冲刺仅有一年半的时间里由原来三个“升大”班抽调部分学生重新组合的班级。面对着一群已经历过至少三次换班，领略过四任英语老师的学生，我还没来得及想出缩减师生磨合期的良策，学校抽测的成绩就给了我致命的打击。

当时我们班考出来的平均分是 89. 2 分，其他三个班的平均分是 111. 7 分，115 分和 116. 4 分；我班优生和及格人数是 3、21，其他三个班则分别是 13、38，20、39 以及 20、34。天啊，这是何等的差距啊！须知道，“冰冻三尺非一日之寒，滴水石穿非一日之功”，英语不同于其他学科，需要日积月累。如果起始年级不用功，到高三才想到发奋学英语，那就晚了。文科不像理科，用用功分数就能上去，特别是想要冲击 140 分以上，非得基础好才行。凝视着这样的成绩，我焦虑万分。从此，我刻苦钻研教法学法，尽量做到深入浅出，还经常课后帮他们补基础。终于，在高二第二学期期末统考中，我班的英语平均分是 105. 4 分，其他三个班的平均分是 107. 3 分，108. 2 分和 110. 3 分；我班优生和及格人数是 10、32，其他三个班则分别是 17、31，16、31，18、35。虽然和其他三个班相比还有一定的差距，但从 27 分的差距缩小到 5 分，我明显感觉到同学们对我的信任又增加了几分。

但在这成绩的背后却隐藏着一件令人揪心的事情：在英语科期末考试期间，我班的昌盛和小诗同学竟然作弊。当时的监考老师为了他俩的前途着想，并没有上报学校而是交给了班主任处理。事后，我找到他们了解事情的经过，没想到昌盛冷冷地抛出一句这样的话：“老师，实话告诉您吧，我的英语成绩都是假的，我从来没听懂过。而且像我这样对答案、抄答案的现象在班级已是司空见惯了……”我当时简直无法相信这位还顶着“语文科代表”头衔的同学竟然会说出这样的话。与此同时，我脑海里还不断闪过“镇球整天欣赏窗外的风景，不学无术”，“小浩和小星经常大唱英语无用论”，“小鹏对着书本抄英语单词apple也能抄成aqqle”等“经典”的镜头。我带着极度郁闷的心情熬完了暑假。

在暑假里，我痛定思痛，觉得要大幅度提高高三班级整体英语成绩一定要“射人先射马，擒贼先擒王”。我应该树立两头的典型，相信“榜样的力量是无穷的”，争取达到“抓两头，促中间”的效果。

想法是有了，可典型到哪儿找呢？这时我耳边响起了学生们自创的一句班级口号“镇球镇球，威震全球；昌盛昌盛，繁荣昌盛”。看来这镇球和昌盛还挺具号召力，而且两人都是有故事之人，尾端的典型就定他们俩吧。至于头端的典型我则把目光投向了我们班的“空降生”——云良。他人缘不错，同学们对他从外地普通高中转过来的身份有点崇拜，都喜欢围着他讨论问题。而且他发表在学校《花之韵》上那篇描写我的作文《江上那朵可爱的云》已经在班级深入人心。对象确定后，我就根据他们各自的特点，用不同的方式在班级内部积极培养起来。

昌盛是一个有冲劲和灵气的男孩，在和班主任一起去他家家访时，我不失时机地给他戴高帽，定位其为优生，激发他学习的欲望；针对镇球比较有主见但也比较固执的特点，我对他采用冷处理，让他从当初口出狂言“我不学随便都能考90分”到无奈地向现实低头，进而主动跟随老师的脚步去争取进步。至于云良则要给他进行加压，颠覆他曾经“英语是外国人的语言，学得不够拔尖实属正常”的错误言论。事实证明，我这些做法是成功的，对班级其他同学的触动也是巨大的。特别是在高三第二学期的四次月考中，昌盛都能保持在120分以上；镇球的英语成绩也从以往徘徊在50分~60分提升到90分~100分的区间；罗云良也不负众望，虽没冲击过年级第一，但每次考试都能稳占班级前三甲，成绩稳定在130分~140分。这三位“风云人物”竞相成为班级各层同学效仿的对象，极大激发了学生们学习英语的热情。在“夺高分，大练兵(一)”的模拟考后，屡次落在班级最后一名的小浩在英语月考总结中给我写了以下这封信：

江老师：

看到我们班这次又排第四名，我真是非常内疚。镇球开始时也和我是“同一类”人，如果这次我的成绩和他一样，我们班可能就不用排第四了，因为我与他的成绩相差将近40分，也就拉了班级平均分1分。因此，我非常过意不去。

不过，我小浩也不是一个不负责任的人，不是一个“自私”的人。这次考得不好是因为我还不够尽力。我不再是以前的英语“白痴”，很多题目我都能从四个选项中排除一两个选项了。我真想多知道一些英语考试的“偏方”，如看见“yesterday”就知道要用过去式，反义疑问句中的“前肯后否”，等等。如果我多掌握一点这样的“偏方”，我的“运气”应该会相应好起来。不过，这些所谓的“偏方”也只是作为我的后备，在今后的日子里，我也会听您的话，研究近5年的高考基础题。

看到基础最薄弱的小浩同学都能有如此进步与抱负，我感到无比的欣慰。

时光荏苒，一转眼已经是高考“百日冲刺”了，同学们正处于“高原期”。看着同学们停滞不前的成绩和死气沉沉的课堂气氛，我非常焦急。而恰好第8节自习辅导课的时候，学校临时有事找我。于是我决定借此机会“教训教训”他们！我让隔壁班的少碧老师协助我“演了一场戏”，请她到班上帮我安排学习任务时对学生说我生气了，不想见他们，还警告他们要在我没去教室之前好好做练习。别说，这一招还真灵。上课没一会儿，我的手机就收到了一条神秘短信：

“My dear 老师，don't be angry！We are very sorry to make you so angry！江上那朵云永远是最可爱、最美丽的，永远是 with a smile on the face，对不对？嘻嘻，快笑一个嘛！我一定会尽我的 power（力量）去帮助同学，同时我自己也会努力前进的！您是我们班的英语 Boss，我们的英语知识都靠您哦！我们一起前进吧！ok？”当我走进教室后发现全班同学异常安静，都在埋头做着英语练习卷呢。呵呵，本次计划大获全胜！

“天有不测风云，人有旦夕祸福。”在离高考还剩一个月的时候，也许是过于焦虑，再加上晚上照顾女儿导致睡眠不足等原因，我患上了支原体肺炎，还雪上加霜地长了“耳带状疱疹”。医生嘱咐我好好卧床休息，但一想到时间的短缺以及新考纲变化后备考任务的紧迫，我坚持在住院期间吊完针就回到学校给同学们上课，看着我大口大口地喘气，听着我阵阵的咳嗽声，同学们在课堂上是前所未有地专注。这段时期，我的手机不时还会收到鼓励的短信：

“亲爱的江上那朵可爱的云儿，一定要好好休息哦。早点康复！我们要看见最健康、最美丽的云儿站在我们面前大声舒服地讲课，不会在讲着课时咳个不停。您知道吗？看着您这个样子我们真的很心疼！所以您一定要快点好起来，好好地保重身体！在距高考不到一个月的时间里，我们需要您！”

一个星期后，我出院了，那个神秘学生又发来了短信：

“我说的话都是代表我们的心声，我们是真的心疼老师您！知道您要办出院手续，我们都很开心，但是您仍然要好好保重身体，一定要多休息啊！”

鉴于我们班的英语基础确实与其他三个班有较大的差距，班级平均分虽不断在进步，但名次总停留在第四。为了不给学生们背上沉重的心理负担，我给他们的定位是，“不关注名次，只关注分数！有考试必然就会有最后一名，但就算是最后，我们也应该带着我们的最佳分数华丽转身！”没想到同学们在剩下不到20天的时候却对我承诺：“老师，我们会一步一个脚印，努力争取班级平均分在最后两次‘夺高分，大练兵’的模考中一次进一名！”

他们是这样说也是这样做的。在高考前最后三次模拟考试中，我们班的年级排名分别是4、3、2。在2010年的高考中，我班的英语平均分为115.9分，上线率95%，优生率47.5%。其中，云良同学以144分位居全校英语单科第一，顺德区第三；昌盛同学也获得135分的高分；镇球和小鹏也发挥超常，分别取得109分和110分的可喜成绩。

如今，我已完成了电子073班的英语教学任务，班上的同学们也已顺利迈进了心仪的大学。但每当翻阅起学生的作文、月考总结、英语随笔或是手机短信，看着那些发自肺腑的质朴文字，我心中都禁不住涌起丝丝的感动。我觉得我的学生真是“最可爱的人”！我也以自己的实际行动赢得了同学们对我的充分信任和关心以及对英语学科的重视。

回首和我的“孩儿们”一起走过的日子，我真切地感受到：爱学生，就必须走进学生的情感世界，就必须把自己当作学生的朋友，去感受他们的喜、怒、哀、乐。事实上，当学生乐于对你说悄悄话的时候，你的教育就会真正成功。在教育过程中，相信人人都有才，才会正确对待每一个学生发展的潜能；相信人人能成才，才能找到适合学生发展的好方法、好途径。正确地判断每个学生智力才能的不同特征及其发展潜质，这是教育智慧中极为重要的部分。在备战高考的一年半里，教学生活虽单调，但也偶有胜利、成功和感动的快乐小插曲。我感谢那些品学兼优的学生，他们使我的教育过程变得欢快而流畅；我更感谢那些调皮捣蛋的学生，他们使我的教育过程变得异彩纷呈。

点评：“传道授业解惑”，乃师者天职也，但仅此是不够的，师者，唯有走进学生的情感世界，成为其良师益友，方能使其“乐其道，学其道”。

（王江霞）

6 理解搭建心桥

卢国志

2009年第一学期高一年级新生开学之初，我对小权同学并没有太深的印象，因为他像大多数同学一样表现良好，能按时回校上课，基本能遵守学校的规章制度，基本能专心听课，做事比较认真，特别是搞清洁工作。但是从第6周开始他经常以生病为理由不回校上课，因为当时正是“甲型流感”敏感时期，学生请假也属正常现象，我也没有特别留意。后来与他母亲沟通后才知道他不回校上课，一方面是因为他自己不想读书，另一方面是因为与家人发生了矛盾，他竟然动手打了自己的母亲和姐姐。

当他再次回校时，我请他到办公室谈心。我先表扬了他开学初的表现，并关切地询问他的身体状况，他不好意思地低下了头，说自己其实身体没有什么病痛。看他如此坦诚，于是我也恳切地告诉他，现在老师只是以朋友的身份与他聊天，希望他能说说最近经常请假的真实原因。他停顿了一下，告诉我说，他觉得现在学习的专业课有点简单，对他没有吸引力，所以不想上课。原来是现在的课程满足不了他，于是我叫他先学习Flash和Dreamweaver两门网页制作的课程，还送给了他两本专业书籍让他自学，并邀请他制作班级活动影集的视频。

后来，通过旁敲侧击，我了解到他为什么打他母亲和姐姐了。原来他晚上经常上网上到很晚，母亲和姐姐叫他不要上网也不听，所以就拔了网线。他一气之下就打了母亲和姐姐。我问他当时为什么那么冲动，他告诉我他是一个新开游戏网站论坛的管理员，经常要做网络管理工作，如果不能上网就不能完成任务。我当时立即表扬了他做游戏网站论坛的管理员的做法，称赞他一方面可以了解社会和提高自己的管理能力，另一方面做得好还可以有经济收入。但是我也告诉他就算不能上网也不能打人，尤其是自己最亲的人，我接着讲了《钉子》的故事给他听，听了故事后他很后悔自己的做法。同时我还告诉他要做好网站管理员就要学好文化知识，所以要求他先在学校好好读书。

自从与他谈心后，他各方面的表现日渐正常。我知道他在家比较怕父亲，所以打电话给他父亲建议他回家工作，在权衡赚钱与教育儿子的利弊后，他父亲很配合我的工作，马上辞了职回家，监督小权的学习。

在刻苦努力下，他只用了三周左右的时间就完成了班级活动影集的 flash 制作。尽管第一次制作效果不是很理想，我鼓励他不要泄气并且给了他一些素材。多次修改后作品终于完成了。在全班播放时效果不错，同学们毫不吝惜地将掌声送给了他，我也当着全班同学的面表扬了他。因为自己的劳动成果得到了大家的认同，他很激动。由此，他也认为我是一个值得信任的教师，不再旷课，人也变得积极了，与母亲的关系也有所改善。

通过这件事，我觉得在帮助学生时，首先，要通过各种途径了解学生的情况，包括兴趣爱好、个人特长、学习要求、生活情况以及与家人、同学之间的关系，等等。其次，要善于与学生沟通，利用各方资源进行帮助，以平等的态度对待他，及时疏导学生的不健康心理，在沟通交流过程中让学生觉得教师能理解和尊重他，从而打动学生。再次，引导学生确定自己长期、中期、短期的奋斗目标，围绕这些目标不断安排新的学习任务，让学生有事做，将注意力集中到学习上，并不断表扬和鼓励，激发学生的动力和潜能。当然，教师在帮教过程中还要注意使用一些心理辅导的技巧和方法，以宽容之心来包容学生，循循善诱，循序渐进，这样才能达到预期的效果。

点评：尊重，是沟通的前提。尊重，首先给人心理上的慰藉，只有尊重学生，才可能走进学生的心灵，师生之间才可能有愉快的沟通。在教育的过程中更应着力发现学生的“闪光点”，珍视和保护“闪光点”，并使之发扬光大。帮助学生冷静、清醒地认识自己的优缺点，作出客观的自我评价，进而将优点转化为不断进取的内部动力。

（尹志群）

7 鼓励造就人才

林清香

2009年下学期，我成为2008级的单片机课程的老师。开学的第一天，由于学生都急着交假期作业，办公室来往人员比较多。有一位个子稍矮、戴着眼镜的同学拿着作业走进来，他刚放下作业准备离开，A老师叫住他："你看你的作业才做了这么一点点，明天给补齐了再交上来。"该学生刚要走，又被B老师叫住："阿新，我的作业什么时候交?""明天吧。"C老师："还有我的呢?"……阿新没有回答，径直往门口走，不再理会老师的声音。我不禁有点好奇，就问："这是哪个班的学生，那么受'欢迎'?""这个阿新，平时喜欢玩游戏，上课总是睡觉，考试也不想动笔，懒得要死。"

后来才知道他也是我要教的学生之一，他看起来并不笨，也许只是贪玩，没有兴趣学习吧。

第二天上课时，我特别注意他。只见他没精打采地趴在桌子上，一脸的疲惫。在讲到单片机用途时，我有意地播放了两个游戏小片段。也许是游戏的声音吸引了他，他把头抬起来，看着黑板，我接着说："这是什么？你们玩过吗？是否有喜欢玩游戏的？在玩的同时有没有想过，游戏是怎么来的？其实就是靠程序来设计的。今天我们就要学习一种设计程序的方法，它能广泛地应用到工业产品、家用电器、实时监测中，还可以用来设计一些小玩意，如小闹钟、音乐盒、计算器，当然也可以设计一些小游戏。单片机是一门新课，不存在基础好坏的问题，只要你肯动脑筋、勤思考，不管你以前考得多差，这门课都可以学好。而且，凭我的经验，会玩游戏的同学可能学起来更容易，因为他的思路会广一些，解决问题的方法也会多一些。上次参加单片机竞赛的同学也很爱玩游戏，但是他学习的时候也很用功，所以他能取得好成绩，我们班是否有这样的同学呢?""阿新！他玩游戏可厉害呢，他可以参加竞赛!"同学们不约而同地叫出了他的名字。他有点不好意思地挠挠头。"阿新，同学都很信任你，我也很看好你，希望你能加油呀。"

从那以后，我上课时特别留意他，他不再趴在桌子上了，看来他对单片机还是有点兴趣的。有一天我布置全班同学做练习，题目一发下去，许多同学都不知道从哪里下手，左顾右盼，搔头皱眉，都在苦苦思索。十几分钟过去了，我发现只有阿新一个人做完了。他的字虽然写得不是很工整，答案也有点问题，但思路完全正确。我感觉到机会来了，细心地帮他纠正了错误，然后转身对同学们说："做完的请举手。"没有人举手。我接着说："我知道有人已经做完了，而且做得非常对，你们知道他是谁吗？来，阿新，帮老师把答案写在黑板上……阿新同学的思路非常敏捷，特别适合于程序设计，相信他的学习成绩也一定会越来越好！"或许是久违了的表扬使他高兴，我看到他脸上露出了微笑。

爱玩游戏的人生来就比较容易接受新知识，尤其是在计算机操作方面。一到机房，阿新的才能就体现出来了。由于是第一节课，很多同学对软件使用都不熟，出现了各种各样的问题，而阿新从装软件到计算机画图及程序输入、汇编，都很快就完成了。我抓住这一点，及时把他搬出来，"今天我们有两位老师，1、2 组的同学可以问我，3、4 组的同学由阿新同学帮忙"。这节课进展非常顺利。下课前，我又趁热打铁，对全班同学说："这节课有了阿新的帮忙，老师也不用那么辛苦了，希望阿新继续努力，争取做老师的好帮手。"

在以后的上课和实习中，他开始主动地回答问题；每次练习后，我也是第一个走到他的跟前检查他，发现他做得一次比一次好。在与他聊天的过程中，我发现他其实很想学习，只不过自己控制不住自己，也不想用功，以致多门功课不及格。不过这个学期他已经有了很大进步，补考的科目只有 1 门，其他科目分数虽不高但都及格了。

我想起了这样一个故事：一个小女孩初学小提琴，琴声如同锯木头，父母不愿听。孩子一气之下，跑到幽静的树林中练习。突然，她听到一位老妇人的赞许。老人说："我的耳朵聋了，什么也听不见，但感觉你拉得不错！"小女孩受到鼓励，于是，每天都到树林里为老人拉琴。每奏完一曲，老人都鼓励说："谢谢，拉得真不错！"终于有一天，家长惊异地发现，女儿的琴声变得那样的优美，好像经过名师指点。后来，女孩才知道，林中的老人是著名的音乐教授，而且她的耳朵从未聋过。

老人没有给小女孩任何音乐方面的专业指点，可她给了女孩期望。

作为一个老师，一言一行都会影响到学生，教师的期望或明或暗地传递给学生，学生会按照教师所期望的方向来规范自己的行为。多一点鼓励，少一点批评，这也是我应当做到的。

点评：有了鼓励就有了希望，有了希望就有了自信，有了自信就有了成功。

（利艳兴）

8 心香一瓣添春意

黄法强

现实中，许多职业学校的学生在不少人的眼里都是些不折不扣的差生，而作为在职业学校任教多年的我，对他们也曾有过几分厌恶。直到发生那件事后，我才逐渐改变了看法。

2004 年 2 月，学校有 80 名学生要到区培训中心进行为期三周的实习，校方安排我带队。鉴于对其中一些品行顽劣的同学的了解和往届学生外出实习的表现，我油然而生“壮士一去兮不复返”的感慨。无奈职责所在，于是抱着“只要不出大事，哪怕自己掉几斤肉，落一层皮也认了”的想法，开始了被同事们笑称为“地狱之旅”的带队工作。

果不出我所料，学生一到区实习中心就跟我玩起了“猫和老鼠”的游戏。虽说大事没有，但小事却天天有，忙得我像救火队似的团团转，就连午休、晚上睡觉都提心吊胆，总担心一不留神他们又会搞出点什么新鲜玩意来。外交无小事嘛！倘若闹出什么大事影响了学校的声誉，自己可真要吃不了兜着走。因此，“千万别出什么乱子”的告诫，就成了我每天小结会上的紧箍咒。几天下来，我都有度日如年的感觉了。

原以为日子会就这么郁闷得直到实习结束，不想一件小事犹如石头投进了平静的湖面。实习过半，学生锋的父亲病逝，他请假回去奔丧，两天后的早上又匆匆赶了回来。我礼节性地安慰他一番后，就让他回去继续实习。当天中午，有几个平时特别调皮的学生，拿着一个黑色塑料袋，急匆匆地来到我宿舍，神神秘秘地说有事要和我商量。望着这几个平时嬉皮笑脸，现在却突然神情严肃的家伙，我有些狐疑。其中那个平时最让我头疼的军说：“我们知道锋家里很穷，他父亲的收入是主要的经济来源。现在他父亲去世了，他的经济状况肯定会更困难。所以，我们刚才悄悄去各个宿舍动员了一下，大家捐了点钱。请您代我们转交给锋。”随后将那个黑色塑料袋递给我。我打开一看，里面尽是一元、两元、五元、十元的零钞。望着满袋纸币，看着这些平时让人倍感头疼的“刺头”，我的心突然倍觉温暖，从钱包拿了两张百元的大钞放进那个袋子，然后拍了拍军的肩膀说：“好，好样的！我代表锋谢谢你们。这两百元算我的一点心意吧。”他们听了高兴地说：“谢谢您，老师！”我摆了摆手，望着他们深情地说：“不，同学们，老师要谢谢你们啊！”

送走学生，我躺在床上，心潮起伏，脑海里浮现出他们带着稚气的面孔，开始感到有点内疚和自责：其实这些学生是多么的可爱啊！我怎么平时就只看到他们惹人生气、让人讨厌的捣蛋行为，却从没留意到他们这金子般的心灵呢？想想现在中小学里许多的所谓差生，真的就一无是处吗？事实上，即使再差的学生也会有他的闪光点，只不过长期的冷嘲热讽让它们蒙垢了。那些违纪捣蛋的行为，也只不过是他们成长过程中难免犯的错误。试问哪个成年人在成长的过程中没有或多或少犯过一些错？现在为何不能对孩子的无心之过表示理解和原谅？为何要将他们无情地打入所谓差生的冷宫呢？

作为老师，在教育的过程中都会遇到一些后进的学生，如何去善待他们，使之健康成长，有效的方法途径很多。我想，最重要的是，只要我们能够多一点宽容，多一点耐心，多一点关爱，相信沉积在他们内心的冰雪会逐渐消融，而春天的绿意将会在他们的心头展露！

点评：春天由红花绿叶构成，本应色彩斑斓。学生的内心也正如乍暖还寒的春天，缺少的是那缕唤醒的阳光。我们该如何把那缕阳光及时地照射进学生的心田，这需要教育者时刻敏感，孜孜不倦地追求。

（边相君）

9 做家长亲密无间的合作伙伴

梁颖琦

在工作中我遇到过一个叫阿强的学生，他连续多年被列为“后进生”。刚接手教他的时候，我希望尽早与其家长取得联系，但多次打电话到他家，电话打通了就是没人接，打手机也一样。后来我去他家家访，家长也老是不开门。

为了争取对话的机会，我只得发短信到家长的手机上，我是这样写的：“本学期我有幸担任您儿子的班主任，他头脑聪明，性格开朗，乐意为班集体做事，我十分喜欢，详细了解过他的情况，发现他是很有发展潜力的，我愿意与您真诚合作，尽力帮助他进步。”短信连续发了一个星期，第七天，家长终于给我来了电话。

跟他父母取得联系后，我又发现了一个更严重的问题，他的母亲经常一大早打电话到我办公室为儿子请假，要不就说他有病，要不就说家有急事。

后来我通过其他同学了解，发现他妈妈为他请假的理由都是她故意编造出来的，对儿子的任性懒惰，她一再放任和纵容。我马上组织同学们以探病为由登门家访。在家访过程中，同学们和我都热心地关心他的病情，还约定时间、地点说要为他补课，我察觉到他和他妈妈面露惭愧之色。

临走前，我给家长留下了《一百名优秀家长的育儿心得》这本书，大部分家长在该书中都谈到了教育儿女要松紧有度，说明了对儿女过分溺爱的危害性，阐明了家长品格在儿女发展过程中的榜样作用……第二天，阿强按时到校上课了，此后很少旷课，其母也再没有盲目袒护儿子的逃学行为。

后来又有一次，阿强与父母发生误会，一气之下离家出走，他的父母万分担忧，打电话向我求助，我立刻发动所有学生帮忙寻找。有学生曾看见他与一个以前的已经辍学的同学交往甚密。几番周折，我终于找到了那名辍学生初中老师的电话，马上联络那名老师。她欣然答应帮助，亲自带我找到了那名辍学女生，我的学生正好在她家里！我一边安慰该生家长，一边对他进行说服教育。直到第二天凌晨，他终于认识到自己任性所带来的麻烦，主动提出回家。家长对我表示万分感激，我亦为能够给家长带来帮助而感到满足。从此以后，我赢得了家长的信任，他们经常和我交流沟通，了解他的情况，直至阿强顺利毕业。

家长与老师的关系源于一个共同的奋斗目标——帮助学生健康成长，因此家长与老师应该是同一战壕里的战友，亲密无间的合作伙伴。老师必须更新观念，摒弃高高在上、我讲你听、我指挥你执行的支配型态度，正视自己与家长之间的平等地位和合作伙伴关系，互相尊重、互相励勉、真诚服务，做家长亲密无间的合作伙伴。

点评：学生健康成长不仅要靠老师的努力，还需要家长的悉心教育，让学生摒弃社会的不良风气，教导学生走适合自己的人生之路。

（刘作武）

10 多一分耐心，多一分收获

吴柳春

在教育教学工作中，有苦有乐，有收获也有困惑，感受比较深的就是：多一分耐心，多一分收获。

第一次接触机电 052 班的小晶同学是早读课时间，其他同学都在读书，小晶同学却在津津有味地享用着他的早餐，眼中根本没有我这个老师存在。我站在他面前提示他收起来，他面无表情地抬头看了我一眼，又继续吃他的早餐。我很生气，决定来个杀一儆百，一把抓起他的早餐扔进了垃圾桶。他一下子凶狠地站了起来，大有要揍我一顿的架势。我心里慌了一下，想不到他会有这么激烈的反应。不过我还是保持很严肃的样子，也回了他一个凶巴巴的眼神，并给了他一句："下课后跟我回办公室。"一下课他就出去了，并没有跟我回办公室。

我担任他们班的 Solidworks 教学工作，是一门需要在机房上的软件操作课。第一次上课，小晶同学坐在他的位置上一动不动，计算机也没打开，一副跟我有仇的神情。我知道，要化解他心中对我的仇恨，真的要下些工夫了。后来我从班主任那里了解到他确实是个比较懒散的学生，上课不认真，对学习一点兴趣都没有，违反纪律也是经常的事情，不过还是讲道理的。

下课后，在班主任的协助下我终于找到跟他聊天的机会。在整个聊天过程中，一直都是我在说，他总是一副不以为然的表情，不过聊聊还是有些效果的，他看我的眼神没那么仇视了，只是上课还是不听课，不画图。我又找他聊，他说："我就是这样子的，我不打扰你上课，你就应该偷笑了。"我还真的笑了，我知道要他一下子认真地去画图是比较难的一件事，他已经形成了上课不做事的习惯了。

后来，我灵机一动，叫他帮我一个忙，做他那组的组长，每天帮我收发实验登记册。他还真答应了，而且也做得挺好的。后来接触多了，他对我的态度也好了很多。我就试着跟他说到这门课的重要性和趣味性，他说，多重要都学不会，因为没有基础。我告诉他这门课程跟以前的知识联系不是很大，只要去学就一定能学会，我教你。开始他抱着无所谓的态度，慢慢地从中体会到绘图的那种成就感，兴趣也就上来了，学起来也越来越认真了，经常主动请教我，进步明显。

实习期间，他表现很积极，下课了都不肯走，不懂就主动请教我或其他同学，实习任务也完成得挺快。进步后，他还主动去辅导其他落后的同学，展现自己的能力，整个人自信了很多。最后一个项目比较难，不过他也顺利完成了。我把他的作品展示给全班同学看的时候，我看到了他脸上那种成功的喜悦。我说，我还会把他的作品保存下来，展示给下届的学生看，他得意地笑了。他说在学习方面，这是他最有成就感的一次了。课后，我说："什么时候让我请客啊?"他说："老师，应该是我请客。谢谢您。"我也欣慰地笑了。轮到他清洁机房，他清洁得很仔细，还跟我说这是他长这么大做清洁最认真的一次。

"罗森塔尔效应"说明，在老师的关爱激励下，无论是"好"学生还是"差"学生，都会产生自尊、自信的心理，并以此作为学习的动力。在这一点上，我过于急躁，脑子里还存留着"师道尊严"的传统理念，在没有理解小晶同学心情的情况下，急于求成，我的主观而武断的做法，极大地伤害了他的自尊心，在师生之间就垒起了厚墙。之后进一步的关注、沟通，才使我的教学工作得心应手。

点评：教师的态度决定着良好师生关系的建立，一句诙谐的批评、一个鼓励的眼神都会渗入学生的心头，达到以情动情的效果。只要多一分耐心，就一定会多一分收获！

（何小毛）

11 一个“废人”，乐观走向冠军奖台

江存志

我有个学生叫阿豪，2004届计算机专业毕业生，是一位先天断臂的残疾人。他勤奋好学，自强自立，现就职于三发鞋业公司，担任管制中心调度开单主管，负责2个外包企业的生产调度开单工作。2004年至今，他连续多年在省、市、区残疾人运动会中获得省金奖16个、银奖7个，并得到顺德区残疾人联合会的表彰，获得“身残志坚”优秀青年的光荣称号。

看到他今天学有所长，回想起他初入学时候悲观失落的样子，我真是从心里为他感到自豪，残疾学生同样可以绘就亮丽的人生！

阿豪同学是先天没有右手的断臂残疾人，刚刚来到学校时，因为残疾，他从不做清洁卫生，并觉得心安理得。我静静地观察几天后，决定去他家家访，了解他在家里的表现。父母不知是因为太过操劳还是因为担心残疾的儿子，显得很苍老，他们非常伤心地告诉我：“他是个废人啊，什么都不会做，什么都不愿意做，我们要养他一辈子，我们走了以后他该怎么办啊！”俗话讲：冰冻三尺非一日之寒。我知道要让他振作起来，得给他时间。机会来了，我打算以“坚强”为主题召开一次班会，并让他帮忙上网查独臂将军的事迹，说开主题班会要用。他后来把这个故事讲给我听，说对这位屡屡立下战功的独臂将军佩服不已，我心想有门了，于是我趁机与他来个君子协议：“其他同学参加的各项劳动和活动，你也一定要参加，其他同学能够学好的专业，你也一定能学好，其他同学将来能够就业创业，你也一定要干好！”他竟然哭了，我也没有安慰他，心想就让他哭哭吧，他也真是太不幸了。

他真的变了！班级的清洁卫生，他用仅有的一只手，挥动着扫把，仔细清扫。我又趁热打铁，让他作班里的班容班貌检查员，他发现谁的桌椅乱了，亲自用一只手摆整齐。同学们在他的带动下，更自觉了，我们班多次被评为学校的文明班，同学们也开始喜欢他了！

一天早读时，我发现他的一个制图练习不错，用一只左手画出的制图作业，线条清晰、流畅，结构正确，于是在班会上特意表扬了他，并称他为“心灵手巧”绘图高手，获得“一个日记本”的奖励。他上台领奖的时候，一只手接过

笔记本，开心地笑着，全班同学都不由自主地热烈鼓掌！

他还用一只手，苦练计算机操作技巧，他的各科考试成绩也在班里名列前茅。在学校班级篮球赛上，他也不甘示弱，是场上的勇猛队员。

凭着自己计算机专业的才能，他被专门生产出口高级运动鞋的“三发鞋业公司”聘用，从事“裁断车间计算机操作与应用”工作。他虽然失去了右手，但却能用左手熟练地操作电脑。每天负责统计、扫描、整理文件等工作，以自身所学用于实践。他为人乐观风趣、勤奋认真，能高效规范地完成工作任务，多次受到公司的表扬。满怀创业梦想的他，更是立足岗位，坚持学习公司的制鞋工艺、流程、分类方法、辅料的规格和品种、检验方法、技术标准，特别学习鞋厂生产要素的综合调配方法，主动申请调到了公司的管制中心。现在他是这家有 5 000 名员工鞋厂的管制中心调度开单主管，负责两家外包企业的生产调度开单工作。

2004 年，毕业前夕，他参加了顺德残疾人训练队，有着顽强毅力的他，通过刻苦训练，在当年 7 月市残疾人运动会上夺得了“两金一银”，参加全省残疾人田径锦标赛，获得“一金一银”。

他还是 2005 年顺德区残疾人联合会第三次代表大会表彰的 20 位先进个人中最年轻的一位，他常说：“我要自力更生自己养活自己，还要为我自己的理想而奋斗。”他的事迹刊登在《珠江商报》上，他勇敢顽强地实现了自己的诺言！我们为校友阿豪骄傲，他的生命质量是高的，他的人生是值得我们敬佩的！

点评：爱因斯坦说过：“只有热爱是最好的老师，它远远超过责任。”的确，尤其是对于有缺陷的学生，这时候用爱心筑起学生的自信就尤为重要。陶行知先生说：“捧着一颗心来，用心灵贴近心灵，用真心换来真心，再佐以持久的细心、耐心与热心，这是教育走向成功的保障。”是的，这个故事，让我们学校的每一位职校生享受到成功的快乐，让我们学校的每一位职校教师体会到职业的幸福感。同时，这也是每一个职校教师应努力追求的目标。

（尹志群）

12 插上自信的翅膀，让学习充满欢乐

霍淑琼

还记得开学的第一天，我第一次作为班主任到班里和新同学们见面。上课铃响了，我面带微笑地向那些陌生的面孔作了简单的自我介绍，正准备安排同学们逐一作自我介绍的时候，我看见教室门外出现了两张面孔——一位腼腆的父亲后面跟着一个害羞的女儿。我心里想，这是谁呢？是走错课室了吧？（因为根据学校给我的名单，我班的学生已经到齐了）

我微笑着走向那对父女。我说："请问有事吗？"那位父亲不好意思地说："老师，不好意思，请问这里是物流072班吗？""是的，请问你找谁？我是这个班的班主任。""老师，我们刚刚才来报到，我女儿被分配到物流072班。""欢迎。"我伸出手准备跟那位家长握握手，但是他好像有点不好意思，腼腆地笑了笑说："老师，这是我女儿，不好意思，我们迟到了。麻烦老师以后多多关照，她比较害羞。我还要上班，先走了。"

这时，他身旁的女孩还是一直低着头，不敢抬头看我，看见爸爸要走了，好像有点不舍。我一看这情形，微笑着拉起那个女孩的手说："欢迎加入我们班。"但是那个女孩好像没什么自信心，不敢跟我进班。我低声地对她说："不怕，有老师在。"那女孩低着头，跟我进了教室，我向全班同学说："同学们，我们班刚来了一位新同学。"我话音刚落，雷鸣般的掌声便响起来了。那位女孩子好像被掌声鼓励了，慢慢地抬起了头向大家看了看。我安排了两位同学搬来了一套桌椅，让那位女同学坐了下来。

这段小插曲后，我鼓励每位同学作自我介绍。我发现那位女孩一直都低着头，不敢抬头张望。轮到她作自我介绍时，她不敢说，于是我走到她的身边，小声地对她说："不怕，自信点，向同学们介绍你自己。""老师，我不会说广东话，我、我能用普通话吗？""当然可以，同学们，给点掌声欢迎她作自我介绍好吗？"在掌声中，那个女孩害羞地在位置上用普通话介绍了自己。

中午放学后，我正准备去吃午饭，路过班级，我发现那位女孩还在班里一个人坐着，我走向她问情况。原来，她中午不回家，要在饭堂吃饭，但是不敢问同学饭堂在哪里。我微笑着说："来，老师带你去饭堂。"

在去饭堂的路上我们谈了许多。原来由于在老家没考上高中，父母才带她来这边读书，她只会说普通话，所以不敢跟同学们聊天，害怕同学们会笑话她。我鼓励她多跟同学交流，让自己自信起来，这样才会更快地融入班集体，才会觉得在这里学习有滋有味，有问题也可以找老师、同学。经过谈话后，我发现她的脸上慢慢地露出了自信的微笑。

在安排班干部时，我安排了她当科代表，让她在学科的管理中建立起学习的自信心。后来我发现她文采比较好，普通话说得又标准，就鼓励她参加学校举行的“文明风采杯”演讲比赛。我与她一起修改演讲稿，倾听她的演讲并及时指点。经过努力，她站到演讲台上出色地完成了演讲并获得了二等奖，赢得了观众的阵阵掌声。那时，我发现自信之花已经在她的身上绽放。当她拿着奖状走到我面前时，我问她：“妞妞，你觉得你现在最大的收获是什么?”她微笑着说：“老师，我觉得我比以前有自信，我觉得在职中学习很开心，跟同学一起很快乐。”

这位女同学，就是我们班现在的班长——小柳。现在，这位拥有自信的女孩已经是学校广播站的播音员、我们班的班长、同学的开心果、老师的得力助手。我相信：自信是快乐的源泉，拥有自信，你才会觉得生活是快乐的、学习是多彩的！

点评：教师的鼓励和学生自我价值的实现是一种双向互动，学生自我价值的实现离不开教师的鼓励。当然我们最希望看到的是，学生知道如何去实现自身价值，如何面对他的人生。

（边相君）

13 每一朵花都有自己的春天

黄法强

一大早，我开着自己的“老爷车”紧赶慢赶地往学校冲。

清凉的晨风迎面拂来，夹带着桂花的清香。街道两旁的桂花已经悄然绽放了，但我无暇欣赏，只能继续往前赶——离上班时间只剩15分钟了！

每天七点到八点这段时间，四间学校的师生加进出上班的居民，或开小车或骑自行车或步行，不下万人，基本都从这条宽不过10米的乡村机动车道穿过。大家都想快点穿越，结果大家都慢了，长约200米的距离一般要10到20分钟才能走完！喇叭声、油门声、咒骂声、叹息声混杂在一起，这里每天的塞车已成为一道无奈的风景线。

我心急如焚地跟着长长的车流，慢慢往前行进，心想今天肯定要迟到了！这时，我的车倒后镜里出现了一个熟悉的身影——乐仔，正骑着自行车，优哉游哉地从后面过来。他是我今年任教班级中的一个学生。跟其他同学相比，乐仔的年龄要小一两岁，精力似乎总是那么的充沛：下课时，总能见到他和别的同学在教室内外嘻嘻哈哈、追追打打；上课了也是花样多多，不爱听课，不爱做笔记，一节课里他总能找些事情来消遣打发时间，或跟前后左右的同学开个小会，做个鬼脸，或将手放到书桌里摆弄他的小玩意。每次提醒批评他，他也总是笑嘻嘻地满嘴答应，并马上摆出一副闻过即改、正襟危坐的样子，可是没过两分钟，又继续上演他那未完的故事。科任老师一提到他，总有一大堆对他不满的话要说。

只见乐仔一手抓住车把，一手拿着面包在吃，同时还不忘跟旁边的两个同学闲聊一两句，好不自在，似乎眼前的塞车跟他一点关系都没有！我见他过来了，就有点生气地对他说：“靓仔！几点啦，还那么悠闲，快要迟到了！”这时他也见到我了，赶紧将嘴里的面包吞下去，然后笑着说：“老师，你放一百个心好了，我们有职校快速干线，保证不会迟到的！要不要一起啊?”说完，没等我反应，乐仔就和其他两个同学将自行车拐向了旁边一条宽约两米的巷子里去了。我正想问他说的职校快速干线究竟是什么意思，乐仔在不远处停下了车，回头对我说：“跟我走吧，放心哦，绝对快速，保证准点到达!”看着前面长长的缓慢蠕行的车龙，我犹豫了一下，也将车头调转，跟着他们拐进了巷子里。

狭长的巷子里也有进出的人流和车辆，但比起外面的车道要少多了，而且左进右出显得很有秩序，所以没有堵塞的情况发生。只见乐仔他们在前面娴熟地在小巷里东转西拐，非常轻松，我就小心翼翼地跟在后面。大约五分钟，穿过一道小门，眼前一亮，校门口的公路出现在面前——这时离上课时间还有五分钟！我长吁了一口气，正要向乐仔说声"谢谢"，他们已经过了公路，推着自行车进了校门，正飞快地向车棚跑去！

上午第二节是乐仔班的课。课间，我专门过去向正在打闹的乐仔说了声"谢谢"，他满不在乎地笑着说："老师，小事一桩啦！以后赶时间你就走快速干线吧！"说完就跑开了。望着乐仔跑远的身影，我突然觉得他虽然上课挺捣蛋，但本身并不是太让人讨厌！

回想自己十几年的教学生涯，每接手一届学生总有两三个或因为课堂的表现，或因为学习的成绩，让自己头疼甚至讨厌的学生。但恰恰是这些曾经被自己冷言冷语嘲讽过、批评过的学生，毕业后却最记得自己。特别是教师节和春节时，发短信或打电话送上温馨祝福问候的，甚至带着家眷大包小包登门造访的多是这些学生。而偶然谈起过往的这些读书经历，他们也多不以为耻，反而认为这是老师另外的一种重视，并说进入社会工作后，经历多了，有时甚至很怀念老师那时的批评责罚。每每这时，我都很感慨——的确，谁没有年少轻狂过，谁没有顽皮捣蛋过？

面对今日一些行为举止逾矩的学生，教书育人的我们，或许应该表现出多一分宽容，多一分期待。有一首诗是这样写的："你知道，你爱惜，花儿努力地开；你不知，你厌恶，花儿努力地开。"因为每一朵花都有自己的春天，但有些花儿的春天可能会来得迟一些！

点评：宽容，即允许别人自由行动或判断，耐心而毫无偏见地认同与自己的观点或公认的观点不一致的意见。教师每天面对不同类型的学生，如果多一分宽容，多一分期待，怀着一颗诚挚的心，花儿就会在不知不觉中绽放！

（边相君）

14 门外的家访

刘选明

作为班主任，我今天和平常一样在早上7点10分就来到课室，在课室中找个位置坐下来迎接同学们到校。7点20分负责卫生值日的同学到校后，我便和他们一同去打扫公共区的卫生。7点40分回到课室时，正好是早读时间，我朝课室里的各个座位扫了一眼，发现阿田的座位是空的，便悄悄地问了阿田的几个球友，他们都说今天没有见到阿田。这个阿田在学部、班上都“小有名气”，科任老师和全班同学都知道他，“晚上打游戏，回校常迟到，学习无兴趣，上课爱睡觉，成绩往后靠，年年有补考，球场蹦蹦跳，哥们义气高”。“是不是阿田今天又迟到了，在部长处接受教育?”我内心想，“这家伙肯定是昨天晚上打游戏打得太晚了，今天早上又睡过头了，所以迟到了，看来班上又要被扣分了。”

下了早读，我急急忙忙地找到部长，一问才知今天我们学部没有学生迟到，此时我心中更加着急，原来阿田今天没有来上学。我赶紧打电话到阿田家里，可是电话无人接听。我又立刻打阿田父亲的手机，得知阿田昨天晚上在家里住，今天一大早阿田父母就去几十里外的花场开工了，也不知道阿田今天上午为什么没有来上学。由于我上午有几节课，我只好把阿田今天上午没有上学一事向部长汇报，自己就忙着准备上课了。

幸好我之前去过阿田家几次，知道阿田家离学校不是太远，骑摩托车大约是20多分钟的路程。上午放学后，我简单地吃过午饭，就急忙骑上摩托车朝阿田家奔去。上午在与阿田父亲的电话联系中，阿田父母明确地表示：由于花场离家太远，而且又要赶工期，所以他们中午不能回家。我也只有抱着试一试的想法，碰碰运气看中午能不能在家中堵到阿田。可是到了阿田家后，却发现大门紧闭，敲门也无人应答，打阿田家里的电话也无人接听。我又试图去询问阿田的邻居，看能否得到一些关于阿田的信息，但阿田的邻居也不知道情况。在阿田家门口等了半个小时后，由于要赶回学校上课，我怀着焦虑的心情无功而返。

在焦虑中度过一个下午，天色渐渐地暗了下来，我的心情也越来越沉重，阿田为什么不来上学?他现在到底在哪里?究竟发生了什么事?一连串的问题萦绕在我脑海里，不行!我一定要弄清其中的原因。在得知阿田的父母于晚上

9点左右会回到家中后，我8点就出发了，想赶在阿田父母到家之前，先与阿田单独聊聊。但到了阿田家后，看到的依然是大门紧闭，我的计划再次落空。

好不容易见到阿田父母，从阿田父母的描述中，我听出了一个大概：昨天晚上阿田向父母要了200元，说是给同学买生日礼物。阿田刚刚一说完，就被父母狠狠地批评了一顿，说阿田一点都不体谅父母挣钱的艰辛，作为学生送200元的生日礼物，太离谱了；到底是给谁过生日？是男的还是女的……结果阿田父母一分钱都没给他，于是出现了今天的这一幕。

发现了问题，离解决问题就不远了，我暗暗想。当时针指向10点30分时，终于看到阿田回到家中，但阿田刚跨进门槛，迎来的却是父母劈头盖脸的呵斥：你到哪里去了？为什么现在才回来？我们一天到晚辛辛苦苦干活来供你生活、供你读书，你还这样让父母为你担心；老师工作这么忙，还要一天几次来找你……父母的严厉批评不但没有让阿田认识到错误，反而加剧了对抗。阿田一言不发，怒目而视，快步地走进卧室，“砰”的一声，把自己关在房中。无论父母在门外如何叫喊，阿田就是不吭一声，更别说开门了。

为了打破僵局，我迅速劝阻阿田父母，好不容易才使他们平静下来，并让他们暂时回避。我极力控制住自己的情绪，心平气和地站在门外动之以情，晓之以理，但我苦口婆心地讲了半个多小时，阿田依然是一副“铁石心肠”的样子，“岿然不动”，紧紧关着的那扇门犹如森严壁垒，我顿时感觉到“江郎才尽”。

虚的不行就来实的。因此，我横下心来，对阿田说：“你是不是没有钱给同学送生日礼物，感到没有面子，因而不来上学？如果是这样的话，那我借给你200元，条件是你回校上学，遵守纪律，而且这200元必须是你利用假期挣钱还给老师。如果你答应，咱俩明天学校见！”

与阿田父母再三沟通、交流后，我怀着忐忑不安的心情回到学校，一夜辗转难眠。当第二天早上7点10分我来到课室时，我一下愣住了：太阳从西边出来了！阿田竟破天荒的第一次这么早到学校了。我二话没说，立刻掏出200元递了上去，阿田接过这200元后，坚毅地点了点头。

事后，我得知：前几个月阿田过生日时，阿田的一个家境较好的亲密球友阿华，送了一双几百元的球鞋给阿田。再过几天就是阿华的生日，如果送个小礼物，阿田觉得反差太大，因而打算送一套球衣给阿华，但自己积攒的零花钱又不多，因而只有向父母要。

家访“风波”发生后，我及时与科任老师沟通，大家紧密合作、形成合力，共同督促阿田。阿田为了实现自己的承诺，刚开始只有强迫自己按时到校，上课也不敢睡觉，不知不觉形成了习惯。后来阿田对我说：“原来遵守纪律也不是难事。”暑假后，阿田从其暑期工工资中拿出200元还给我。

现在，阿田已经毕业多年，并成为一家企业的骨干。这场家访“风波”虽然过去多年，但依然历历在目。

点评：感动人的不一定是豪言壮语，往往一些细微的行为，就足以让人泪流满面。曾有人说过，学生心锁之所以没有解开，是因为暂时还没有找到开启它的合适的钥匙。

（黄法强）

15　记忆深刻的感悟

王江霞

有些事情发生后，成为记忆，虽然在时间上变得十分遥远，但随着阅历的增加，感悟却越来越深刻。

每次翻开留言册看到自己所带的2002级计算机1班的学生写给我的留言时，心中的幸福与满足感便油然而生。正所谓教师付出的越多，来自学生的回报也越多！只有你真心去对待学生，学生才会和你走得近，才愿和你说心里话！

留言中那一声声“老班”拉近了我们之间的距离，也深化了我们之间的感情！所有的感伤都融入那几页留言纸上……

留言中有一位学生从独特的角度，给我上了一节深刻的育人课，让我永生难忘，并受益匪浅。

事情源于学期末，学校的量化考核中有“学生评价教师”这一项，自认为各方面都干得很不错的我被扣了0.02分，作为班主任我内心感到很不平衡。所以在班级很不理智地发了一通火，说了一些过激的话，从他们的表情中，我明白了是我最得力的助手——班长扣的分。心里更是难受，当时，我是含泪离开教室的。

回到办公室我冷静下来，想想学生并没有错，而是自己太失礼，太计较了，我的这些过激行为有损教师形象。所以，利用班会课我诚恳地向学生道了歉，并表示理解那位学生的做法，我还有许多方面需要努力……我真诚的检讨得到了学生热烈的掌声，他们被我正视自我的行为所感动。

我并没有因此而“公报私仇”，之后班上的各项工作依然交给她负责，学校组织的各项活动也推荐她参加，班级气氛一如既往，也许是我的宽容与关爱，加深了她对我的理解和信任，在毕业留言中她说出了真心话。

她写道：

很高兴能有您这样一位负责的老师，这样关怀照顾我们。我很喜欢您笑，因为您笑起来很好看，像一个很满足的小孩子。但我很讨厌您无休止的说教，时间长了，您的话就如耳边风一样，因为学生根本不听你说什么了。知道为什么每个人都喜欢母亲吗？因为母亲是避风的港湾，是心灵沟通的桥梁，每个孩子都喜欢与母亲一起度过的时光，因为那样才是真的温馨。要知道您是我们的母亲啊！要让我们快乐！要给我们发言的权力！您应该是慈母，而不应该是严父。因为严父的严厉让人望而却步！让人心惊胆战！

虽然我不是说您严的方式不好，但严要有“度”，每件事都严肃处理，反而会带来反面影响。学生是孩子，爱看笑脸！您要知道：慈母话太多是溺爱，严父话太多是批评，容易伤人的心！

老师，您是要强的，但在这个时代，“严师出高徒”我看是不行了，对于那些“野兽”（学生）您要学会与他们打交道，既不失自己的身份，给他们自由，又不乏压力，给他们笑脸，也不缺少严厉。

我希望老师不要骂我，您不是说，老师也需要人提醒，这才能进步吗？所以，我鼓起勇气写出了我心中老师的形象！

今天早上给您写最后一张留言时，我哭了，不知为什么，真后悔……好像人总是这样，当一切过去之后，才真正懂得去珍惜。您告诉我的，我会全部珍藏，我叮咛您的，希望您不要遗忘。

读完留言，我泪流满面……

毕业前，我和她谈了很长时间，我没有提那次的事。离别时她笑了，笑得很真诚，很自信！

高职高考时，她以高出分数线50分的好成绩考入顺德职业技术学院，我感到很欣慰。现在我们一直有联系，她遇到难题或考试失利时都会给我打电话，我帮她分析原因，解决问题。她将我看作她值得信赖的朋友，有困难时能第一个想到向我倾诉，我觉得此前所有的付出都值了，人生的幸福莫过于此吧。

回想起对这件事的处理，我万分庆幸我能及时反省错误。我给了她一个机会，让她学会为人处世的方法；也给了全班学生一次机会，让他们在原谅中学会宽容；我也给了自己一个机会，让我在冷静中取得育人真经！她的建议让我学会了今后在工作中如何更好地与学生沟通，如何走到学生中间并把握好教育尺度！我应该对她说声：“谢谢！”

我讲这个故事是想告诫同行们，对于优等生的教育更应讲究方法，关怀不容忽视！在班级管理上，过多的说服教育效果反而不明显。我们应该重新审视自己在学生心中的地位，重新把握教育方法！虽然记忆已经非常遥远，但我的感悟越来越深刻。让我们学会宽容吧！在宽容这条大道上，我们师生携手前行！

点评：老师既是良师，也是益友。老师既是慈母，也是严父。在不同的时间，不同的场合，要学会转变自己的角色。把握好每个角色的审视角度，更有利于师生之间形成融洽的关系。人需要在归纳总结中成长进步，给自己一个重新审视自己的机会，以绽放最美丽的笑脸。

（杨艳娟）

16 迟到这件“小”事

谢剑青

对于学生来说，时间是宝贵的，课堂上的每一分每一秒都是用来学习知识的。错失了一点时间，就少学了一点知识。所以，迟到意味着知识的损失，也意味着品质素养的缺失。准时是做事成功的前提和基础。

很多人都认为迟到只是一件小事，认为就是迟了一点点，下次提早一点就没事了。但迟到若成为一种习惯，想改也难改了。在工作当中，准时也是对人的一种基本的尊重。所以我认为迟到不是一件小事，它是一件以小见大的“大事”，直接影响到你以后的工作、生活和处事。

学生迟到，是班主任在班级常规管理中常面临的问题。对迟到学生如何进行教育可谓是“仁者见仁，智者见智”。

今天早读课，一进教室发现小何的座位还是空的，我就知道她又迟到了。大概两分钟后小何一手拎着书包，一手拿着早餐，急冲冲地往教室跑。看到我在教室里，她就停在了门口，不好意思地说了声“报告”，不敢正面看我，有点羞愧、有点不知所措，又有点习以为常。我很生气，因为昨天才刚跟她谈过话，明确要求她不能再无故迟到，她自己也承诺不会再迟到的，但现在又开始犯了。我看着她，走出教室门口，她很习惯地退后几步，走到了教室外面的栏杆旁边。不知道多少次，我跟她都是站在这个地方聊同样的话题——迟到！她也曾在这里承诺过很多次她下次不会再犯，但时间不长她又犯了。

迟到原因无非是“塞车”、“爆胎”、“起床晚”、“等人”、“吃早餐”等。有些时候理由是合理的，但大多数的迟到是完全可以避免的。其实归根结底还是态度问题，她并没有很好地正视迟到这种现象，没有深刻地认识到迟到对于一个学生的学习和行为作风的影响。

我觉得应该与她深入谈谈迟到与个人行为的问题。我列举了很多国内外有关守时这个问题的故事，让她知道迟到不是一件小事，有时候会因为迟到而损失惨重。经过这次正式而严肃的谈话后，小何也端正了自己的态度，正视自己的这个问题。为了让其更好地处理好这个问题，我跟她妈妈也谈及到这件事情，因为我知道她们母女之间的关系很好，希望能通过家长的再次教育来感化、督促这个学生。

为了让小何同学更好地履行她的承诺，我每天早上6点30分会拨打她的电话——“morning call”，提醒她上学。刚开始她很不习惯，但渐渐地她知道了老师的用心和关心。她自己也感觉自己做得不够好，经过一段调整期，慢慢地迟到的现象也减少了。我这个班主任的“morning call”也不用再打了。

通常学生迟到，老师为了让学生有深刻的教训，都让其写保证书、检讨书等。而我比较倾向于从让学生为自己的行为负责的角度来看待这件事情。因此，我实行“班级服务令”，迟到的同学当天自主选择一件能为班集体服务的事情，小何经常做的“班级服务令”就是擦黑板、擦窗户。既然迟到了，就应该承担责任，做好自己的事情。一方面，可以用行动来表达一种责任感，另一方面可以让学生们更容易接受“劳动改造”——为班级服务。

迟到是件“大事”！小事情，大德育！这句话一直震撼着我。细微的行为体现着一个人的处世作风，一件小事可以影响一位学生的未来！勿以善小而不为，勿以恶小而为之。

点评：学生平时行为习惯是教育者平时接触最多的，在学生看来最不起眼的行为习惯就是小事，教育者却是知道小事不小。在缘的碰撞中，老师应该让学生感受到行为习惯和责任的重要性。

（边相君）

17 岁月的反思

王战义

时光飞逝。转眼间，我从事教育工作已进入第25个年头了，二十多年来的教育经历让我体验了太多太多，很多人、很多事都已在记忆中模糊，但唯独一件事却始终萦绕在我心头，让我至今难忘。

大学刚毕业，我被分配到一所厂矿子弟中学从事教学工作，当年的工厂子弟学校的学生是比较难管理的。工作的第二年，我就遇到了这样一件事。记得那是初秋的一天黄昏，我吃过晚饭就早早来到学校，当时学校的管理不那么规范，职工作息时间与工厂同步，门卫晚上不上班。快要上晚自习的时候，一名学生慌慌张张地跑来办公室，对我说，下面有外校的学生在我们学校闹事。

我一边下楼一边向这名学生了解情况。原来，离我校较近的另外一所大型工厂子弟学校的学生，经常跑来欺负我们学校低年级的弱小学生。像这一类事情在各厂子弟学校之间经常发生，一般也没有什么大不了的。今晚来这里的就是五六个品行极坏的学生，只见他们上了二楼，不一会儿就扯着一个学生的衣领，把他拽到楼下。

当时我年轻气盛，心想：这些家伙真是胆大包天，竟然找上门来打架，绝不能让他们占便宜……我马上对叫我的学生说："去，上去叫我们班的男生下来。"一会儿，从楼梯上冲下一队人马，跑到我跟前报到。我一看都是我班一些调皮捣蛋的家伙，平时他们就不安分，正好今天可以大显身手。那时因刚毕业，我与那些年龄相近的学生的关系处得很好，我说："把学校大铁门关上，今天来一个关门打狗，只许赢，不许败，灭掉他们的嚣张气焰！"他们二话没说一窝蜂似的涌上去，把对方放倒，并拳打脚踢。其余的同学呐喊助威，经过一番"苦战"，外校学生自然是被他们打得鼻青脸肿。我看差不多了，就叫他们停，他们才悻悻地一边谩骂着停了手。

当时，我也没做什么调查，也没有进行批评教育，只是打电话向社会综合治安办报告，说有人来我们学校打架扰乱教学秩序，现在被我们关在学校里。治安办派人将这些闹事者带走了，后来听说那几个被打的家伙每人罚交500元后被家长领回。

当时，我觉得这很正常，要是我们的学生被人家打了，那才是没面子的事情，打赢了，自然是沾沾自喜。事后学校也认为我们维护了学校的利益，对学校治安作出了贡献，在周一校会上表扬了我及我们班的学生。当时的我洋洋得意，认为自己做了一件很了不起的事情，还眉飞色舞地与同事们描绘当时的经过，很有英雄凯旋的感觉。

二十多年过去了，随着时间的推移，社会的教育观念不断变化，这件事情不断在我脑海中浮现，而且越来越强烈。我思前想后总觉得我当时对这件事的处理方式是欠妥的。作为一名教师，应该以身作则，当学生做出意想不到的事情时，应保持冷静，在突发事件面前决不能采取极端的方法，更不能“以毒攻毒”图自己一时的痛快，意气用事。现在想想，幸好没出什么事，若真把哪一个学生打出什么问题来，不知道该如何收场。

学生犯错在所难免，作为老师，应该侧重于教育而非惩罚，身为老师带领学生打群架实在不能算作见义勇为，更不是教育学生的正确方法!

中学生正处于世界观形成的时期，从教育心理学的角度来讲，这一时期的学生，极不善于约束自己的行为，思想也极不稳定，容易受社会上各种不良因素的影响。如何帮助学生度过少年时代的“红灯期”呢？事实上，作为老师，我们必须随时了解学生的思想状态，不仅要了解学生在校内的表现，还要及时了解他们在校外的表现。只有这样才能够及时有效地做好学生的思想教育工作。

学校提出应当把管理学生、教育学生的工作渗透到日常教学与德育教育中去。要善于通过偶发事件，寻找其内在的缘由。学生的内心世界是多种矛盾的统一体，作为老师，我们应该下工夫去研究学生，抓住学生问题的症结所在，对症下药，真正显示出教育工作的威力，而不是凭一时之气，图一时之快，走入教育的误区。

通过对这件事的反思，我体会到了教育的重要性，更感觉到了作为教育工作者肩膀上沉甸甸的责任。它鞭策着我在以后的工作中不断地学习、不断地反思。我相信再出现这样的事件，我一定会有正确的选择。

点评：反思，是一种强大的助推力。教育不仅具有时代性，更具有思想性。不断更新观念，才能不断适应新的教育环境。教师只有保持终身学习，才能让每一位学生都沐浴在正确而幸福的教育阳光下，健康而茁壮地成长。

（李　丹）

18 伴着学生成长

汤 敏

不经意之间我已踏入从教之路多年，这些年来，我虽然没有在教育学生方面取得很大的成绩，但是自己却对教育有了许多感悟，希望学生能够从中学到一点东西。

记得初为人师时，我曾经因为职校学生这样、那样的问题而睡不着觉，在最为不忿的时候，也曾经想过离开教育工作的岗位。如今，我仍在中职教育这条路上不断地碰撞与探索。学生的问题仍然很多、很多，但我的心已不再那么敏感而脆弱，我明白自己是一名教师，我要让学生在职业教育的道路上走得更稳健、更长远。

我不再痛恨那些不爱学习的学生，不再因为学生的不守纪律而感到愤怒。相反，我不断反思自己，不断学习与改进自己的教育方式，让自己有足够的能力与魄力去触动和改变他们。渐渐地，我发现学生对我的态度明显变好了，脸上的笑意浓了，不再与自己顶撞了。当我在课堂上指出他们的不足时，他们用谦虚的笑容代替了以往的敌意，走在街上的时候也经常会有学生停下来叫声“老师好”，虽然我也记不清楚他（她）到底是不是自己的学生，更加叫不出来他们的名字，但是我却在不知不觉中被他们的真诚所感动。

课堂，也由此慢慢地变得活跃开来，学生似乎感觉到我施加给他们的压力轻了，因此也显得更加的随意与轻松，开始尝试与我沟通并发表自己的看法与见解。我也开始尝试着把自己对教育的一些感悟传递给他们，并对他们寄予希望。也许我已偏离了一些传统的教育轨道，不经意间模糊了教育的某些界线。

总体来说，职校的学生素质不够高，不过，在这些学生当中，仍然会有那么一些学生让我感受到他们的可爱，进而喜欢他们并被他们感动。

初识小勇是在体育馆，当时学校举办活动，我负责音响设备，需要爬上高高的舞台棚架去调整设备。当时我找了两个学生，其中之一就是小勇。听了老师的要求，他二话没说，“刷刷刷”几下就爬上了高高的棚架，非常出色地完成任务。当时，我还一再提醒他要注意安全，没想到他完成起来竟是如此的轻松。

等他从上面下来后我才了解到，原来他老家在清远，小时候经常爬树，所以一点也不怕并且觉得很轻松。于是，我就要了他的电话号码，之后又有几次需要他过来帮忙，每一次他都爽快地答应，并非常顺利地完成了任务。

再到后来，学校开设了创新提高兴趣班，我注意到他也参加了这个班，并了解到他还是这个班的班长，因此，我特别留意并鼓励他积极参与各类创新活动。经过一段时间的培训与筛选，他与其他为数不多的同学一起留了下来。我发现他平时说话不多，但是比较执著、有毅力。在后期的培训学习中，由于他的出色表现，最终被幸运地选入专利代理公司进行上岗实习，并很快熟悉了相关的业务与运作，顺利地完成公司下达的任务。目前他已经正式在专利代理公司上班，待遇良好。最近听说，他又参加了我校的成人教育进修学习，不断地完善充实自己的知识素养，我相信勤奋而好学的他一定会拥有一个更加美好的未来。

另一位让我印象深刻的学生是小超。他是首批参加创新班培训的学生，思想单纯，思维独特，在创新班里显得与众不同。当学校确定第一批参加全国首届青少年创意比赛选手时，他是一位比较有争议的学生。因为他最大的缺点是画图不清楚，画面比较粗糙，但是我还是比较欣赏他的创意。因此，我给了他机会让他进一步培训，并特意找他谈话，希望他能够认识到自己的不足，花点工夫进行弥补。

记得有一次，有一幅创意设计图画得不好，我叫他进行修改，谁知他第二次交上来的时候，竟然与第一次几乎完全相同，当时我气得狠狠地批评了他一顿，他也并不反驳，只是站在一边没什么表情。第三次交上来的时候仍然是差不多，看到这种情况，我实在是无话可说了，也认为他在画图方面是个缺陷，很难再提高了，就没有再难为他。直到培训末期，他交上来的创意设计方案图，才让我眼前一亮，感觉他在画图方面有了很大的进步，看来他在平时还是花了不少工夫的。

当全国创意大赛决定最终参赛人选时，对于是否选择小超，我们几位负责培训的老师左右为难，几经权衡后最终还是让他参加了比赛。针对他动手能力比较强的特点，在太阳能车比赛中，我特意让他将本为后驱式的赛车改为前驱式赛车，结果在赛车比赛中获得了第一名。由于他个人出色的表现，我们学校保持了优势，最终获得了比赛的金奖。看到他脸上展露出开心而略带傻气的笑容，我们由衷地感到高兴。

从创意比赛回来后，他又被幸运地选入了学校技能训练队，积极筹备单片机的技能竞赛。经过刻苦训练后，他获得了省里的单片机技能竞赛一等奖，并获得了免试上大学的资格。

在创新班里还有很多像他这样的学生，他们的出色表现让我感到由衷的欣慰与自豪。他们都是职校学生中的精英分子，他们在创新班的学习和创新比赛中的出色表现无不令人深深地感动。

点评：老师要平等地对待每一个学生，发现每一个学生的优势和长处，引导学生发挥优势去实现个人的发展和成长。再好的“药”，若病人喝不下去，这“药”就无任何功效了。为此，对待学生要多一些宽容，多一些耐心与爱护，平等对待每一个学生，你会发现他们的闪光点。

（尹志群）

19　“包工头”工作两三事

李　毅

这个学期，我们组织学部师生做了几件事，一是组织师生与陈村电视台合作为他们制作了几期动画片节目，扩大了学校的影响；二是组织学部的8位专业教师带着计算机专业班的20多个学生完成了新实训楼的网络布线工作，提升了师生的实践能力，培养了学生的品德；三是组织师生参加了学校招生宣传活动，制作了动画片、宣传画并在现场出照片。这几件事情，让我的感触特别多，收获也特别多。在完成这些工作的过程中无论是老师还是学生，除了专业上的收获外，感受最深的就是“累并快乐着”，整个过程应验了校长说的那句话：“学生吃苦耐劳精神的培养，不是在课堂中教出来的，而是要靠实践、靠自己的体会去感悟的！”

在做这几件工作的过程中，同事戏称我为“包工头”，我也体会了当“包工头”的滋味。就拿新实训楼的网络布线来说吧，从整体规划到设计布线结构图，从工具与材料预算到施工过程中老师与学生的分组，从工程与质量监督到学生的安全监管、成本控制、施工结果的验收，等等，无不需要从细微处考虑，无不需要“包工头”上下沟通。完成这个工程，也真正意义上实施了一次“项目教学”，落实了教学与实践相结合的全过程，并从真正意义上培养了学生“吃苦耐劳”的品格。

在整个施工过程中，我非常注意观察学生的表现。第一天，学生特别兴奋，毕竟这是他们第一次面对这么大的工程（六层楼，20多间实训室的布线），并第一次以“学徒”施工的方式参加学习。上午，我组织老师给学生学习了网络布线的“国标”，要求学生必须严格按照“国标”来进行网络施工，学生听得非常认真。下午找了老师和技能训练队的同学给学生演示，并下发了网络布线的工具，同学们学得非常认真。经过一天的基本功训练和前期的课堂知识传授，学生基本掌握了布线的各项操作。第二天，学生正式到实训中心进行布线操作。上午我安排了演示工作，参加布线的学生观看技能竞赛队的同学做样板，统一标准。同学们看得非常仔细，学得也认真，每个学生都戴着安全帽，那神情看上去就是一个工人。下午开始同学们按分组与老师开始到各个楼层开展布线工作。可以自己动手工作了，学生们还是相当兴奋的，爬人字梯的小心翼翼，拿电钻的像模像样，钉PVC槽的活像老师傅，一切都井井有条。虽然一个个满头大汗，但没人叫累。第一天施工，一切正常！从第三天开始，真正考验学生的时候来了，同学们从早上八点领工具进入实训中心直到中午十一点四十分施工才结束，下午从两点二十分到五点二十分，一天八个小时的时间，老师与同学都是站着施工，中间几乎不休息，不少同学都感觉到了累，其实老师也觉得累，但值得欣慰的是，中间没同学提出退出实训施工。当施工进入最后一天：网线拉上了，水晶头压好了，面板装好了，标签贴好了，网络通了，可以无线上网了。我看到学生脸上似乎疲惫全无，看到更多的是成功的喜悦与收获的欢欣。

整整七天的施工过程，没一个同学因故请假，没一个同学因施工受伤（其实在施工前我们最担心的是学生的安全问题，因为学生要接触到剪刀、铁锤、刀片、电钻，要爬几米高的梯子，等等，每一样工具使用不当都有可能造成安全问题），没浪费一样材料，而且完工的质量得到了领导的肯定。这些同学，平时在家基本也是衣来伸手的“公子”哥，但在这次布线实训中，我看到更多的是学生的执著、坚持，是学生对待工作严谨的态度。平时，我们经常对学生讲要如何做一个能吃苦耐劳的人，做一个品德高尚的人，但大多时候我们只是停留在口头上了，没有创造机会让学生去体会、去感受。诗人陆游说得好“纸上得来终觉浅，绝知此事要躬行”，不仅仅是这次的布线活动应验了这句话，其他如与陈村电视台合作制作动画片，招生宣传现场出照片等活动都由学生与老师一起参与，都让师生们体会到了“学”与“做”的区别与联系，感受到了在“做”中“学”的苦与乐！感受到了坚持的意义！感受到了学以致用的快乐！

点评：教师是学生心目中的崇拜者、偶像，正所谓“亲其师，信其道”，教师的言谈举止，无不对学生的发展起着潜移默化的作用。教师要出色完成本职工作，必须在各方面做出表率，为人师表，以身作则。无声的身教重于有声的言教，这是教育实践得出的结论。著名教育家叶圣陶先生曾经亲切告诫教师说：“身教最可贵，行知不可分。”学生从教师的行为举止中直接获得实实在在的感受，获得言教的印证，这就会使他们对教师产生亲切感，从而增加教育的说服力和感染力，并推动这种认识向道德行为习惯转化。

（杨艳娟）

20　真诚面对“学生辍学”问题

黎　钢

2003年9月，我作为一名新教师，接手了一个新班——机电033班，这是一个援助性质的对外招生班。班上学生38人，整体素质偏低，其中一名叫小远的男生尤其让我头疼。他常违反纪律，班上很多同学很讨厌他，在刚开学的一个月里他就跟宿舍同学发生过两起打架事件。每次他做错事，我总找他谈心，但效果很不理想，或许是因为当年我自己教育经验不足吧，总之他对我这班主任很不屑一顾。

一个月后的班会上，我实在难以忍受以小远为代表的几个“坏分子”的所为，就“开坛作法”。我对同学们说：“现在我们班总有一些无心向学的同学捣乱，不但损坏了我们班的形象，而且自私地霸占了积极上进的同学的学习权利……下面大家一起来做一个决定自己人生去留的游戏，做完游戏后大家再想想自己今后的人生规划。游戏规则是这样的，我手中有38张纸条，写着37个‘留’字和1个‘去’字，拿到‘留’字的同学可以留在咱们班级，拿到‘去’字的同学就离开吧，当然已经决定选择‘去’的同学可以勇敢地选择‘去’字。”我一说完，班上炸开了锅，同学们都在思考、怀疑、讨论，甚至指责，那些“坏分子”更害怕我直接当众把“去”字的那张纸条送给他们，整个班会气氛开始凝重起来！

十分钟后，小远直奔讲台对我说：“老师，把那张‘去’的纸条给我吧。”当时，我的心情很复杂，想他走又不想他走，毕竟我的本意并不是真想赶走他，而是以此激发他潜心向学。我思考片刻，跟他说：“好，你的命运还是由你自己来选择，你抽纸条吧。”但他跟我较劲说：“我就要拿‘去’的那张纸条，给我！”现场气氛很紧张，我妥协了，把整叠纸条都给了他，说：“你拿去吧！”他很冲动，一定要找到那张“去”的纸条，彻底翻了三遍，没找到，他说：“老师，您戏弄我们呀？都是‘留’的，根本就没有‘去’的那张！”我平静地回答大家：“学校和我的本意都想大家留下，老师不会放弃任何一个学生。我发给你们的每张纸条都是‘留’字，没错，就是想表达我真心希望你们每人能踏踏实实地留下来！至于那一个‘去’字，每个人都可以勇敢去拿到，但拿之前一定要对自己负责，要给自己一个合适的理由。明白吗?”很多同学好像开学一个月来第一次听懂我的心声，都答：“明白了!”我再转身对着小远说：“你找到这个理由了吗?”小远不回答我，掉头回到自己座位上，在思考些什么……

班会课后，小远递给我一张请假条，说：“老师，今晚和明天我想请假，在宿舍里思考我的去留问题，请批准。”我允许了，签字后答道：“好，明天晚上晚修时间我来宿舍找你。”次日晚上，我来到学生宿舍 301，第一次和他真诚无压力地聊天。一开始我故意东聊西聊不奔主题，大概半小时后小远憋不住了，说：“老师，我们讨论我的去留问题吧。您实话告诉我，是想我走还是留?”我马上打断他：“班会上我已说过，去留不是我说了算，决定和行动的人是你呀!你还不明白吗?”小远回答我：“老师，我明白。我在职校的一个月时间里很矛盾地生活着，心情非常烦躁，是我爸逼我来这里读书的！我就是由于没勇气反对他，才在班里给你惹了很多麻烦，对不起了。昨天的班会点醒了我，我今天才有勇气跟我父母沟通。既然我心早不属于校园就应该出去社会闯闯，爸爸说我长大了并答应借我两万块钱回高明开小卖部。第一次得到他们对我想法的认可，我真的真的很开心啊！老师，是您救了我！您能支持我吗?”小远很激动，声音颤抖着，眼睛充满泪花，那是真诚的眼泪！我拍着他的肩膀，给他力量，说：“支持！永远支持!”

这个故事的结局毫无悬念，小远辍学了。关于我那年这个举动的对与错，我一直在思考着。但 2004 年 5 月 3 日，我去高明家访时看到他很充实开心地生活着，我感到异常的欣慰，也解开了我心中埋藏多年的疑惑。

点评：教育应该是有利于学生的教育，学校教育对于学生来说，是否起到作用更多是看学生在以后工作和生活中反映出来的态度和方法。该个案想表达的更多的是一种思考，对教育深层次的思考。教育应该是对学生终生有益，还是只是停留在学校阶段?

（边相君）

第二编　让春风化雨暖你心

真教育是心心相印的活动，唯独从心里发出来，才能打动心灵的深处。

——陶行知

21　春风细雨化冰凌

邱群灯

周五的下午，当我像往常一样在上课前到班级去查看学生的情况时，小培同学满脸委屈地向我走来，左手拎着一个脏兮兮的还装有残剩面条的快餐盒，右手拿着沾满油渍的书本，说："老师，不知是谁往我的抽屉里扔垃圾，您看！"此时，全班同学的眼睛都注视着我，似乎在等待着一场暴风雨的来临。我非常愕然，但内心更多的是气愤。可是理智告诉我，冷静，冷静，再冷静，如果此时向全班同学发火，可能会让无辜的同学受到牵连。

我停顿了一下，对同学们说："老师一定会严肃处理这件事，现在大家先上课。"

我接过小培手上的垃圾，承诺为他更换课本，并转身走出教室，可我的心中却一刻也不能平静。自接手这个全是男生的机电班以来，从第一周开始就有同学向我告状，"老师，不知谁在我的桌面上画了一只乌龟"，"老师，我的抽屉好像被人翻过"。我当时想，男生嘛，比较贪玩，估计只是闹着玩而已，因此没有太在意，只在班上稍作强调。

看样子，这不是偶发事件，也不是个别问题，这样下去肯定会影响班级同学的团结，影响班集体的凝聚力。这件事情的根源到底是什么？我该如何处理？是将全班同学臭骂一顿，严厉禁止类似事情再次发生？还是逐个审查，誓必揪出"真凶"？可是，骂人有效果吗？严厉禁止禁得住吗？过去的经验告诉我，学生出现偏激的行为，简单的说教或者惩罚很难转变他们的认识，处理不好会让同学间的关系进一步恶化，更不利于今后良好班风的形成！

我到底该怎么办？这些十六七岁的少年，正值青春激荡的时候，他们自我意识强烈，个性张扬，往往少了些谦让与宽容。结合开学初同学们的告状，我觉得如何引导全班同学学会与人相处，学会多些包容与理解是处理这件事的关键。

对！通过班会，借助班会的教育力量！就这样干！接下来，我紧锣密鼓地召集班干部商讨，确定召开以"学会宽容，快乐生活"为主题的班会。在一个星期的准备过程中，从选故事到情景剧的表演，同学们表现出极大的热情。第四周的班会上，通过四个逐层递进、震撼心灵的小故事《钉子》、《误会》、《仇恨袋》、《宽大》的讲述，同学们开始若有所思，到最后都被深深触动。紧接着，一场《人生 AB 剧》更使同学们在摩擦矛盾面前学会了选择包容与理解，在“谈感受、悟宽容”环节，同学们都有感而发。最后，班会在同学们的欢声笑语中结束了。

接下来的一天、两天，一周、两周，一个月、两个月……班上再也没有出现不和谐的音符。元旦来临了，从早到晚，我的手机短信彩铃不停地响，我看着一条条班级学生的祝福短信，心里溢满着别样的快乐与幸福。其中，有一条短信没有显示姓名，内容是：老师，对不起，是我做的；老师，更感谢您，因为您的教育，我学会了做人！

点评：有时候，细微的矛盾就能垒起心的冰凌。是暴风骤雨的涤荡还是和风细雨的融化，这是一种智慧的抉择！但宽容与爱心却是其中不变的真谛！

（袁昌红）

22　误会中的思考

成晓丽

燕子去了，有再来的时候；杨柳枯了，有再青的时候；而岁月却如流水一去不复返。12 年的为人师表，许多事都已随着时日的流逝而渐渐淡忘，可也有一些就如同树根一样深深地扎在了我的心上。虽不曾惊天动地，但至今仍历历在目，每每想起，感触颇深。

12 年前刚毕业，我来到这所学校，担任一（6）班的班主任。作为新班主任，我一刻也不敢松懈，对这班学生的要求甚为严格。那是初冬的一个早上，我像往常一样早早来到了学校，循例先进教室去转转，看看班上的卫生情况和学生的到校情况，处理一下班务。进入教室，班上一切正常，搞卫生的同学正忙着在早读之前把卫生搞好，而其他早回校的十多位同学也都在自己的座位上或复习或阅读，一改往日嘻哈吵闹的现象。我喜在心头，暗自得意，还是我的宣传工作做得好，“期末考试就快到了，我们要参加全市统考，并且全镇统一改卷，我们要一鼓作气，充分利用课余时间多复习，争分夺秒，拿出我们之前期中考试时的拼劲，力争前三，加油，加油！”

看，连平时很不用功的阿海也在奋笔疾书，我感到颇为欣慰，就顺势往阿海那边踱去，想去看看他在写什么，顺便表扬一下他，或许我的表扬能激发他的斗志呢！我笑眯眯地来到了阿海的身边。谁知这一去，不看不知道，一看我真是气不打一处来，原来他正在抄作业。我曾在班上三令五申：“作为老师，我最痛恨的就是抄作业。抄再多的作业和答案都不如每次认真弄懂答案的来源，掌握解题的方法更能有效地提高学习成绩。同学们有不懂的问题或什么难处可以在跟老师解释以后暂缓上交，但一定要主动去请教老师把问题解决，如果解释还有困难可以来找我帮忙。”他居然吃了熊心豹子胆，在我进入教室以后仍然不动声色地抄作业，而且还敢抄我这门课的作业，简直是胆大包天，实在是太可恶了！我顿时火冒三丈，厉声呵斥：“阿海，你在干什么？我上个星期才找你谈过抄作业的危害，你今天居然还敢抄作业，你……你实在是太让我失望了，真是烂泥扶不上墙。”说着我一把将他的作业本夺过来，三下两下就撕掉了，并训斥道：“如果你用这种方式做作业来敷衍我的话，那你以后可以不用再做作业了，做了也没用，我也不会收你的！”阿海被我的举动吓得愣住了，当听到我说出的这些话时，眼红了，啪的一下推开我往外跑了出去……我更加火冒三丈，刚想追出去，边上的学生拉住了我，原来阿海作业忘记做了，正在拿同学的作业本抄题目，刚好我就过来了……原来是我错怪了他。

整个早上我都在反思自己的行为，工作中我为什么就不能多一点细心，训斥学生前我为什么就不能多一点聆听，处理问题时我为什么就不能多一点耐心，对待学生时为什么就不能多一点爱心……当天下午，我利用班会课，当着全班同学的面向阿海道歉，为我处理问题的态度道歉，为我的鲁莽行为道歉……课后我又单独和他进行了交谈，我为我的种种不理智行为再次向他道歉，他也向我说出了自己身上存在的问题，请求我的原谅。

事情总算圆满解决了，这件事对我的触动很大，作为教师，每当在批评学生之前，一定要先问问自己，事情搞清楚了吗？事实是这样的吗？我批评得有理有据吗？千万不能凭主观想象就草率处理，更不应该伤害学生的自尊心。老师应该用心、用情去对待学生，放低姿态，多一点聆听，多一点爱心，多一点细心，多一点耐心。

点评：教师是人类灵魂的工程师，为此，每位教师都应善于控制自己的情感，约束自己的行为，用一颗充满爱的心，去呵护每一颗幼小的心灵，多拿出一点耐心去对待每一位学生。在教育学生时应更加注重细节，因为细节虽小，却能透射出教育的大理念、大智慧，一个成功的班主任，一定是一个关注细节，善于利用细节去感染、教育和管理学生的人。

（尹志群）

23　家庭教育是学校教育的关键

龙福林

2009年，我很荣幸被调到物流学部，担任物流084班的班主任。经过一段时间的了解，我大概知道了这个新班级的一些情况，其中有一个名叫小敏的同学给我的印象极其深刻。她是一个性格外向，比较张扬的学生。

作为班主任，我对学生很用心，平时也特别关照他们，希望学生也能够理解老师，喜欢老师。但是以后发生的事情，却有点出乎我的意料。

记得那天我们班的学生代表参加镇的运动会表演，按照要求，表演完后，同学们就留下来做裁判。第二天，下了一点小雨。我去教室巡堂时，发现教室只有小敏等三个人没有去做裁判，于是就问她们怎么回事儿，原来小敏等三位同学在做裁判的时候中途擅自离开自己的岗位，体育老师非常生气，说要扣她们的裁判费，于是她们就赌气回到了教室。听完解释，我和她们谈了很久，并嘱咐她们如果以后发生类似的事情就要先告诉班主任，以便与班主任及时沟通，赌气是没有用的。

在后面的几周中，小敏的表现有了一些改进。但是第15周的周五下午发生了一件让我意想不到的事情。因为“陈村镇新兵入伍参军欢送大会”周六要在我校召开，于是学校在周五下午搞了一次彩排。学校要求学生坐前面13排，第14排就不能坐了。所有的同学坐好后，大约过了5分钟，我突然发现小敏坐在13排之后去了，就要求她按要求坐。她听了很不情愿地来到前排的座位，和小棋两个人挤在同一张椅子上，我就对她说：“两个人坐在一起不舒服吧，还是分开点，天气热。”然后她俩就分开坐了。后来有关老师组织大家唱国歌，轮到物流学部唱的时候，小敏与小棋坐在座位上边唱边笑，还拉拉扯扯。这个时候我开始有点生气了，就很严肃地说道：“请你们注意一下场合，唱国歌是神圣的，我们都是中国人，自己国家的代表都不能做好，怎么好意思说自己是中国人。”我说了几次，她没有任何反应。最后她不屑地对我说：“你站远点，口水不要沾在我身上。”鉴于场合，我没有批评她，打算会后与她好好谈谈。

会后，所有的学生回到教室，小敏马上给她母亲打电话，并且大哭大叫。当天晚上12点半左右，小敏母亲给我打来电话，把我责备了一通，当我想解释的时候，她却挂了电话。

第二天，我把小敏母亲的话，反映给了部长和主任。主任介入调解此事，希望其母亲来学校就此事进行交谈的时候，其母以忙为由推脱掉了。晚上，我想去她家家访，打电话给她母亲，其母说："我没空，没时间。"我对她说："你看你什么时候有空给我电话，我过来家访好吗？"她又对我说："不用了。"

星期二上午，主任再次打电话叫其父母来学校，并想了解其家庭情况，目的是为了更好地教育其子女，希望与父母沟通，接电话的是小敏的父亲。

对于这种情况，我们冷静了下来，过了几天，待到家长消气以后，我们抱着解决问题的态度，终于平心静气地与家长进行了一次谈话，问题的症结找到了，就是学生向家长反映问题的时候，在子女的大吵大闹中，家长单方面认为是学校的教育出现了偏差，造成了误会。最后的结果是她母亲承认自己对女儿过于溺爱，造成女儿的性格比较偏执，是自己的教育方法出现了问题，并向学校和老师赔礼道歉。所以说，对学生的教育家长是关键，家长的理解与支持更是关键。

点评：在我们平时的教育过程中，很多情况是学生的过错，家长应该支持和理解学校，并且积极配合老师和学校的工作。只有教师与家长共同努力才能把教育工作做好。

（王永清）

24　来吧，横着跑

吴海奋

在一节30米快速跑的教学课中，学生们正摩拳擦掌、斗志昂扬地准备比赛。学生们上了跑道，我组织好队伍后，比赛开始了。“加油，加油！”的助威声此起彼伏，学生们个个争先恐后，技术动作也比以前好多了，一轮比赛结束，有的为取得胜利而手舞足蹈，有的为失败而沮丧不已，我抓住时机，让学生思考：“怎样才能跑得更快？”学生开始讨论，有的认为摆臂姿势很重要，有的认为步子要迈大一点，有的认为……气氛非常热烈，教学效果非常好。

“老师，我能不能横着跑？”一个稚嫩的声音在我耳边响起，随之而来的是学生们的哄堂大笑。“这不是捣乱吗？”我纳闷了，循声望去，一个男同学正满脸疑问地看着我。原来是第一轮小组赛跑最后一名的同学。

“为什么要横着跑？”我装作一点也不生气的样子，耐着性子问了一句。

“我喜欢横着跑。”他理直气壮地回答，“有一次我抓螃蟹，螃蟹是横着跑的，而且跑得很快，我抓了很长的时间才把它抓住，螃蟹既然能横着跑，那我为什么就不能横着跑呢？”同学们又是哄堂大笑。

“咦，怎么有这种道理？”我暗暗发笑，觉得他在无理取闹，又不知如何反驳，便说道：“同学们可能觉得这位同学的想法很好笑，但老师觉得他很聪明，平时很注意观察，我们的确还能横着跑。接下来，第二轮比赛横着跑。我们先请这位同学给大家作一下示范。”大家鼓起掌来。他走出队伍，侧身对着跑道，像小螃蟹一样张开双手开始作示范，虽然跑的动作看上去有点古怪滑稽，但确实挺快的，其实这动作就是篮球训练中的滑步。大家不由自主地模仿他的动作练习起来。

第二轮比赛开始了，比赛气氛比第一轮还要激烈，想不到学生们对这种怪异的跑法还挺感兴趣，但是大部分同学的动作不协调，跑起来令人发笑，有的还跑成交叉步。而那位同学则成为小组赛的冠军。

“同学们，老师还想让大家思考一个问题，到底哪一种跑法最快？”比赛结束后，我又给学生出了一个问题。

学生们三三两两地聚在一起开始讨论。片刻之后，同学们自发地组织比赛，大多数同学采取两个直跑、两个横跑的比赛方式。我特意观察了那位提出横着跑的同学所在的组，他在两次采取直着跑的比赛中，都是最后一名。结论可想而知，大家觉得直跑是跑得最快的动作。这时候的他躲在队伍的最后，低着头，他也觉得横着跑不是最佳的方法。有几个同学开始嘲笑起他来。

这时候，我微笑着说道："同学们，今天我们学习了快速跑的动作，也知道了跑得最快的动作。但是，我们还应感谢他，他让我们有机会学会了横着跑的动作，这也是一种跑的方法，在篮球和排球比赛中经常用到。所以，老师希望同学们以后在学习中要敢于创新，敢于发表自己的想法。"

此时，那位同学脸上流露出洋洋得意的神情，学生们也向他投去羡慕的目光。

作为一名称职的体育教师，应该善于观察学生的学习情况，正确、恰当地处理课堂上学生由创新或奇思妙想而得出的稀奇古怪的想法，这是一种技能，也是一门特殊的艺术。它需要教师有耐心和爱心，不要轻易地把学生的行为定格为捣乱，更不要大发脾气，应沉着冷静，灵活机智地对事件进行有效的调控，变不利为有利，对学生的这些想法应多加鼓励，并给予必要的启发及指导。这样既不伤害学生的自尊心，又恰如其分地把各种技能传授给每一位学生。

点评：爱和耐心需要换角度、换方法去表现，一味地认为学生突发的奇思妙想是捣蛋，扰乱课堂纪律，硬性地压下去，对学生的发展并不是最有利的方法。因势利导，老师要用耐心去引导学生。

（边相君）

25　温声细语入心田

罗　雪

我曾经接手过一个三年级毕业班。虽然在一、二年级我都担任过这个班的科任老师，但这次才深刻体会到班主任和科任老师的不同。由于学生已经习惯了前一个班主任的做事风格，尽管作为科任老师我是受欢迎的，但当自己变成班主任时，我和他们显得格格不入。

新学期开学第一个节日就是教师节，学校要求每个班出一期以教师节为主题的板报。出板报这样的事对他们来说根本不算什么，我知道在一、二年级的班级板报评比中他们的成绩都不差。于是我找来了宣传组的同学，将任务布置下去，并把所需要的文字资料交给他们，就放心地让他们去做了。速度挺快的，第二天作品就出来了，但给我的感觉就两个字“敷衍”。其实在他们做的过程中我就有点意识到这个情况，但还是给了他们充分的信任。面对不尽如人意的结果，我找来了宣传委员，先肯定了他们的辛勤劳动，找了一些能表扬的地方进行了一番表扬，说：“给自己的作品打个分吧。”宣传委员本来已经被表扬得有点不好意思了，再一听要打分，就说：“老师我们还有个更好的设计，我们重新做一个吧。”又有声音说：“再做一次啦，看见这个自己都没面子了。”好了，不用我说，他们自己要求了。这次事情就这样过去了。

经过一个多月的观察和了解，我总结出我们班同学的性格大部分是乖巧听话的，少数部分各有特点。在男生中小杰、小全和小泉为一个小组，三人是形影不离的好哥们儿，女生中小欣、小婷和小涛三人是死党，批评了某一个，另两个会联合起来对付老师，而且她们还有小小的嫉妒心，当老师表扬了其他同学时，她们会有失宠的感觉，会有吃醋的表现。还有住校生小强，一个看似低调，但往往“一举惊人”的同学。

记得开学不久，古老师的自习课，上课不一会儿我去到班级刚好看到小欣好像与老师发生了冲突，师生双方都很生气。后来古老师告诉我，小欣上课趴在桌子上，叫她坐好也不听，态度还比较强硬，叫她站起来结果双方僵持着。了解了这一情况后，我将小欣领出了教室。我也没想好拿她怎么办，但我知道小欣在我们班是有一定号召力的，而我这个半路出家的班主任，命令她估计没用。而且在我把她领出来的那一刻，班上发出一阵唏嘘声，要等着看好戏，而小欣则一脸的“悲壮”和“视死如归”的样子。把她领到三楼走廊我停了下来，这个地方没有学生也没有老师，既能照顾她的面子，也能照顾我的面子。我尽量用温和的语气问道：“到底发生了什么事?”对方不理我，也不看我。稍许，我说：“老师需要了解刚才的情况才能下结论，可不可以告诉我刚才的事情。”她开口了，“他（老师）说我趴在桌子上”，我问：“你有没有趴在桌子上?”“有。”“身体不舒服?”“没。”“那你有没有坐起来?”“没。”“不止你一个趴在桌子上吧?”“嗯。”“心里不爽?”问到这时，她哭了。

这是个倔强的女孩，她对老师只点她的名心里感到不服。我于是又问：“老师在上自习课?”她点点头。“上课趴在桌子上对不对?”她摇摇头。我觉得有希望了，接着问：“那老师有没有错怪你?”她接着摇摇头。“这其实是一个小问题，你在课堂上犯了一个小错误，任课老师提出，但你没接受还顶撞老师，对不对?这样的现象任何老师看到都要管的，但由于你的态度，现在大家都很不开心。老师知道你是一个懂事的好学生，知道什么是对的，什么是错的，什么该做，什么不该做。以后不可以再有这样的事发生了，好吗?回去吧。”正在她惊诧我怎么这么轻松就放她回去时，我又提出：“小欣，犯错误不怕，关键要能知错改正，能对自己的行为负责。对于今天这件事，老师希望你去向古老师道歉，如果暂时不敢，那就回教室好好表现，用行动告诉老师你改正了，去吧。”我没有“押”送她回教室，也不知道她会不会去道歉……

后来古老师问我：“那个学生怎么前后态度转变这么大，竟然过来跟我说：‘老师，对不起，我刚才不对。’”听到这，我很欣慰，我觉得这个学生很可爱。

我曾经开玩笑说，我是一个爱他们的后妈。在这个五彩斑斓的大家庭里，我适应着我的学生，适应着这个角色，而他们也在适应着我……

点评：有教育，就有冲突。是用暴风骤雨涤荡，还是用和风细雨去润化?这是选择的智慧。管理班级、管理学生，不仅仅是去“管”，更要去“理”，要用智慧去塑造他们的心灵。

（袁昌红）

26　错怪的启示

何爱华

那是八月一个炎热的早晨。七点刚过，太阳就像一个火球一样滚落到了地面上，腾地一下，热气就四散开了，那明灿灿的光刺得人眼睛都睁不开。我开着摩托车进入校园，校园里安安静静的，现在是放假时间，除了偶尔巡逻的保安，一个人也看不见。

拐进实训中心的大门，却看到车间的门紧闭着，咦，怎么回事？按平时的习惯，两个学生这时应该已经开始今天的训练了，可现在却没见到他们的影子。我急了，赶紧打他们的手机，可不管我怎样打，都只听到那毫无感情的一句"你拨打的电话已关机"。他们会去哪儿呢？回宿舍了吗？我只好拐出实训楼，向宿舍走去，爬上六楼，往窗户里一看，原来两个家伙正蒙着被子躺在床上，还在呼呼大睡呢。看着他们的样子，再一想起这几天两人的训练状态，我的气就不打一处来：比赛越来越近了，训练却总是出差错，现在不但不抓紧时间，反而在这里睡懒觉！"快起来，快起来！太阳都晒屁股了。马上就要比赛了，你们还有心思睡觉？"我一边敲着门，一边大声地叫着。两个家伙看见我来了，吓得赶紧爬了起来。

十分钟后，我在实训中心等来了他们——小坛和阿生，这是我带了两年的选手，从入校到现在，就一直跟着我训练，在他们两个人的身上，我倾注了很多的心血，他们两个也很争气，学得很卖力，技术水平也一天天的提高，眼看着就要参加比赛了（因比赛时间定在八月底，所以暑假也没有休息），这一段时间却出现了很反常的现象：训练状态越来越糟糕，技术上老出不应该出的差错，精神状态也很不好。看着他们的表现，我心里也很急，再这样下去，比赛注定要失败了！

一顿劈头盖脸的批评过后，我摔给他们一份图纸："这是今天的任务，好好练去！"说完，我就开始埋头干自己的工件，再也没理他们。不知道过了多久，等我把自己手上的工件完成时，才发现肚子已经饿得咕咕叫了，一看时间，哇，快下午两点了。再一看他们两个，也还在埋头干着，我心里一动，招手叫他们："休息一会儿吧，先吃饭。"叫来快餐，我们三个默默地吃着。

“老师，对不起！”小坛嗫嚅着说，“我们知道，快要比赛了，我们状态不好，让您担心了……”

“老师，我们保证不再睡懒觉了！”憨头憨脑的阿生也说道，“您看看，这是我们昨天晚上讨论的结果。”说着，他递过来一份手写的加工工艺方案和各个节点的计算结果。

我接过来一看，这是昨天布置给他们的任务，有一个地方我特意提高了一点难度，原想先让他们看看，过两天再给他们讲，谁知他们昨天竟然开始研究了，难道这就是他们今天早上睡懒觉的原因？抬头看着他们两个专注而又期待的眼神，我突然鼻子一酸：多懂事的学生！我的心思，他们又何尝不明白！

我调整了一下情绪，对他们说：“做得不错，有进步，不过牺牲睡眠，是不可取的。错怪你们了，对不起！”他们两个听完，相视一笑，我也笑了。

从那天开始，我调整了训练计划，也调整了自己的情绪，因为我知道，我的一举一动，都将影响他们。我深深地明白了，在训练学生的过程中，其实也是在训练老师，训练的不仅仅是技能，更是心理素质，只有老师的心理素质好了，才能培养出心理素质好的学生，而这是技能竞赛中至关重要的一点。

在接下来的训练中，两个学生的情况越来越稳定，在八月底的佛山市比赛中，充分发挥出了他们的水平，其中小坛名列前茅，顺利地获得了“佛山市技术能手”的称号。

点评：教育学生的过程，往往也是老师自我反省、自我提高的过程，优秀的教师往往能及时作出调整，这不正是教育工作者的一种魅力吗？

（何小毛）

27　给个支点，撑起学生的人生

梁敬华

机电 084 班的阿健同学，脾气暴躁，遇事缺乏冷静，学习成绩一般，上课精神不够集中，还常常违反校规。阿健的自尊心特别强，在其看似一切都无所谓的表面下其实蕴藏着一颗火一样的心，老师的每一句评价都容易使其激动。所以，只要老师平时多花点时间从思想上、学习上、生活上去关心和爱护他，用真诚和信任让他感悟到老师的期待，就会使他重燃希望之火，并产生奋发向上的动力。

阿健虽然有很多不足之处，但再差的学生也总有某方面的优势，或是体育，或是美术，或是音乐，等等。我发现了阿健为人直爽，真心对待朋友，乐于帮助朋友的性格特点，他兴趣爱好广泛，是学校篮球队的队员，在这方面我给予他充分肯定，没有吝惜“好话”。在学校运动会和篮球赛、足球赛中，他变得异常勇猛，为班级取得了好成绩，我多次鼓励，不断把他的优点扩大化，使阿健找回自我，获取了战胜困难的勇气和信心。

爱心无价，收获良多！在抗震救灾活动中，阿健带头捐款，是班级里捐款最多的几个同学之一。在上街募捐活动中，他能牺牲个人休息时间到场参加活动。尽管很累，很累，而且没有一分报酬，还受到极少数人的冷眼对待，恶语相向，但他始终坚持着。两位老奶奶步履蹒跚地走来，向我们询问了情况后，知道是做善事，马上用颤抖的手拿出钱买了她们并不需要的 502 胶水。阿健充满活力，沿着合成路，一个挨着一个商店募捐，到达东升桥，尽管已经很累了，但接到我的电话知道要返回，还是马上跑步回来了，又到我们档口附近不停地募捐。当募捐成功时，他的喜悦之情溢于言表。

从阿健的进步中，我在思考教育的方法。

首先应优先指导。多数差生基础知识差，或因为学习方法不当，或因为学习信心不足，阿健也一样。为了减轻他的心理压力，帮助他进步，我在学习指导上对他采取了适当优先的“倾斜政策”。课堂上分层次教学，努力做到每一课、每一个问题、每一句话、每一个字都让他听懂理解，并采取“三优先”（提问优先、批改作业优先、课后辅导优先）的做法。

然后是奖励与惩罚相结合。阿健有优点，只是因为他缺点多，优点往往被老师所忽视，我努力挖掘他潜在的闪光点，帮助他发扬优点，克服缺点，不断进步。学生都喜欢被表扬，差生更是如此。我平时注意对阿健以表扬为主，哪怕是一点微小的进步，也加以表扬，使他感到老师对他的关注和期望。这样有助于他全面认识和评价自己，增强学习自信心，鼓起上进的勇气。但是他犯错误时我也照样批评，决不纵容。本学期有几次晚自习，他看不是我值班就迟到、早退，有一次还跟其他班的同学为一些小事打起来。得知这些事后，我狠狠地批评了他，还告诉他："你让老师很失望，老师真的很想帮助你，可是你太不争气了。"他当时听了这番话后，眼泪就流出来了，从他的表现中，我也知道他认识了错误，也有懊悔之心。但是，我并没有马上原谅他，而是观察他一段时间，看看他的表现如何。自从那次后，他有了较大的改变，下半学期的表现很不错。

再者应多一点理解和关心。他虽然也有决心去改正缺点，但是由于他的不良习惯已经形成了，所以一下子要求他改正过来，也是不现实的，加上他的自控能力不强，时不时就会犯一些错误，如迟到、上课心不在焉等，遇到这样的问题，我大部分时间不是马上批评他而是先冷静地分析他的原因，试着从各方面去考虑，然后通过与他进一步沟通，了解事情的全过程，鼓励他要克制自己，当想犯小毛病的时候让他想一想我说过的一句话："老师相信你。"期中考后，他上课睡觉等小毛病已经基本克服了。

正所谓外因与内因共同起作用，教育者对中差生的帮带定会使他们实现向自我学习、自我管理的转变，我相信只要"雨"下得及时，"润物细无声"，就能使他们转变，使他们茁壮成长。

点评：对于有问题的学生，应该实行奖励与惩罚相结合的方法，要善于发现学生的闪光点，给其自信，给其勇气，这样教育才能取得好的效果。

（王永清）

28　“垃圾”的处理

徐珊妮

2009 年 10 月 20 日，开完学部会议已将近六点了，天正下着雨，同学们都着急着回家，但是班级卫生还没搞，垃圾也还没倒。于是一散会我就盯着值日的两位学生——小超和小盛，提防他们趁我稍不留意就溜之大吉！看着他们扫完地并抬着垃圾筐走出教室，我也就放心地走了。

第二天一早，我来到班里，小超已经在课室了，我不忘鼓励他说：“昨晚好样的，我要好好表扬你们呢！”小超居然很诡秘地笑笑，什么也没说。

上完第一节课，才走到办公室门口，部长就跟我说：“你们班昨晚有学生将垃圾倒入男厕所，塞住了大便槽。”听完，我顿时火冒三丈，心想务必要严惩肇事者。我绷着脸来到班上，将小超和小盛带到走廊拐角处，不容分说就开始厉声咆哮。小盛一脸无奈，不敢吱声，小超则不以为然，还犟嘴说：“我现在把它清理干净不就可以了，没什么大不了。”我马上以此作为教育切入点，指出他这种行为和语言背后的心灵污点。自知理亏后，他的头也渐渐低了下去。

十分钟之后，我的气也渐渐消了，心想不能纯粹打压他们的气焰，还必须让他们内心为这种行为感觉到羞耻。我想起了魏书生让犯错学生写的心理活动书，于是问他俩为什么会萌生这种想法，当把垃圾倒入厕所时自己都在想些什么，有过哪些思想斗争。

一开始，他俩不肯说，我就引导说：“老师都看着你们拿着垃圾筐走了，为什么中途还会改变主意呢？”小盛说：“看见外面下很大的雨，天也快黑了，小超就提议说把垃圾倒入厕所。”小超赶紧接上嘴说：“反正明天清洁阿姨也会扫走啦。”我哭笑不得地说：“我也很理解你们，在那种情况下的确很容易想出一些馊主意，不过，你们的心里就仅仅想到这些吗？”小盛又说：“其实，那时候我也很担心被老师发现，不过小超不愿意下去啦。”我把矛头指向小超，问道：“你那时有没有担心顾虑呢？”

小超看见我们的注意力都放在他身上，就着急地为自己辩护：“其实，我觉得那样做也是不好的，那时我想着没人看见不会被发现的，而且我也想早点回家吃饭去，也就顾不上那么多了。”

觉察到他产生了悔悟的心理变化，我立即引导说："对，其实我们做坏事时肯定会有过思想斗争的，如果我们抱着侥幸心理，那就很容易会选择错误的做法，相反，如果我们踏踏实实，那就会全面衡量，做出正确的选择。"

"老师，你不用再说下去了，当早上你还表扬我们的时候，我们就已经后悔了，我们现在就去清理干净厕所，还会主动去找部长承认错误的。"

此时，我感到很欣慰，我想不良行为的产生是可以从心理上寻找根源的，如果学生内心真能有所触动，那教育就能产生效果了。

人非圣贤，孰能无过？处于成长过程中的职校学生常常会发生诸如迟到、逃课、吵架、打架等不良行为。当学生在犯了错或闯了祸时，大多会产生畏惧感、负罪感和内疚感，此时，他们比平时更能听得进不同的意见，也较为容易接受批评。教育者若能及时抓住这一时机，不仅仅是粗暴地呵斥一顿了事，而是在充分理解、同情和体谅的基础上，引导学生进行心理活动分析，帮助学生总结经验教训，利用学生犯错后的悔悟心理及时教育学生认识问题，那将会收到意想不到的效果——心灵上的"垃圾"将会逐步清除！

点评：在学生犯下错误时，我们首先往往会咆哮，然后逼迫学生认错，这种方法效果未必很好。不妨尝试一下心理展示法，诱导学生把犯错误时的心理自然地暴露出来，然后让他们知错就改。

（王永清）

29　分开疏导，化解危机

李平新

那是一个平常的夜晚，大约十点多钟，我的电话响了，是我所带班的班长打来的："喂，老师，你在哪?""我在家里。""不好了，出大事了。""什么事呀?"（我提高了声音）"小青与小婷吵得很凶，宿舍的其他同学也分成了两派参与，你快点过来呀!"情况危急，我三步并作两步往学生宿舍跑去，刚到学生宿舍的楼下，我就听到了上面传来争吵的声音，我心想，是什么事让她们俩争吵呢？她们俩不是很要好的朋友吗?

我几乎是小跑着上了四楼，到达她们的宿舍，我一进门，并没有大声地喊话，而是笑着问："同学们，有什么高兴的事，这么热闹呀，也让我分享一下吧。"顿时，宿舍里没有声音了，我问："有什么事值得你们这么激烈地争吵呀?"两边的同学开始轮番地向我诉说着她们的理由，而两位当事人反而不出声只是在哭泣。听完两边同学的"唇枪舌剑"后，凭经验我感觉到所有的事都是因为双方的误会造成的。考虑到时间已经很晚了，我决定马上安顿她们休息，不要影响其他同学睡觉，当晚事件就这样简单地处理了。

回到家后，我一直难以入睡，因为我知道，这事一定还没有完，不解决好会引发更大的矛盾。我想来想去，最终决定采用分开疏导来化解同学之间的这场危机。第二天早上，到班上我并没有讲昨天晚上的事情，就像什么事也没有发生过，而是找其他一些没有参与的同学去了解事情的真相，只有掌握事情的真相才能决定如何去处理这件事情。经过充分的了解，果然验证了我当时的猜想：一切的一切皆因误会造成。知道了事情的真相后，我分别找当事的双方谈话沟通，给她们讲如何去理解别人和宽容别人，并给她们讲了一个因误会导致的悲剧：早年在美国阿拉斯加，有一对年轻人结了婚，婚后生育，他的太太因难产而死，遗下一孩子。他既忙于生活，又忙于看家，因没有人帮忙看孩子，就训练了一只狗，那狗聪明听话，能照顾小孩，咬着奶瓶喂奶给孩子喝。有一天，主人出门去了，叫它照顾孩子。他到了别的乡村，因遇大雪，当日不能回来。第二天才赶回家，狗立即闻声出来迎接主人。他把房门打开一看，到处是血，抬头一望，床上也是血，孩子不见了，而狗也满口是血，主人发现这种情形，以为狗性发作，把孩子吃掉了，大怒之下，拿起刀向着狗头一劈，把狗杀死了。之后，主人忽然听到孩子的声音，又见孩子从床下爬了出来，于是抱起孩子；虽然孩子身上有血，但并未受伤。他很奇怪，不知究竟是怎么一回事，再看看狗，发现狗腿上的肉没有了，房里躺着一只狼，口里还咬着狗的肉。狗救了小主人，却被主人误杀了，这真是天下最令人悲叹的误会。

当她们听完这个故事后，我启发她们：误会，是人往往在不了解、无理智、无耐心、缺少思考，未能多体谅对方、反省自己，在感情极为冲动的情况之下所发生的。误会一产生，就一直只想到对方的千错万错，因此，误会越来越深，弄到不可收拾的地步。人对无知的小狗发生误会时，尚且会有如此严重的后果，人与人之间的误会，其后果更是难以想象。

当天下午，我又安排了两位分别与她们比较要好的同学去告诉她们事情的真相，让她们认真地检讨自己，而不是指责对方。晚上，这两位同学结伴找到我说："老师，对不起，让您操心了，我们没事了，谢谢您的指点。"

这件事就这样圆满解决了，我想，如果我当时不是采用分开疏导，让她们自己去检讨自己，而是一定要评出对错，恐怕会将事情引向无休止的争吵之中，毕竟她们谁也认识不到自己的错误。这样做既没有伤害她们的自尊心，也没有将事情扩大化，反而让她们去反省自己，发现并改正错误，我想这就是我们的教育目的所在。

点评：学生在一起学习、生活，难免会出现摩擦、矛盾、冲突，造成关系紧张。学生的矛盾，随时都有可能发生，如何化解学生的矛盾是一个值得大家探索的问题，"分开疏导，化解危机"不失为一个好方法。

（高　玲）

30 主业 PK 副业

陈雪华

学生学生，乃为学而生。学生的职务是学习，但现在的一些学生却对学习不重视，甚至厌学。究其原因，最主要的是对所学知识没有兴趣。兴趣是学习的最大动机，兴趣是成功的最佳前奏。因此，帮助学生培养学习的兴趣，巩固学习这个“主业”位置，是提高学生学习质量的法宝。

小崔的成绩排名班级前列，不过是倒数。因此在课堂上，我对他就多加“照顾”。我发现他上课的时候很安静，好像在听课，但经过观察，发现他总低着头，应该是在“忙”别的事。

于是，我找他谈话，主题是：看书好呀！

他坐在我的对面，背靠着椅背，眼睛盯着地面。

我开口问他：“你平时喜欢做什么？”“上网。”是我意料中的答案。“那你上课的时候是在用手机上网吗？”他飞快地看了我一眼，然后眼睛又锁住了地面。“在网上，你都做什么？”“看书。”这出乎我意料。

于是我说：“看书，好呀！多看书的人聪明，有内涵。而在网上看书，更好！”他抬起头，看着我，眼中尽是惊讶。“你觉得呢？”我问他。他支吾了一下，说：“我觉得在网上看书方便。”“就是，网上的书籍齐全，而且随时随地都可以看，很便捷！”他点点头。

我接着问：“你都看哪些书呀？”他迟疑一下，明显降低了声量，说：“武侠……”“武侠小说呀，里面的大英雄都疾恶如仇！你最喜欢谁呀？”

……

那一次谈话，他跟我聊了很多武侠人物，而我也清楚了他成绩不好的原因了。看小说，是他的主业；而学习倒成了副业。

于是，我又找他谈话，主题是：论英雄。

“最近在看哪本书啊？”我问他。

“《天龙八部》。”他答道。

“你觉得这本书写得怎样？”

他挠了挠头，不太好意思说。

“没关系的，我就想听听你自己的体会。”我鼓励他。

他想了想，说：“我觉得故事情节设计得很巧妙，里面的人物描写得也很好。”

“哦，很有见地嘛。最近我们正在讲授《人物春秋》，主要是赏析人物形象的。这样吧，你也分析一下这本小说的人物，看看到底哪里写得精彩，哪里写得不够细致，并说明原因。”

“我不会写……”他想推搪。“你只要上课的时候多留点心，听听老师是怎样分析人物的，你仿照分析就行了。你看了这么多的小说，认识了这么多的武侠英雄，这对于你来说一点都不难呀。我给你两个星期时间。”我拍了拍他的肩膀。

“那我试一试吧……”他终于答应了。

接下来的语文课，他专心听讲了，并开始记笔记，课后还借同学的笔记补全。课上，我还特意提问他，多给他发言的机会，督促他思考分析；课后，还多次了解他“特殊作业”的进展。

学习逐渐成为他的主业。

两个星期后，他交了“特殊作业”，虽然质量不高，但看得出他确实用心了。我看完后，笑着说：“不错呀，这么短的时间能写成这样！很好！你若能往这方面努力，说不定能成为书评家哩。”他不好意思地笑了。我承诺期末给他加10分当奖励，并鼓励他说这次测验他肯定有进步。他只笑不语。

测验成绩出来，他及格了。

于是，我又找他谈话，主题是：你是时间的主人。

我鼓励他分析这次测验进步的原因，他说归功于课外书。正因为对课外书里的人物进行分析，掌握了人物赏析的方法，也就掌握了学习的重点，测验成绩就进步了。我给他补充，看课外书是一个方面，但最重要的是认真听课了，在课上学习了分析人物的方法，通过课外的练习巩固，才有了提升。

他低下了头，我继续强调，看课外书扩大视野固然是好事，但也要学会科学合理地安排时间。课上老师教授的知识，专心听了记了，对学习对考试才是最重要的；而课外书呢，肯定是课外时间才能看的。

他抬头看着我，认真地说：“老师，我懂了，学习才是我的主业，而看课外书只是副业。”我笑了笑，说：“老师期待你下次考试能有更大的进步。”

自此以后，课堂上，我能看到他抬头专心听课的样子了，能看到他低头认真记笔记的身影了；课后，我继续与他交流看书感受，鼓励他写人物评价或小说评述，虽然还只是简单的鼓励，但他已经在一点点地进步了……

走进学生心灵，全面了解学生，鼓励学生寻找学习的兴趣，引导学生培养学习的兴趣，才能帮助学生打开学习之门，从而引导他们走上学习的正道。

点评：多关心爱护学生，多走进他们的心灵，倾听他们的心声，多鼓励他们，让他们感觉你可亲。这样，你在学生心目中才是可敬可亲的形象。只有走进学生的心灵世界，了解学生、理解学生、关爱学生，和学生一起成长，和学生有了共同的话题，共同的心声，学生才能主动地参与到课堂中去，才能实现教育教学又快又好的发展。

（尹志群）

31 教育需要谎言

梁丽媚

曾经，有这么一个学生让我舍不得，弃不掉。他是谁，他是一个很要强的小伙子，机电 043 班的“博士”。

他学习很积极，实习很用心，总想着出人头地，目标很远大。但是他脾气很暴躁，对家长、老师、社会不理解，抱有敌视心理；以自我为中心，他认定的事情谁都改变不了；他哥们儿义气很重，朋友比亲人更看重，但是心胸又比较狭隘。凭着我的职业敏感度，我觉得这样的学生应该是大有前途的，所以我一直很重视栽培他。那时的我，还是新教师，以为凭着心理学专业的优势，对付这样的学生轻而易举。

连续几天，我发现他经常趴在课桌上睡觉，两眼布满血丝，我知道他晚上肯定没睡好。我把他找了出来，他告诉我，他失眠了。我自然就是运用我的心理学知识帮助他怎样克服失眠。可是，效果不理想。我很诧异，怎么会没效果呢？后来在我的追问之下，他才告诉我说，他脑袋里长了个肿瘤，所以头痛睡不着，晚上失眠。从此之后，他就经常请假，说要去看病。他的右手抖得很厉害，字写得歪歪扭扭的，不细看都不知道写什么。我知道，这里头肯定有问题，先不论他是否有肿瘤，但是右手抖成这样，肯定有问题。我在他不知情的情况下去了他家家访，和他的父母约好不告诉他我来过。他父亲听完我的讲述之后，笑了一笑说：“老师，你给他骗了，这小子，肯定撒谎。他有病，我们怎么会不知道呢?”我说：“他的右手的确抖得很厉害，而且精神状态也不好，你们要多关注。其他的就先不要戳穿他，我再观察他一段时间。”

顶岗实习，他很认真，培训老师都称赞他。他想要外出，求了我几次，我都不批准。但是有两次，他不去上课，一个人躲在宿舍里，整个人像蔫了的气球一样，全身没有力气。我说送他去医院，他不同意，我说让他家长来接他回家看看，他也不愿意，只是让我批准他外出，我当然不答应。我外出帮他买药，他一手就甩掉。那时的我对他真是无计可施。但是他的情况确实令人很担心，所以就让他的好朋友多留意他，一有什么变化，立刻通知我。谁知，竟然被他发现了。一天晚修的时候，他怒气冲冲地质问我，为什么要牵扯上他的朋友，他最信任的就是他的朋友了。接着他又问我是不是把他的事情都告诉他家长了。那一刻，我多么想戳穿他，但无论他话说得多么狠毒我都忍了，可眼泪还是忍不住流了下来，真委屈啊！为了他，我花了多少心思，想不到竟然是这样一个结果。

但是，他为什么要撒谎呢？为了圆一个谎言，又要接二连三地说谎，其中到底发生了什么事情呢？如果单刀直入，性格如此偏执暴躁的他，是不可能告诉我的。而且，如果我戳穿他，他会怎样面对我呢？他会以怎样的心情来面对学习呢？不怕一万，就怕万一，为了他的学业，我决定从他平时的状态去找原因，也从他与朋友的关系入手，有时候也会表扬他的进步。终于他平安度过三个学年，顺利考取中级证书，找到了合适的工作。我始终认为就算自己受点委屈，那又有什么，就让这个谎言继续延续下去。我相信最后他会认识到自己的错误的。

他现在已经毕业了，听他父母说做人比较踏实了，一直说想向我道歉，只是找不到机会。我感觉很欣慰。

教育是不留痕迹的，教师是需要信任学生的，但是完全的信任有时会将自己推到一个无法挽回的境地。教师，要擦亮自己的眼睛，要认真观察，要宽容和包容，有时也需要撒谎。有时候，一个谎言能把事情解决得更完美。教育，需要信任，也需要谎言。

点评：也许我们的教育还没有一个满意的结果，但教育的过程必不可少，也许我们面对的是一个谎言，但在期待中信任很可能有好的教育结果。

（王永清）

32 徘徊中见榜样，重新树立自信

赵海军

学校让每位老师写一篇教育故事，自从任务布置下来后，我每天都在思索要写什么样的故事，好像并没有什么可值得写的，为什么会出现这种情况呢？从教几年来，我一直忙于提高自身的教学水平和专业技能，着实没有思考过这个问题，思来想去，终于，一个名字在脑海中浮现出来。

小斌——一个大男孩，学校优秀三好生，2010 年获得广东省中职技能大赛车工项目第七名。作为学校车工项目竞赛辅导教师的我，为此次比赛与他朝夕相处了 6 个月之久。这期间经历了欢喜与悲痛，憧憬与失望。回想起来，有一件事至今深埋于心。

那是在进行顺德区选拔赛前发生的，学校由于是第一年组织参加车工技能竞赛，从选人到组队，从基础训练到难度技巧，从命题方向到比赛规程，我和队员们都付出了相当大的努力。尤其是小斌，是队员中进步最快的，由于他是学数控车工出身的，基本功较扎实，加上肯努力、肯吃苦，一般在训练综合件时他都会加班加点完成。2009 年 11 月，他连续一个月左右没有好好休息过，疲劳程度可想而知，因此问题也就随之而来，星期一他突然退出训练了。原本以为是训练时间太长，他有些疲劳睡过头了。可过了 9 点还不见人影，于是我拨通了他的电话，他的声音有些沙哑，含糊地说不想再训练了，当时我感到非常惊讶。我静下心来思绪万千，不知问题出自哪儿。于是，我让他先休息一下，但不同意其退出。随后开始想办法处理此事，几个方案闪现出来：①找领导，期望以行政手段解决；②找家长，了解一下家庭状况，寻找根由；③找要好的朋友，了解最近的思想波动及其他潜在的问题。马上行动，我首先打电话给袁校长说明了此事的来龙去脉，领导建议查清原因所在，再进行处理；然后与其舅舅通话，了解到他家里未有什么异常状况，而家里经济条件也没有太大问题；最后找到 072 班小浩，了解到星期日晚上他们举行了一个班内的聚会，大多数的同学都已经进行顶岗实习，换句话说就是和小斌要好的同学均要离校，而与其在一起进行训练的同学都是其他班级的，还不是很要好。

针对了解的情况，吃过午饭后，我来到他的宿舍，和他促膝长谈起来。一开始，他还有所顾忌，没有和我透露任何问题，仅以家里要用钱，需要找工作为由来搪塞我，后来我将我了解的情况一一和他沟通，他感到非常惊讶。“短短两个小时，老师怎么掌握了我这么多的事情?”这是事后他和我说的。于是，我开始开导他：“路要怎么继续，十字路口该向左转还是向右转还是应该沿着直线走，没有谁能告诉你，只有自己去选择。生活如果没有压力将变得空虚，无论什么样的生活，都会因为时间而厌倦。不一定干什么事都要有人来陪，朋友同学日后还可以相处，比赛的机会只有一次，如果你取得好成绩，朋友自会来为你祝贺的。”“天将降大任于斯人也，必先苦其心志，劳其筋骨，饿其体肤，空乏其身，行拂乱其所为，所以动心忍性，曾益其所不能。”“最近看到的一篇人物报道：钱小林——浙江省最大的模具合资企业浙江友成塑料模具有限公司制造一科的技师兼副科长。24 岁的他从普通技工到最年轻的技师，从技校生到数名大学生的带教师傅，从一线工人到技术创新能手，从普通员工到技术管理者，职业之路呈现的是飞跃式的发展，他的个性语言是‘别人做不了的我要去做，别人觉得难的我要去做，别人解决不了投降了我上’。就是因为有这样的斗志，成就了他的事业。”“如果你可以沉静下来，就一定会取得好成绩，你的人生就会像钱小林一样呈现飞跃式的发展。”

一番谈话下来，发现他似乎发生了少许变化，于是我留下一句“再好好想想”就走了。其实我还是没什么把握，下午时又找了几个好朋友去和他聊天，解一解心疑。星期二早上，他带着阳光般的笑容进入了车工室，我知道我成功了。随后的训练更刻苦了，每天基本保证 7 个小时的操作，说实话有时我都有些顶不住了，可看到他的努力、他的汗水以及他的笑容，一切都无所谓了。我们的关系也越来越亲密，几乎成了无话不谈的朋友。

功夫不负有心人。2010 年顺德区选拔赛中，他以第二名的成绩代表区参加省赛，也是我校众多参赛项目中出线的两人之一。2010 年 4 月 10 日，广东省机械加工项目开赛，经过激烈角逐，他最终取得了第七名的好成绩。正因为如此，比赛后，他进入了广州地球能源化工研究所。

教育是一门艺术，只有走进学生心灵的教育才是真教育。爱是教育的原动力，教师的关爱就是学生心灵的阳光。爱是学生心灵成长的甘露，爱是维系师生关系的纽带。教师要热爱学生，关心学生，创造激情，让所有学生都抬头走路，在人生路上不断取得成功。

点评：教育是一门艺术。是的，正因为有了爱的指引，这门艺术才开出了灿烂的花朵，结出了丰硕的果实。爱的教育不是一句话，更是日常生活中润物无声的细雨。

（何小毛）

33 用理智涤荡冲动的心魔

黄燕娜

小品演员郭冬临有一句非常经典的台词："冲动是魔鬼。"诚然，冲动会导致不必要的损失，冲动会产生无可挽回的后果，冲动的怒火甚至会毁灭一切。

职校的学生，正处于青春期，情绪波动比较大，而且自控能力不强，他们经常会因为一点小事而冲动，容易与人发生冲突。

这天上语文课，因为才开始上课，教室有些吵闹。语文老师提醒了同学们几次，但都不怎么奏效，部分学生还在小声说话。老师看到小吴正转身跟后面的学生说笑，便点名提醒了他。小吴安静下来没多久，后面的人又说起话来，他便又一次转过身去，正巧被语文老师看到了。语文老师认为小吴屡教不改，狠狠地批评了他两句。

小吴觉得自己受了委屈，一股无名的怒气涌上心头，立马发起强烈的反击。老师批评一句，他毫不客气地回敬几句侮辱性的话语，而且愈战愈"勇"，话越说越不堪入耳。对小吴的不敬行为，语文老师气得发抖："把部长和主任叫来，看看你是怎么对老师的！"这句话像一剂清醒药，让小吴猛然从头昏脑涨的攻击状态中清醒过来。他一下子愣住了，心里开始后悔，但是处于青春时期的他还是保持一副"慷慨就义"的神情。

当我赶到课室时，语文老师已经控制好了课堂，恢复了正常的教学秩序。但一见我，语文老师的情绪又开始激动起来，对着小吴丢下一句："你跟班主任出去，我不想在我的课堂上见到你，下课后我要直接把你带到校长那里去。"看到平时温文尔雅的语文老师此时满脸的怒气，我感到了事态的严重性。

小吴表情木然地走到我身边，他知道自己将要遭受一场"轰炸"，已经做好了抗战的心理准备。我能感觉到他正小心翼翼地将自己那点自尊心一层层缠绕起来，包裹得严严实实。看到他这种状态，我明白严厉的批评并不能教育好他，也不能很好地将此事解决。我更明白，当学生与科任教师发生冲突时，班主任必须做一块"双面胶"。现在我的首要任务是将学生"粘"住。如何粘呢？是杀鸡儆猴，批评他给其他同学一个警示吗？这样做，只是治标不治本。

学生已经形成较为完整的人格，有强烈的自尊心，不能再用简单粗暴的批评了。我先不出招，让学生猜不到我葫芦里到底卖的是什么药，这样我才能“占点上风”。我一直没说话，既想让他平静一下心情，自己也好整理一下思绪。

几分钟后，我平静地问道：“能不能告诉我发生了什么事?”他有些意外，不过还是冷冷地回了一句：“我臭骂了语文老师。”从他这句话我能判断，学生知道自己做错事了，他现在就是在保护自己的自尊心。于是我再一次引导：“你将事情的经过详细地跟我讲一遍好吗?”他回答得还是很敷衍：“老师批评我，我不服气就回骂老师。”“那你都骂了些什么?”“我骂了很多句很过分的话。”“语文老师对你怎么了，你骂他骂得那么过分?”

小吴在我的引导下，慢慢地说出了事情的经过。我想，让学生好好地回想自己的行为，能让学生深刻地看到自己的问题，反省自己的行为。这种方式比老师一味地批评要好得多。他慢慢地明白我并不是要批评他，开始将那种随时将自己武装起来，时刻准备与老师对抗的紧张情绪放松了。

我开始跟他分析此次骂老师的原因——冲动。我语气很舒缓，并表示了我对这个年纪的学生的心理特点及行为的理解。他听了之后已经将心情完全放松。接着我又将此事产生的严重后果告诉他，让他自己选择处理方式。最后，他接受我的建议：跟语文老师道歉。道歉时他态度很诚恳，说着说着就哭起来了，哭到差点喘不过气。语文老师看他态度良好，愿意将此事平息。事情就这样得到了圆满的解决。事后，小吴哭着跟我说“谢谢”。我知道这句话是他发自内心的。

冲动这个魔鬼并不可怕，只要我们懂得控制自己的情绪。这一次的“冲动事件”为我创造了一个契机，让我可以打开学生的心门，走进学生的心灵世界。

点评：面对与科任老师发生冲突的学生，我们需要用智慧选择处理的方式，把理解与宽容化作钥匙打开学生的心窗，化解矛盾，方能让阳光进驻学生的心扉！

（何佩仪）

34 循循善诱，助学生化蝶

边相君

2007年，我带的班级来了一个瘦骨嶙峋的英德住宿生。开学第一天我去宿舍看望住宿生，感觉这学生性格比较外向，对老师也比较有礼貌。经过一段时间的接触，我发现：他会画画、出板报。于是，两个星期后我让他做了宣传委员。唯一不足的是，他的头发总是很长，我多次提醒他修剪，但他都没有剪。

一个月后，我终于忍不住了，利用晚修跟他促膝长谈，强调了头发对中学生形象的重要性，可惜徒劳无功。最后我联系到了该生的家长，和家长在一个小时的长谈中，终于了解到该生背后隐藏的故事：初中时他开始和社会青年玩在一起，受社会黑暗面的东西影响太多，后来由于械斗，差点被学校开除。在家长的劝说下，他才把初中念完，来这所学校也就是为了离开那班损友，高中能顺利毕业，家长的意思是只要他不出什么大事，就行了。

家长的态度明确了，看来只有通过日常生活中的慢慢渗透才能逐渐改变他的看法。三年中，我觉得有三件事让他完成了自我的重新认识。

第一件事，开学第一次出板报。第一次出板报时，我让他自己选人，并说出选择的理由，结果他选了住宿生，理由是可以利用晚自修的时间。第一次出板报，我也参与了。在随意的聊天中，我把话题引向了住宿生的初中生活。开始大家都不说话，我就先说了我的初中生活：一个数学老师为了一条平行线定理，罚全班下跪，但我还是要谢谢这位老师，因为如果不是他，我不知道学习需要付出努力。话头一开，其他同学也打开了话匣，当其中有一个说起他初中学校的风气十分乱的时候，他终于开口了，把初中为什么和人家打架的原因说了出来，并表示自己很后悔，所以抱着重新做人的心态来这所学校读书。我充分肯定了他的想法，并委任他为住宿生代表。这晚过后，他就把头发剪了。此后，只要我要找住宿生的话，他都第一时间能找到人。我还让他组织了一次住宿生中秋消夜活动，活动办得非常成功，他似乎也认识到了自己的价值，更加积极地配合我的工作。

第二件事，班级的班容班貌布置。第一个学期的班容班貌布置，是大家一起做的，第二个学期我有意让他主持，同样要他选人，结果他选了我们班的一个女生和几个本地的学生，理由是本地生知道哪里能买得到便宜的材料，而且这几个学生平时在班里做事比较积极。从整体策划到一些细节的布置，他都做得非常到位。这一次布置，让我们班的评分历史性地进入了前十名。我当着全班的面表扬了他们这一团体，过后我和他说了一句话：患难见真情，并不是哥们儿义气就可以做好一件事。这件事让他知道朋友的可贵和交朋友的慎重性。

第三件事，是临毕业前，学校举行的实习考证。在考证之前我跟他聊过今后的路该怎么走，他告诉我说他选择了车工。于是，我又帮他把目标确定下来，并且把要考的证列了出来。车工考证过程中我随时注意他的精神状态，从带考证的老师评价中找出他的不足，最后的结果是车工考证中他获全班第一，考证老师说他已经达到高级工的标准。趁热打铁，我又让他参加了学校车工技能训练队。虽然最后没有去参加比赛，但在创新科技比赛中他取得了优异的成绩。2009 年 11 月，他在佛山市第 25 届青少年创新科技比赛中获得了“佛山市第 25 届青少年创新科技”一等奖；2010 年 4 月，在广东省第 25 届创新科技比赛中获得了“广东省第 25 届青少年创新科技”二等奖；2010 年 6 月，在广东省第 8 届青少年儿童创新科技比赛中获得了“广东省第 8 届青少年儿童创新科技”三等奖。相信经过这个阶段，他以后的道路会更加宽广。

和他三年的磨合中，我从日常的生活入手，让他信任我，在学习上提点他，在实训中提供相对应的机会让他发挥自己，最后毛毛虫终于变成了美丽的蝴蝶。现在，他在广东锻压机床厂上班，主要工作是帮分厂打领料单和开普通车床，工作得很开心，而且对自己将来的路有了清晰的认识。

点评：教育是一个过程，它需要的是潜移默化，需要的是在适当的时机作出适当的处理方法。一个人的意识必定是建立在周围事物在自己内心深处的映射的基础之上的。

（利艳兴）

35 老师，谢谢您不问

谈卫兵

在我的从教生涯中，有一件事至今仍留在我的记忆中，挥之不去。

那件事发生在2006 学年第一学期，当时，我校第一次尝试对高三“升大”班进行改制，即从四个“升大”班中抽调成绩较好的学生组成一个尖子班。我临危受命，担当了这个班的班主任。

上课的第一天，一位身材小巧的女生最先进入我的视线，整体上看她衣着整洁、举止端庄、面带笑容，头戴一顶圆布帽，正在全神贯注地倾听我的讲课。起初，我并不觉得她有什么特别之处。一天、两天……一周过去了，一切都没改变，连同那顶圆布帽。但令我疑惑的是酷热的天气，她还是坚持戴她的圆布帽，该不会是要个性，要和校规唱反调吧？就在我产生疑惑，正准备找她谈谈心的时候，那天下午我看到我的办公台上，用茶杯压着一封折叠好的信，谁写的？怀着疑惑和一丝不安，我打开了信：

老师：

谢谢您不问！

老师，您为什么不问我为何总是戴着那顶圆布帽？

从初中到高中，班主任总是先问这事，我只好将本想隐瞒的秘密公之于众，然而，每次都产生一种被人掠夺的感觉。

我是一位身患白血病的女孩，由于大量的化疗使我失去了从前的秀发，为了给自己增加一点自尊，也为了给他人一点尊重，我不得不长期戴着帽子。如果这样影响了班容，我只好说一声：老师，对不起！

我知道自己得的是一种令人生畏的疾病，然而，我不怕，真的不怕，我总是相信自己能治好，而且我一直在努力，我要考大学，我想实现人生的理想……

老师，请相信我，谢谢您！

看完这段肺腑之言，我心生一股钦佩之情：如此娇小的身躯，竟能抵御这般强大的病魔！她对生活的热爱、对理想的执著，让我这健康的人都心生惭愧！

这也让我明白：有些事情，无声胜有声！我没想到我的一个小小的举动，却达到了这样的效果！

没过多久，学校因为毕业实习的问题重新分班，她又回到了原来的班级。一年之后，她考上了大学。她写信给我，告诉我她头上已经长出了乌黑的头发……

现在回想起这件事情，再回想起我教学过程中的点点滴滴，无声胜有声的时候也有很多，但这个女孩让我感受到人的坚韧，也让我感到震撼。教师的一些无心之举可能会对学生产生巨大的影响，这个女孩完全是在我的“不问”中收获了信任，收获了自尊，获得了更多面对生活的勇气和决心。

点评：不问的智慧是尊重，不问的智慧是爱护。一个老师面对学生应该细心，但有时也该“粗心”，“粗”、“细”之间尽是智慧。

（刘建华）

36 架起家长与学生沟通的桥梁

梁丽婷

2008 学年第一学期的某个周五，2008 级学生要召开家长会。

我提前把家长会的通知发给了学生，并叮嘱他们一定要写一封信给父母。内容可以是他们在职中的学习、生活情况，也可以是想对父母说的话。

家长会当天早读时，我想检查一下他们信的完成情况，于是在黑板上写下“现在把给家长的一封信交到班长处”。刚放下粉笔，就听到一阵骚动。

有的学生说：“这么老套，初中也是写这样的信，来到职中还是写这样的信。”

有的学生说：“我与父母根本没有话可说。”

一个叫小斌的学生说：“我就是不写，我不交。”

听了这些话后，我心里很不舒服，但是我没有发表意见，再数数交到班长处的信，就只有二十来封。怎么办呢？怎样才能让学生完成那封信呢？我沉思着。

走到讲台前，我用手示意科代表停下早读，并说：“现在，老师要给大家讲一个故事：从前，有一个男孩，因为觉得父母不理解自己，于是赌气离家出走了。当他把钱花完后，又饿又冷。他在大街上溜达了几天，饿得连身体都挺不直了。就在快晕倒的时候，一位老伯伯收留了他，给了他一个馒头充饥。他非常感激，对老伯伯说：‘您是我的恩人，我一定要报答您。’老伯伯说：‘我才给你一个馒头，你就这么感激我，而你的父母养了你这么多年，难道你就不感激他们？’这个男孩一下子醒悟了，主动回家并向父母道歉。”

我一边讲一边用眼睛扫视着全班。学生们听到这里，有的点头称是，有的沉思似有所悟，我特意看了一下小斌，但看不到小斌脸上有任何的表情变化。看来，这个故事还没有触动小斌，怎么办呢？我一边想，一边接着说：“生命是最神奇的，可是你们问过自己吗，是谁给了你生命？是谁给你饭吃？是谁给你衣服穿？是谁给你地方住？是谁供你读书？是谁最关心你、爱护你？”

有几位学生小声说：“父母。”我接着说：“刚才，我听到有同学说给家长写信老套，没话跟父母说。真的是这样吗？学校借家长会，给你们和家长架起了相互沟通的桥梁，难道学校这样做不对吗？你们长这么大，难道不应该跟父母说声谢谢吗？你们难道没有其他话要跟你们的父母说吗？作为老师，也作为孩子的母亲，我是多么希望自己的孩子能够理解和信任自己。今天晚上就要开家长会了，下午我会给每个同学发一个信封，到时候请同学们把自己的信装到信封里面，封起来，然后在放学前交给我。”

早读完毕后，我把小斌叫到走廊外面，想跟他聊聊写信的事情。但是，让我意料不到的是，没等我开口，小斌就先开口说话了。他说：“老师，我知道刚才你听到我说不写信，不交信，于是，你给我们讲了那个故事。不错，那个故事讲得很对，但是，我是不会给我父母写信的。”看来小斌知道我讲故事的目的，他是有备而来的。

我沉思着：如果态度强硬，那肯定不管用。该怎么办呢？我还是尽我所能劝告他吧。于是，我说：“行，你可以不写。”小斌听到我说可以不写，感到非常意外。我接着说：“你可以不写信，但是你必须给我一个很好的理由，好让其他同学问为什么你可以不写信时，我能给他们满意的回答。”过了半晌，小斌还是保持沉默。我便接着说：“小斌，你可以选择不写，但老师很想知道你不写信的原因是什么？是不会写吗？无话可说，还是不想写？”小斌点了点头，默认了不想写这一点。我接着问：“是因为你的原因还是你父母的原因呢？”他不做声。“是你的原因吧？”他摇了摇头，泪珠在眼眶里打转。

于是，我慢慢引导他把原因说出来。原来初中的三次家长会，父母都由于某些原因，没有去参加，他认为他的父母这次也一定不来参加了，父母也不会看到他的信。我很肯定地告诉他：“即使你父母不能来开家长会，但他们还是能看到你写给他们的信，请相信我！”小斌点了点头回到教室上课去了。

回到办公室后，我给小斌的母亲打了个电话，并把我和小斌谈话的内容告诉了她，小斌母亲非常激动，她答应一定会抽空参加家长会。

下午，第七节课下课后，我点了一下收上来的信，一共48封，全部交齐。

晚上的家长会，我把故事重复了一遍，并嘱咐家长认真看看孩子写给他们的信。在场的所有家长都很认真地看信，有的母亲还在偷偷地擦眼泪。小斌母亲更是激动地跟我说：“老师，谢谢你，我从来都没有想到孩子会给我写信。从他的信，我知道了他的想法，也意识到自己的教育方式有偏差，我以后会多注意教育孩子的方式。谢谢老师，谢谢学校为我和孩子所搭起的沟通桥梁。”

现代社会，学生和父母往往存在沟通的沟壑，很多学生不懂得感恩父母，不懂得与父母交流，很多父母不理解自己的孩子。学校借家长会的机会，让学生写信给家长，适时架起家长和学生沟通的桥梁，使家长和学生能重新审视他们的沟通方式，从而促使父母与孩子的关系走向良性发展。

点评：架起家长和学生沟通的桥梁，不但能促进学生和父母的感情，更能使家长理解学校、理解老师，从而能起到非常好的教育效果。

（刘作武）

37　阿标的故事

潘美芳

从事体育教学工作十年，既没有感人的事迹也没有十分优秀的成绩，但我还是始终坚守着对体育教育的热爱和执著。尤其是在体育特长生的训练工作中，我与学生结下了深厚的师生情。

学校的体育特长生大都是活泼好动或调皮捣蛋的学生，上课不认真听讲，不按时完成作业是常事，有时还和同学打架。每学期都有这样的学生被定为受导生。因此我们在对他们进行体育训练的同时，也要对其进行德育教育，使其体育和德育的综合素质均有提高。

田径队的阿标，身高有1.78米左右，身材不胖不瘦，肌肉很结实，两个小腿的跟腱很长，身体素质非常好，从外形上一看就是棵练体育的好苗子。高一刚进校的时候我们就招他进田径队参加训练了。那时他染着一头黄发，队友们都开玩笑地叫他“金毛狮王”。他在队里总是独来独往，早上训练还经常迟到。听他初中的体育老师说，他在初中就是个“问题学生”，脾气暴躁，易冲动，不爱学习，还在校外和一帮不良社会青年交上了朋友。但同时我也听到他好的一面，他田径投掷项目成绩不错，非常喜欢打篮球，而且还打得相当得好。对于我们体育老师来说，他既是一个难教的学生，又是一个难得的体育苗子。恰好，他由我负责训练，当时我就在心里暗下决心：不管他有多少问题，我一定要把他教育好！

我首先跟班主任打听他在班里的情况，然后打电话家访，了解他平时在家里的表现。电话家访中得知他家有兄弟俩，他有个哥哥。他哥哥已经出来工作了，平时对他很好，要是他在外面受别人欺负了，就会出头帮他出气，但在学习上就对他不闻不问了。他爸爸因工作关系经常早出晚归，一星期都难和他碰上一面。他妈妈也管不住他，如果他在外面闯祸了，回到家也只能骂一骂而已，他还经常顶撞妈妈。看来仅仅靠家庭教育是不够的。我要亲自走进阿标的生活，了解他的内心世界，成为他的朋友。

有一次早上训练，他迟到了，我把他叫到一边说："今早你不用练了，我想和你谈谈。"他条件反射似的把头扭到一边说："谈什么！"那动作、那表情完全是一副自我防御的样子，当时给我的感觉是：爱谈你谈吧，反正我已经是这样子了。我想他可能在初中被批评惯了，所以才有这习惯性的动作、表情。我就当没看到，一边看其他同学训练，一边温和地说："昨天训练强度挺大的，你是不是练得太累了，才导致今早起床晚了。你今早先调整调整，不要急于求成，训练强度要慢慢增加才行。我们的训练计划下午也是要适当调整的，玩玩游戏或打打篮球都可以。"

我的话音刚落，他一下就转过头来，情绪也缓和了许多，说："老师，是真的吗？那太好了，我很久没好好打球了，那我们约篮球队的打比赛好不好？"一说到打球他就高兴起来了。我趁机笑着问他："阿标，你刚才的态度很不友好呀？"他很不好意思地说："老师，刚才我错了，误会了您，以为您会批评我。"这时候我才语重心长地对他说："阿标，老师相信你是个守时、守纪的人。你不会让老师失望的。"那一瞬间，我看见阿标的眼睛有点湿润，我知道他内心有所触动，因为在和他接触的过程中，我知道他是一个脾气暴躁、"吃软不吃硬"的人，但他是有是非观念的，只要教育方式得当，他会欣然接受的。

还没到镇运动会，学校就举行了班际篮球赛，为了避免受伤，篮球赛期间，不管当天是否有比赛，所有人都要归队统一进行常规练习，让要参赛的同学能够充分地做好热身运动。阿标他们班只有7个男生，还有几个不会打篮球的，我就开玩笑说："阿标，你不用上场了，反正你们班是打不过别的班级的，就让他们几个上去玩一玩就行了。"其他同学也跟着说："是啊是啊，就你一个人厉害有什么用啊。"阿标很着急地说："你们别小看人，到时你们去看看就知道有没有用了。"好大的口气啊！第一场比赛，阿标的班级还真赢了。当时我也到场去看他打了，班主任说他们班全靠阿标拿分，要是其他几个也打得好点，和他打打配合，他就不会打得那么辛苦了。看得出，班主任也很心疼他。

第二天早上出操就听学生说："昨天放学，阿标和别人打架了，鼻子都被打出血了。"我听后非常着急、生气。到政教处一问才知道，是因为昨天那场球赛，他们班打赢了，输了的班级不服气了，说他们班赢球不是靠本事，是靠运气赢的。他们班的部分男同学听到对手的讥讽很生气，就与其发生口角，继而动了手，是阿标及时制止并报告老师才遏止了事态的恶化。他的鼻子是劝架时被别的同学误伤的。看见阿标时，我欣慰地笑了，阿标自豪地说："老师，我没有给您丢脸吧!”我看着顽皮而又懂事的阿标，骄傲地竖起了大拇指。

后来在镇运动会上，阿标打破了男子高中组的铅球记录，取得了优异的成绩，成为了一名文明有礼的体育优生。

点评:“有教无类，因材施教。”教师细心的观察，真诚的关怀，平等的交流，由衷的赞美，终将让误入歧途的顽劣之生回归文明有礼之途。

（王江霞）

38 请你代替我一天

李瑞怡

2009年第二学期，我作为学校顶岗实习的带队老师，与学生在实习单位展开为期三个月的顶岗实习。很快，我就遇到了我的第一个难题。

这次实习的学生中，有个别学生家庭环境比较优越，在家里连最普通的家务都未曾干过，突然面对枯燥又辛苦的工作，一个又一个的问题接踵而至。

小铭就是其中之一，他是独生子，家庭环境较好，实习的第二天，他就请病假，过了三天，他才开始实习。当天下午，他又请假，这次请假理由是班里的同学生病了，他帮忙送去医院看病。由于他不断请假，实习单位对其提出批评和警告。小铭的反应比较大，说工作很辛苦，其他员工对他的态度不够好，摆明在针对他。

根据小铭的情况，我到他的岗位进行了调查，发觉所谓辛苦的工作，是把一些小零件用塑料袋装起来，在我看来，根本跟“辛苦”两个字挂不上钩。而其他员工针对他，更是子虚乌有。实习过了差不多十天，但他在岗位上的日子总计才三天，这么短的时间，在这样的岗位上会工作得很辛苦？与其没有什么时间碰面的员工会针对他？我对小铭进行了教育，并提出了我的疑问。小铭不以为然，说：“老师，您又不用干这些东西，那么轻松，怎么可能会明白？我要是像您那样，也一定说不辛苦啊！”像我一样，会不辛苦？我认识到，由于与学生的角色不一样，彼此之间不容易认同。于是，我对小铭说：“既然你说老师不辛苦，那请你代替我一天，体会一下我这‘不辛苦’的工作。”可能是觉得很好玩，小铭欣然答应。

我马上把手上的资料袋交给小铭，袋子里装的是各班学生的资料，还有厂方的资料，以及请假条、放行条之类的东西，东西不算重。小铭接过来洋洋得意地说：“唉，就这么一点东西……”接着，我又带他巡视各岗位上实习的同学们，有时，还会停下了解一下情况，这足足用了一个多小时。后来，有身体不适的同学需要去医务室，我让小铭扶他去，帮忙排队、挂号、倒热水、拿药，直忙得一头大汗。水都没顾得上喝，又要去为轮休的同学签发放行条，并登记，并在一段时间后，核实轮休的同学是否回到学校。等忙完去吃饭的时候，饭堂早已人满为患。但这还不是休息的时候，我们一边很辛苦地排队打饭，一边找到实习的同学，和他们边吃边聊，了解他们的实习情况。一顿饭吃完，话聊得不少，饭却吃得不多。

下午的时候，有个女同学被批评工作太慢，在车间里面大哭，实习单位给我打电话，让我去开导这个女同学。这时候，我想他跟了我半天已经很累，让他休息一下，自己一个人过去处理。没想到，他却说："老师，不用了，我一直以为你的工作很轻松，没想到你的工作比我们要辛苦得多。放心，我可以坚持的，让我和你一起去处理这件事情吧！"于是，他和我一起去了车间。小铭很耐心地对这个女生进行开导和教育，最终让她理解并回到岗位实习。

小铭的转变，让我非常欣慰。下午，小铭陪着我去处理学生的体检手续，还有入职手续。后来，小铭还协助我处理了很多事项，并回到岗位进行实习。最后由于身体情况不允许，小铭没有参加完三个月的顶岗实习，回校后，小铭担任了班干部，并协助老师完成了很多班级事务。

但是，小铭粗心大意，字迹潦草，为了让他意识到这个问题，我又和他约定好，代替我一天的工作，我特意写了一份字迹潦草的文章，要小铭帮我录入计算机，做成电子版。小铭一边录入，一边仔细辨认，最后实在认不出了，才跑来问我，短短一篇数百字的文章，他跑了十多趟。等他终于完成文字录入之后，我问他："你的计算机能力不是很好的吗？怎么要这么久才能录入完毕啊？"他一边擦汗，一边抱怨说："老师，不是我录入慢，实在是那些字太潦草、太难认了。"我说："是吗？我觉得很好认啊！"并快速地把文章念了一遍。他大声说："老师，这是您写的字，您当然能认出来，别人怎么能那么容易认出啊。"我假装恍然大悟："哦，原来这个道理你知道啊！"小铭有点不好意思，羞愧地说："老师，我以后一定认真书写，让别人也能很容易认出我的字。"

不得不承认，现在学生的内心都比较脆弱，如果直接指出学生的缺点，学生在心理上可能很难一下子接受，虽然迫于压力改正了，但在心理上并不会引起足够的重视，很容易就会"旧病复发"。教师应该在考虑学生承受能力的同时，巧妙地令学生意识到自身不足，并予以改正。我认为，教育如果只是简单的说教，就算说得舌灿莲花，学生也未必受用。

点评：教育学生，应因材施教，因人而异。针对目前学生都爱面子的情况，对学生的缺点不宜直接指出批评，可让学生身临其境，用心体验，用心感受，从而意识到自身不足。

（高　玲）

39 碰撞才能见火花

梁倡明

小池是电子 071 班的学生。入学时他是一名脾气暴躁、学习懒惰、生活习惯不良的学生，平时从不主动与老师打招呼，老师有问题找他谈话时，他要么不说话，要么就恶语相向。学习上他没有明确的学习目标和良好的学习习惯，无论是专业课还是基础课甚至是实验课他通通都不感兴趣，学习笔记要么不做，要么抄袭应付了事。计算机是一门绝大多数学生都喜欢的学科，一听到去机房上课都会喜欢得不得了，但小池却对这门课丝毫不感兴趣。他觉得上计算机课没意思，每次宁愿留在课室也不想去上机，即使去了机房也不学习。正因为他的这种学习态度导致了该科成绩很差，有次期中考试甚至只考了十几分，为此科任老师已经多番投诉。

对他进行了一段时期的观察后，我把他定为了“双差型”的“后进生”，并且由我来帮带，不过我没有马上对他公布他“后进生”的身份，因为我认为不宣布会更方便我开展工作。刚开始时我经常找他谈话，而且是站在大家平等的角度，但他却总是一言不发，把头扭向一边不与我对视，神情也极其冷漠。后来我找他父亲沟通，发现他不但对老师态度如此，对家长也是一样，由此我认为他的性格与家庭的环境有莫大的关系。

在开学的一段时期里，我感觉对他的教育处于胶着的状态，既没有大的问题，教育效果也不大，直到有一次他与我爆发了正面的冲突，事情才有所改观。那一天早上他回校迟到，我批评了他，他就对我说：“有本事就把我赶走啊。”我马上一挥手：“滚!”

可能大家认为我做事太冲动了，其实不然，我是特意让他尝尝我的厉害。因为通过前段时期的接触我发现这个学生是“吃硬不吃软”。从入学到现在，我班的学生开始慢慢接受我强硬的班主任工作作风，绝大部分学生包括小池都比较敬畏我，他们一般不敢正面顶撞我。当面对这样的学生，我一贯的做法是他凶我要比他更凶，当然绝不是毫不讲理的简单粗暴。

在我赶走小池之后，我马上打电话给他父亲，跟他说明事情的经过和我的想法，他的父亲很支持我的做法。第二天早上他就带着小池回到学校向我道歉。

当着他父亲的面我狠狠地训了小池一顿，也让他明白我这段时期对他教育的苦心。慢慢地，他的态度发生了转变，并且低下头向我道歉。接着我又用委婉的态度跟他谈了许久，他开始接受我的教育了。

经过这件事情以后，他明白我是为他好，也接受了我处事的方式，慢慢地他开始转变了。在与他谈话时，他会与我对视并且面带笑容，不像以前充满敌意，有时他甚至主动找我谈话，与老师碰面也会主动打招呼了。

针对他极其厌恶的计算机课，我也多次找过他谈话，与他一起分析个中原因，和他谈现在计算机在当今社会的重要作用，让他明白不懂计算机就是文盲的道理，也利用上网聊天玩游戏等有趣的东西来吸引他的兴趣。从与他的交谈中我知道他不喜欢计算机的原因主要有两个：一是本身基础较差，跟不上；二是家里没有电脑，学习计算机的时间只有上机课这点时间，根本消化不了，所以越学越不想学。其实这其中还有点自卑的心理，因为大部分同学家里都有了电脑而他家没有，他觉得没面子。针对这些原因我开始了对他的跟踪辅导，我联系科任老师说明原因，并且叫科任老师多辅导他，自己平时也让他将一些班级资料输入电脑，训练他的技术；另外，我从家里带来一个键盘送给他，让他用来练习指法。过了一段时间我还动员他家长购买了一台电脑供他学习使用。经过一段时间后，小池对计算机这门学科的学习态度有了明显的改善，他越来越喜欢电脑了，科任老师也评价说他的表现越来越好。到课程结束时，他的成绩达到了中等水平，这对他来说已经很不错了。其他科的成绩与刚入学时相比也进步了许多。

小池这类学生在职业学校里是典型的“双差型”学生，对这类学生要根据他们各自不同的特点进行教育。比如前期我对小池纪律上的教育是比较偏激的，虽然并不适合大部分的学生，但对于像小池这种学生却很管用。学习上的引导，关键是要建立他们对学习的兴趣和信心。正所谓教无定法，我觉得无论用什么教育方式，只要我们能收到好的教育效果，那么这种教育就是成功的。

点评：松弛有道，自古以来就是教育的一种方法。如何松，如何弛，因人而异，因环境而异。孔子也曾经说过，因材施教，这确实是教育的本质！

（边相君）

40 相信信心的力量

陈德乾

那是两年前的事情了，学校安排我辅导学生参加佛山市中职学生技能大赛，参加的项目是机电一体化设备的安装与调试。在佛山全市范围内选出两队参加广东省的技能大赛。我所在的学校是国家级重点职业技术学校，学校领导当然非常重视这次比赛，安排了几个老师辅导学生，我是其中之一。

要培训学生参加技能竞赛，首先得选拔优秀的学生来辅导，毕竟这是尖子生的对决，是实力、勇气与毅力的比拼。我们从机电、电子班中选出十个学生来辅导，其中有一个学生叫小旭，学习特别用功，但我们几个辅导老师对他的看法不尽相同。其中一个老师认为：小旭学习用功，但灵活性差、反应慢，不太适合作为比赛的选手。但我认为这个学生基础很牢固，很扎实，是一个稳打稳扎的学生，作为比赛选手，让人放心。接下来是让学生练习、测试。在一次练习中，小旭不管如何调试，就是达不到设备要求的效果。另一个老师就对我说："我都说他不行的。"结果让小旭听到了，之后他表现得非常沮丧，不思进取。我心里想：这回完了！这是个要比赛的选手，对于比赛选手来说，信心最重要。我下决心要解开他的心结，让他表现最好的自己，发挥他最高的水平。我先就他的表现与其他的老师交换看法，他们都认为是由于学生做不出老师所出的题目，丧失信心。我则认为是老师对他的看法影响了他。我决定找他来谈话。

时值2008年北京奥运会，北京奥运会中我们国家取得了辉煌成绩，话题就从奥运开始，聊了一会儿，我问他："阿旭，你知道，解放前中国人被人称作什么吗?"

"东亚病夫。"

"你认为外国人称中国人为东亚病夫，是外国人对中国人的侮辱和蔑视吗?"

"当然是。"

"其实不尽是。东亚病夫的名称是有缘由的。你知道，清朝末年，国家衰败，吸鸦片者不计其数，病夫如云，小脚女人弱不禁风。1936年柏林奥运会，中国代表团一无所获，回国途经新加坡，看到当地报纸刊载了这样一幅漫画：在奥运五环旗下，一群蓄着长辫、身穿长袍马褂、形容枯槁的中国人，扛着一个硕大无比的鸭蛋，画题为‘东亚病夫’。”

我说完，又追问：“中国人由东亚病夫变为世界体育强者，靠的是什么？”

“中国人的努力。”

“对，说得很好，中国人曾经是东亚病夫，也曾经面对太多歧视的眼光和奚落的口吻。但我们靠自己的实力和表现获得的成就，证明自己并非昔日的东亚病夫，东亚病夫变成了世界的强者，外国人不敢再诋毁与怀疑我们。其实一个人与一个国家是相似的，要用自己的行动，用自己的努力去证明自己。近几日你的精神不是很集中，是不是有什么心事？”

“没有。老师，我好像不适合参加竞赛。”

“为什么？”

“因为我不行。”

“哪里不行？”

“我这几次都没有做对。”

“那是你没有用心，没有多动脑去思考。我相信你有潜力，如果你再专心一点，再努力一点，一定会出类拔萃的！”

“我会的，我会尽最大努力！”

这次之后，情况有了好转，小旭开始与其他同学一样，努力学习。每次练习都取得了不错的成绩。我心里渐渐高兴起来。但在接下来的一次月测中，他编写的程序输入到 PLC 后，设备不能运行，成绩比其他同学低很多，与我一起培训的老师又对我说：“你看，又不行了，能力真不行。”我心里想他平时学习这么认真，这次他考差了，我要认真查看程序有什么问题，不能只看调试的结果。“我先看看他编写的程序，找找原因。”很多老师教学生机电一体化设备调试与组装，都只看设备调试的结果，不会细查学生编写的程序，因为要看几个学生编写的程序得花上半天的时间。我认真分析他编写的程序，发现他编写的 PLC 程序，思路很清晰，每个工步都很明确，近乎完善。只是在编写梯形图程序中在 STL 工步内出现堆栈，导致软件不能运行，这个知识点，一旦遇上，很难查出小旭的错误所在，我也不说什么，再看其他学生的程序，发现其他学生编写的程序没有他的思路清晰，虽然达到了目标，但都走了弯路。于是，我叫来其他老师看他们的程序。老师们看完后，对我说：“小旭编写的程序最好，并且没有什么错误，为什么运行不了？”

“应该是在步进内出现堆栈，你查一下书看看。”

“这么隐蔽！”

改正错误后，只是进行了简单调试，机器就正常运行了。我当场表扬了他："阿旭，你的思路最清晰、最好，但我们曾说过，在步进内要避免出现堆栈，以后要记得。"

小旭得到了表扬，心里没有那么难受了。之后他一直非常努力，成绩一直在几个训练的同学中领先。在2008年佛山市中职学生机电一体化技能大赛中他取得了第一名的成绩，并代表佛山市参加广东省中职学生技能大赛取得了第五名的好成绩。在省比赛中，他编写的程序也几乎完美，但由于另一个与之搭配负载硬件安装的同学出了一点差错，综合成绩只取得第五名。

细心观察，发现问题，鼓励学生奋发，力量竟是如此之大。

点评：教育面对的是人，而如何激发学生的潜能，用细心给予学生自信的力量，让学生自主地改变，自行发挥出潜能，这才是真正适合学生本人的教育！

（边相君）

第三编　想说爱你不容易

爱，首先意味着奉献，意味着把自己心灵的力量献给所爱的人，为所爱的人创造幸福。

——苏霍姆林斯基

41 宽容是一剂良药

周 才

“周老师，你马上到实训中心这边来!”

2010年5月5日下午5点多，我接到德育处韩主任的电话，心一惊，快下班了，班上的学生又惹出什么事了。我小跑到实训中心前的小广场，远远地就发现几个学校领导在教育班中的几个同学，小铭“位列”其中。

原来小铭跟几个同学不顾多位学校领导的大声劝阻，踩踏小广场前尚未干的水泥地面，周主任跑过去叫他们时，他们又装着听不到，钻入人群中，意图蒙混过关，被当场抓住后仍没有主动承认错误。哎，又是小铭，我顿时怒火中烧，旷课、抽烟、迟到、上课睡觉、长头发、无证驾驶摩托车……他的违纪事例多得数不清，现在竟然又惹事了。

说实在，我当时真的很气愤，今天是5月5日，刚刚过了“五四”青年节，这就是一个青年学生应有的表现吗？我当着很多同学的面严厉批评了他一顿。

当晚我想了一个办法，与他妈妈商量好，让小铭“退学”，当然退学是假，是我与家长演的双簧戏，让其悔过才是真正意图。第二天，我让小铭罗列了他这一学期以来大大小小的违纪情况，他也知道自己“错”大恶极，退学已是必然的惩罚，只好写退学申请，为了更真实，我还让他在退学申请上按下了鲜红的手印。

后来和他妈妈联系，了解到在家里待了三天，小铭无所事事，觉得比在学校更难受，因为在学校最起码还有同学一起聊天，一起踢足球。听到这些情况，我知道时机差不多成熟了，就让她带小铭到学校请求学校领导和班主任让他复学。

第四天，小铭回到学校。在早读时间，我向全班同学说了一个谎话：“小铭同学前几天不舒服，现在好了！同学们多关心他。”我从小铭的目光中看到了惊讶，他可能想不到我还为他找了个台阶下。用宽容让他走出难堪，同时挽回他的自尊心，这比惩罚引起的道德震撼更强烈。

第五天，我利用班会课的时间，提起了那天的事。我用平和的语气说：“前几天，也就是5号，小铭踩了未干的水泥地，老师过于严厉地批评了他。作为你们的班主任，我为那天做出的不理智行为道歉，希望小铭和同学们能够谅解。小铭你能原谅老师吗?”此时班内鸦雀无声。我微笑地走到他身边拍拍他的头，他被感动得急忙回答：“老师，其实是我错了，我不该踩未干的水泥地，也不应该开摩托车上学，更不应该旷课。是我的错，我给班里丢脸了，希望老师给我改过的机会。”听了他的这番话，同学们报以热烈的掌声，我也不住地点头。

我用真诚的道歉和真心的宽容感动了小铭，维护了他的自尊心，使他走出了心灵的阴影，认识到自身的错误，激发他进行自我调节，自我教育，使我们之间达到了心与心的交融。

精诚所至，金石为开。春天播下宽容的种子，秋天必定结出守纪的硕果。更重要的是，宽容如无声的春雨在不知不觉中滋润着同学们的心灵，实现了宽容的迁移，教给了孩子们如何宽容别人。

著名作家魏巍在《我的老师》中为我们塑造了一个美丽而又宽容的教师形象——蔡云芝老师。我记得文章中有这样一段描述：“她从来不打骂我们，仅仅有一次，她的教鞭好像要落下来，我用石板一迎，教鞭轻轻地敲在石板边上，大伙笑了，她也笑了。”可见，老师的宽容对一个学生来说是多么重要啊！

当然，教师的宽容并不是一味的漠视和放纵，而是换一种方式，以一种宽容的情感，感化那些犯了错误的学生，让他们自己纠正自己的错误。

雨果曾经说过这样一句话：“世界上最宽阔的是海洋，比海洋更宽阔的是天空，比天空更宽阔的是人的胸怀。”

每一个孩子都是家庭的未来！我们做教师的要以宽容的胸怀，平和而公正地对待每一位性格各有特色的学生，哪怕他再顽皮、再难教育。作为师者的我们，也许一句不经意的批评，会扼杀掉他们内心深处那棵纤弱的、上进的幼芽；也许我们一句充满期待的激情鼓励，会点燃他头脑中的创新火花！教育者是描绘孩子们未来的人，我们在教育教学中的一举一动都要慎之又慎！

点评：用宽容来对待学生，有如春风化雨，冰释雪化。多一分理解，少一分训斥；多一分宽容，少一分唯我独尊的心态。师生交往就如同朋友交往，给彼此都留下一些空间，这样才能更加有利于促进学生的发展，也使老师的教学工作更加轻松自如。

（尹志群）

42　早恋不是洪水猛兽

高　玲

俗话说：哪个少女不怀春？哪个少年不钟情？生理及心理决定了十六七岁的孩子开始向往“爱情”。本学期最令我头痛的事情是：班中有部分学生情窦初开了。其中最典型的是一个名叫小佳的女生，她性格开朗外向，交友广泛，父亲是××工业园一间私人企业老板，母亲是一名会计主管，家中有三姐弟，住在××半岛豪华别墅，家庭环境相当优越。因早恋被父母偷窥日志，父母给予严监责罚，因操之过急，处理不妥，她一气之下离家出走了长达半个月之久。

2010年3月8日　阴天小雨

突然旷课

2010年3月8日下午，学校为了庆祝“三八”妇女节，特组织了全体女教职工参观番禺区的百万葵园。大约四点多钟，正当我们一群女士们游兴未尽，依依不舍地坐上旅游大巴准备返回时，我的电话突然响起：“高老师，你班小佳同学第5~6节课都不见来上课，事先有请假吗？”一向很负责的数学老师刘老师向我汇报今天学生的出勤情况。“小佳没来上课？”我愣了一下，“小佳没有事先请假呀，怎么会无故旷课呢？她从来没有擅自旷过课的。”我马上从包里掏出随身携带的学生通讯录，拨通了她妈妈的电话。小佳的妈妈也愣了，不知怎么回事，然后一下子好像意识到事态的严重性，马上问了一个叫×××的女生是否在上课，也是2009级的。电话里我听得出小佳妈妈的紧张，立即打通教务处电话，查找这个学生在2009级哪个班。很快查出她是计算机093班的。接着我又马上打通该生班主任卢老师的电话，结果这个学生按时上学。我纳闷了：“到底出了什么事呢？小佳妈妈会如此紧张？”没过一会，小佳妈妈又打来电话，当我告知她那名学生按时上学时，她应了一声“哦”，接着又提供一个叫×××的学生的姓名，并且向我禀明这个学生是男生，托我再帮忙查找有没有上学。我再次委托教务处，帮忙查询这名男生的情况，结果正常上学。我在电话里忙碌了一通，快五点了，离第七节课下课还有5分钟，我班的考勤班长在电话里告诉我小佳回到了教室。

我赶紧告知其家长，叫他们不用在外面忙乱地找人了，叮嘱家长等她放学回到家时再慢慢问她旷课的原因。等到晚上快十点，家长终于来电了，虽然是在电话里，但依然听得出她妈妈鼻音很重，带着哭腔："老师，我这个女儿没得救了，去了仙涌一亲戚家，我叫她爸开车去接，她不但不肯跟着回来，反而冲她爸爸发脾气，说出大逆不道的话'我恨你们……'"

小佳在班上虽然称不上是很乖很听话的那类学生，但从来没有无故旷过课，也从来没顶撞过老师，奇怪！今天怎么会这么反常呢？不至于这么蛮不讲理吧？百思不得其解的我带着一堆疑惑，迷迷糊糊睡着了。

2010年3月12日　阴天

"爱"的冲动

3月9日大清早，离早读还有10分钟，我来到教室，小佳正在打扫教室，按时值日清洁，没有迟到，也没表露出任何反常的迹象。我私下找来平时跟她最要好的一个女生，想从她口中了解一点情况，这名学生也许真不知情，又或者想帮她保守秘密，无论我怎样问也问不出什么来。课间操我把小佳找来私下聊天，像往日一样友好真诚，她终于把昨天旷课的原因告诉了我。原来，昨天中午她与同学私下开家中摩托车，出了事，车被撞坏，朋友也受了伤，因为心里害怕，既不敢告知老师，又不敢告知家长，因此造成无故旷课现象。她表示心甘情愿按旷课处罚，并同意在班会公开检讨自己所犯下的过失，祈求老师同学们的原谅。

事情就这么简单吗？如果事情这么简单，自己做错了事，不但不肯回家，还要跟家长蛮不讲理，赌气说"我恨你们"？这不是无理取闹吗？她妈妈也怎会那么伤心啊？此事肯定有蹊跷，她还有事情隐瞒我。

当天放学后，我立刻去家访。她家住在半岛一座非常豪华的别墅里，她妈妈性格非常开朗，带几分威严，快言快语，爸爸是位私人企业老板，看起来挺慈祥的。见老师来访，也许是望女成凤心切，她妈妈有点激动地说："老师，这是她第二次离家了，她是存心气我们。"然后从包里掏出两三本软皮抄簿，准确地说是小佳的日记本，很有礼貌地递到我面前，让我看。好几篇日记中写着对一个男孩子十分爱慕，其中有一页写得乱七八糟，上面反反复复写着一句话："烂沙江，烂沙江，我爱你，我爱死你……"原来小佳早恋了。她妈妈在整理小佳的房间时发现了这个秘密，二话不说就逼问这个男孩是谁，跟他来往多久了？小佳不管妈妈怎么逼问，就是不说，最后激怒了妈妈，妈妈扬起巴掌狠狠刮了小佳几个耳光，小佳就这样冲出家门，彻夜不归。事后，出自父母对孩子的爱和担忧，父母好不容易作出让步，同意她到仙涌亲戚家住几天，消消气再回来。

我终于明白小佳离家出走的原因了，早恋的隐私被父母偷窥，母亲又在情急之下，出手重打了她，因此导致矛盾恶化。为了稳住她，第二天我私下找到她，与她约定，只要她保证正常上学放学，我就帮她请求家长，同意她暂住亲戚家。我想，她与家长的怨恨只能慢慢化解，首先得引导她转换角色思考问题，理解母亲的做法。

2010 年 3 月 18 日　天气晴朗

演空城计，深夜离家

经过开导，一个星期后，小佳答应搬回家住了。可万万没想到，才回家住一天，第二天晚上，竟然表演一出空城计。小佳假装把床铺整好，被子铺好，一双拖鞋摆在床前，让父母看着自己上床睡了，放心了，在深夜却悄悄离家出门了。第二天，父母发现小佳不在，便认为女儿为爱情疯狂了，三更半夜跑出去与男朋友约会，恨得咬牙切齿，还没到中午放学，就早早守在学校门口，一放学，二话不说，像老鹰抓小鸡一样，把她捉住，并且把她的全部学习用品带回了家，任凭我这个班主任怎么拦也拦不住。经这一闹，小佳逆反心理更重了，发誓要离开这个家，宁可露宿街头，也不回家。一个深夜，她妈妈开车来到我家楼下，几乎哭泣着说："老师，能打扰你一下吗？我的心好痛好痛，小佳她……"待我下楼，她妈妈拿出一封小佳写给她的信，信中说：

死肥婆（称妈妈为死肥婆）：

我现在很好，我同你水火不容，无话可说，回家注定是火星撞地球。你休想劝我回家住，我恨你，你对我严厉管束了十几年，我忍受够了，你的管束比任何人都专制，从小就限制我交朋友，周末不得擅自离家……我恨你，我恨你们，我的事不用你们管。我离家将近十天，从来没想过你们，从来没想过要回家，这个家对我来说是一把枷锁……

我告诉你，你不给我自由，我要你后悔一辈子，我要让你这个死肥婆大出血。

……

作为一个母亲，看到女儿亲手写给自己的每一个字，每一句话，何尝不像一把尖刀直插进心脏？做父母怎么不痛心呢？我很同情这位家长，真是可怜天下父母心啊！我决定从多方面入手，解决这个女生的早恋问题。

2010 年 3 月 25 日　天气晴朗

终于回家，母女和好

“不入虎穴，焉得虎子。”3 月 25 日下午，当监考完全国英语等级考试后，已近五点，我邀请小佳的妈妈一起前往仙涌——她暂住的亲戚家里，想深入了解小佳在其亲戚家住有没有非正常情况，她到底有什么心结。到她亲戚家聊了大概两个小时，才知道小佳搬出家，是嫌妈妈管教过于严厉，心情非常郁闷，而亲戚（叫干妈）很理解自己，这是其中一个原因；另一个更主要的原因是，心中爱慕的男生就住在附近，借与妈妈的矛盾，顺水推舟，赖在亲戚家住。这样就可以利用上学放学时间常接触这个男生。

晚上，我与彭校长一起到半岛小佳家家访，与其家长探讨孩子早恋问题，其实早恋并不是洪水猛兽，关键在于家长和老师的引导，对症下药，是完全可以让孩子走出早恋的。家长与我们达成共识，答应与我们通力合作，不操之过急。事后我找小佳来办公室谈心，我们像朋友一样真诚地聊天，聊着聊着她竟然在我面前哭了，哭得很伤心：“老师，我……我……我很辛苦，很压抑，因为妈妈的干涉，那男生不理我了。其实，那晚，我什么都没做，只是偷偷地跑到半岛的河堤傻坐而已。老师，请你相信我……”此时此刻，我没有任何责备，只是掏出纸巾为她擦拭眼泪。接下来的几天里，我找来《知心姐姐》、《视野》（“锦色年华”专栏）、《青年文摘》、《少年维特之烦恼》、《关于恋爱的叮咛》等心理健康读物、青春故事、名人传记等给她看，每天和她就其中的某一个故事、某个人物进行交流。一个多星期后，她在周记里写了这样一段话：“老师，谢谢您！我记住了傅雷对她女儿的叮咛，也是您对我的叮咛。我懂得该怎么做了，请您相信我！”

过了几天，小佳终于搬回家住了，并与母亲和好如初。以后的日子里，一个乖巧懂事、认真负责、学习刻苦的女孩忙碌而快乐着，她的眼神清澈，目光坚定。

点评：青春年少，感情懵懂；异性相吸，原本正常。絮絮的说教，武断的管束，反而适得其反；唯有倾心的交谈，适时的引导，方能引其正确处理青涩的感情。

（王江霞）

43　爱的力量

罗慧珍

学生之间客观上存在着差异，因而要求学生齐步走，达到同一水平，得出同一认识是不现实的，他们之中必然会有“丑小鸭”。作为教育工作者，要想让这些“丑小鸭”变成“白天鹅”，就应该以真挚的情感、平等的心态去对待每一个学生，给予他们爱的力量，帮助他们发扬个性中的积极因素，克服消极因素，对他们进行思想上的耐心教育，学业上的精心指导，使他们健康地成长，这不正是我们教育工作者幸福的源泉吗？

——题记

小军是我校电子051班的学生，已毕业有两年时间了，现在正在服兵役。在很多科任老师眼中，小军并不是一名乖学生，我作为他的班主任，和他接触比较多，他留给我的印象非常深刻。他从小就娇生惯养，是家中“衣来伸手、饭来张口”的小皇帝。上高中之后，几乎是无人能管，家里除了姐姐的话他勉强听几句之外，父母亲的话根本不听，家长对他完全丧失了信心。同时因为父亲长期在外打工，很少回家，更顾不上照顾他的生活和学习了。

他很少能够认真地完成作业，即使完成了，错误也很多。而对于语文、数学、英语三门基础课的学习，他的表现就更加让人不满意了，总是应付了事，抄袭、不做等每天都在上演。他上课不爱回答问题，如果老师非要叫他，也只是低低的声音而且多数不对。即使回答也很难让人听明白（有点口齿不清）。因此成了老师心中的“老大难”。

但他也有过人之处，他是学校足球队的成员，踢球技术那可是一流，同学们都非常欣赏他的球技。无论是班级足球比赛还是校际比赛，他定是其中的“顶梁柱”。

综合分析小军的状况，他的内心世界其实是残缺不全的。自入学以来他的成绩一直很不理想，行为表现也比较逆反，家人经常抱怨，认为他“没得救了，就那样了”，所以对小军采取了放弃的态度。而在同学们心目中，小军也被划分为“另类派”。起初我还真想不出什么好的教育方法，甚至也曾一度想放弃，也曾经缺乏帮助他的信心与耐心，但身为教育工作者，我的职责又不时地敲击我有点麻木的神经，提醒我不能轻言放弃。于是我下定决心，一定要转化小军。

捕捉良机，挖掘学生的优点

从一开学，小军就出现了违纪现象。上课迟到，经常借故请假，上课还老是说话，班干部提醒也不听。得知他的情况我很气愤，才刚入学就这样，以后还怎么得了。于是我找他谈话，希望他能改进，可是他依然故我。再后来我把他的座位调到了第一张桌，告诉他，这样只是为了能拉近他和老师的距离，让老师有更多的机会关注他、帮助他，让他能更好地学习。果然，第二天他的表现好多了，于是我抓住机会在全班同学面前表扬了他。以后，但凡他取得一点进步，我都当场表扬他。而对于他的错误只是讲道理，从不责骂。慢慢地，同学们对他的正面评价多了，他自己也开心了很多，积极了很多。有一次卫生轮值，他们组有个别同学偷懒溜走了，没想到最后留下的三名同学当中竟然有他，他以前可是老不做值日的呀！这让我感到欣喜万分。

借助同学之间的力量促使其进步

因为小军一开始的表现不太令人满意，所以我作为他的班主任，就主动承担起了帮带他的任务，双重职责让我感到压力重重，因为这个学生一直以来出现的问题还真不少。帮带了一段时间后，他的转变并不是很明显，这让我很气馁。后来在另一位老师的启发下，我尝试改用另外一种方法来开展自己的帮带工作，并且制订了一套详细的帮带方案：首先，重新树立他在班中的威信，让全班同学都来帮他找优点，确立他在班上的地位；其次，以全班同学和班委的名义各写一封信给他的家长，鼓励他的家长和班主任达成共识，一起来帮助他进步；再次，发动同学们平时多关注他的在校表现，出现问题立即指正，如上课趴在桌子上、抄作业等。正是因为这种真诚的关心和鼓励，经过一段时间后，小军感受到了老师和同学们对他的信任和帮助，终于改变了以往散漫的生活作风，学习有了进步，与父母亲的关系也渐渐得到好转。

激发学习兴趣，提高学生信心

小军的入学成绩很不理想，五科总分只有 180 多分，对他的学习，老师也是万般无奈。基于小军学习底子薄的情况，我知道不能操之过急。为了让小军能充分参与到课堂教学之中，我采用了循序渐进的方法。开始阶段，我会在课前告诉他老师要问的题目，让他事先做好准备，上课时特意让他回答，并伺机表扬。等到他对学习有了兴趣之后，就不再事先给他题目，而是让他当堂回答一些简单的问题，比如二极管具有什么特性，等等，并且有机会还安排他到黑板前做一些基础题，如写出电阻、电容的图形符号，等等。当他体会到学习的乐趣之后，我开始试着让他评价别人，当别的学生回答了问题或板演了题目，我尽量把“小老师”的头衔给小军，让他来评价。最后，他就能独立回答一些难度较高的题目了。如在复习三极管的放大作用时，我首先播放一个 flash 动画，让小军来描述和总结三极管放大作用的原理。经过一段时间的训练，小军终于敢主动举手回答老师的问题了。虽然有时他会出错，但我从不批评，而是用“再想想，你准能行”这些话来激励他。在我一步步的引导下，小军对学习终于有了信心，每节课都能主动参与到课堂中来了，学习成绩也稳步提高。

经过一个学期的引导教育，小军到二年级时进步最明显，除了学习成绩有了提高之外，言行举止也规矩多了，与同学相处更加融洽了，有时还会主动帮老师做事，成了老师管理班级工作的小助手。到了高二第二学期，小军还光荣地加入了中国共青团。高三毕业后，小军并没有急着马上找工作，而是选择了到部队去服兵役，用他的话说，他还需要磨炼。相信有一天，他会成就一番大事业的。

回顾对小军的教育过程，感触很深。如果当初不管不问，后果可能会不堪设想，看到小军的蜕变，我感到非常欣慰，庆幸自己当初没有放弃对他的教育，他的进步让我更加深刻体会到教育工作者的成就感和自豪感。我从事教育工作已有 8 年时间了，回首自己的教育教学过程，成功的足迹因为增添了师爱的分量，才显得那么深，而我也因为帮助了别人而让自己体会到了快乐。

点评：学生的才能是在激励中成长的，不断地创造机会，让他认识到自己的价值，知道自己的潜能，从人格塑造来说，机会成就了成功，而成功则带给学生自信！

（边相君）

44 沟通、理解与成长

古振忠

2008 年秋季，参加计算机技能竞赛的选手又要开始集训了。

面对每天枯燥又紧张的高强度训练，预备参赛的选手们唉声叹气：“唉！训练，训练，还是训练！”我作为动漫项目组的指导老师之一，面对学生如此无奈的心态，心里也很不是滋味，但不知该如何去安抚学生们这浮躁的心情。

在这几个选手当中有一对孪生姐妹，同时也是我们预定参赛的一线选手，另外还有四名后备选手。由于整个学期都在接受着枯燥又紧张的训练，加上平时不能参加班级活动，周末还得回学校训练，选手们都开始觉得有些不耐烦了。为了提高效率，减少失误，有些项目需要反复强化练习，有时他们辛辛苦苦花费好几个小时才做出的成果，因为存在这样或那样的不足，却被指导老师全盘否定。终于有一天学生“反抗”了。当我跟平时一样来到训练机房时，却发现只来了三个选手，我们的王牌选手竟然没有来参加训练，我以为因故请假了，一经打听，发现那两姐妹根本没有跟任何一个指导老师请假，另外一个后备选手则是因为参加了另外一项体育比赛去训练了。

我当时很生气、很着急，但为了不影响其他后备选手的心态，为了保证训练的整体进度，我还是沉住气，心平气和地打电话通知她们，让姐妹俩赶快过来训练。然而出乎我们意料的是，她们俩都表示不愿意再进行训练了，想要退出训练项目。我愕然了，怎么回事？忙了这么长时间都白搭了？她们真的就这么放弃了？我内心实在没法平静下来，一直想不通其中的原因。平时，我们指导老师都很认真地进行指导，安排学习内容和活动时间都很有计划，怎么会这样？这个问题让我百思不得其解。

第二天，她们俩还是没有来，打她们的手机，她们都不想接了，万般无奈之下，我们几个指导老师只好联系班主任拿到她们家长的电话，通过跟家长沟通，最后才说服她们回校继续参加训练。

事情看似就这么摆平了，但是在我看来没这么简单，她们人是回来了，但是心还没回来。我想：在接下来几天里除了训练和学习之外应该适当增加一点活动时间，同时，要像朋友一样走进她们的内心世界。

在休息和活动过程当中，我抽时间跟选手们一起闲聊，才知道原来她们觉得自己很努力、很拼命地在学习和训练，但总是没什么进步，没什么成就感。特别是在提高和强化技能阶段，过于反复地学习同一内容和过于严格的点评和批评，而缺少了精神上的鼓励，让她们都少了拼搏的激情和向上的原动力。

确实，这么沉闷、枯燥的训练环境势必影响学习效果和训练效率。为了防止她们再度上演“脱离组织秀”，我们又动了一番脑筋，我们的组长请了学校的心理老师来给她们做心理辅导，以稳定她们的心态，激发她们的上进心和增强她们的自信心。

恰好我们的袁校长跟实训处主任也知道了这件事情，对此非常重视，还亲自约了她们谈话。领导以及我们几个指导老师从学校名誉到个人利益，从学校投入到个人的成长条件，从训练到将来就业等各方面，对她们进行了一番分析与沟通，她们总算想通了，明白了大家的一番好意和良苦用心，也明白了要珍惜自身良好条件，重新全身心地投入到训练中去了。

在接下来的时间里，姐妹俩都表现得很好，同时也带动其他几名后备选手更加认真努力地参加训练。经过前面的波折和经验总结，我们除了加强对选手们的训练之外，还适当安排一些休息时间和活动时间，抽空陪他们交流学习心得体会，分享他们的喜悦成果，分担他们的内心压力，他们都把我们当成了自己的朋友。

在我们师生共同的努力之下，功夫不负有心人，两名“王牌选手”包揽了佛山市职业中学计算机动漫技能竞赛第一、二名，同时作为佛山市选手代表参加了广东省职业中学计算机动漫技能竞赛，并分别获得了广东省一、二等奖的佳绩。

经过了这一漫长与紧张的训练，我们的选手确确实实成长起来了，不但一线选手取得了好成绩，后备选手的水平也都达到了参赛水准。在学校技能训练的日子里，我感悟最深刻的一点：“校园生活”是“社会生活”这部大电影里的一个小小的片段，如果说社会的和谐与进步是人与人之间沟通与合作的结果，那么一所学校以及这所学校的学生要能和谐与发展也必然需要学校的主体之间的沟通与合作。

点评：技能训练是一项枯燥而又紧张的高强度训练，学生承受着很大的心理压力，身为训练指导老师只有深入学生的内心，理解学生，宽容学生，才能有效地完成任务。

（高　玲）

45 教育，从心出发

朱晓君

一年半以前，刚当了半年老师的我，第一次在学生面前发了真正的“火”，而那一场火却让我意识到教育应该是从“心”出发的……

那时我中途接手了一个班级，第一次站上他们班的讲台，我环视了一下课室，突然接触到一双特别锐利的眼睛。那是一个男生，他正在用冷冷的眼神打量着我，当时我也没在意。然而接下来的好几次课，他总是一副“课堂与我何干”的态度，坐没坐相，我讲一两句话，他就在下面顶一次嘴，经常用轻视的语言引来学生的哄笑。一开始我只是以为他是那种很顽皮、喜欢用一些逆反的行为来吸引老师和同学注意的男生，因为这种男生在职中并不少见，而当时我也不知道怎样对付这种学生，只是用冷冷的眼光盯着他，好让他不好意思地收口。

有一次，我在课堂上赞扬某些同学的学习习惯好，能够主动认真做课堂笔记，他突然嬉皮笑脸地说了一句很不雅的话，引得其他同学跟着起哄，那一刻我终于爆发了：“你这是什么态度，你说的是什么意思？现在学校正在举行文明礼貌月的活动，你的文明何在、礼貌何在？”让我没想到的是，他竟然反过来冲我发飙了：“我怎样没有文明礼貌了？你知道我说的话是什么意思吗？凭什么说我不礼貌？”看着他凌厉的眼神，一副要跟我扛到底的姿态，我只能强忍把怒气压住，先把课上完。等到下课，我把他叫了出来聊天，他就摆出一副趾高气扬的样子，我知道这时候不能跟他来硬的，于是心平气和地说：“你说你的话没有不礼貌，那么告诉我到底是什么意思吧？”他还是很嘴硬：“就是没别的意思，是老师你自己理解错了。”“就当我理解错了，错怪你了，老师向你道歉，但是上课乱说话的毛病你一定要好好改掉。”我又推心置腹地跟他说：“我从来没有想在课堂上批评你，让你下不了台，尊重都是相互的，我也不存在要报复和刁难你的想法，哪个老师不希望跟学生和睦相处呢。”他却很不在乎地说：“班主任都拿我没办法，我一向都这样。”言下之意就是班主任都管不了我，你管我干嘛，于是我很明确地告诉他：“我没有想过要管制你，只是把你当一个很聪明但还没定性的弟弟对待，既然我是你的老师，就希望你能开心健康地成长，不要否定自己可以做得好一点的能力。”这时他的表情柔软起来，看得出他能接受我的话。我就此打住，有时让他自己去体会，比我把话说白更好。

在接下来的日子里，他没有再说过那种话，也成功消除了整个班说这句口头禅的现象。自那以后，他上我的课都能很认真去听，表现也很活跃。他本来就是一个很聪明的学生，因此单元考试成绩一直保持优秀。本以为这是个良好的开始，但临近中段考抽测时，他突然又回到上课开小差、随便讲话的状态了。课下我问他打算中段考考个什么成绩，他竟然说要不及格，我以为他只是开玩笑，所以跟他聊过一两次之后就没怎么去留意。结果考试那天，他因为临开考前几分钟还喝水吃东西被监考老师批评，他还跟老师顶撞，闹得很僵。事后该监考老师找他聊天，才知道这两个星期，他爸妈轮流离家出走，他很痛苦，心情很低落，所以才有我之前看到他的反常行为。当晚改卷的时候，我看到他的试卷也气极了，竟然只做了第一大题，还全对了，得了个 11 分，其他地方一片空白。真是个脾气刚烈的孩子！于是我压下怒气，跟他在 QQ 上聊了很久，聊他的家庭，聊他对他爸妈的看法，聊他爸妈是怎么对他的。我不断地鼓励他，甚至用自己跟父母的实例来证明，无论父母用什么方式对待我们，其实最终的目的只是希望我们好，这只“刺猬”慢慢把所有的刺收起来了。后来他还给我的课堂提建议，该怎样改善课堂，怎样才让我们班的学生更加认真地听课，他的建议非常有建设性，我觉得很欣慰、很感激。

经历了这些事情，我觉得真的要用真心对待学生，这样才能打动他们的内心，他们才会有改善自己的动力和勇气，发现自己原来可以做得更好。教育，真的需要从心出发。

点评：真心深入学生的内心，以润物细无声的感化让学生从过程中去感悟世态，教育学生成为真正意义上的人，回归教育的真谛！

（边相君）

46 有一种教育叫爱

黎少碧

刚当上新班级的班主任不到一个月，我们班上的几个男生就给我上演了一幕群殴的“大戏”。那天晚自习打铃没多久，在办公室休息的我就接到一个学生的短信，说李某（体育委员）和林某等班上的六位男生在教室吵起来了。我急忙冲到教室去。

果然，六个学生在讲台前正拉开架势，林某一脚就踢在李某的肚子上，李某也不甘示弱，顺手拿起椅子就想往林某身上砸。幸好我的及时赶到才避免了一次严重的打架事故。我赶紧把两人拉开，并带到办公室细问缘由。起因不过是一些谣言和误会，可是李某脾气倔强，怎么劝说调解都无效，他还负气地说“老师我不当班干部了”，并且嘴一撇，把脸别开。我一愣，李某一向性格急躁，容易激动，早在初中时候就有过多次打架经历。为了“收服”他我可费了不少工夫。自从给他一顶“体育委员”的帽子后，他的表现一直很不错，小毛病虽有，但还能管住自己，现在岂不是要前功尽弃？不行，我得想办法。

我使出激将法：“开学初，你说要证明给我看你是行的，你还记得吗？”李某不语。“你就这样轻言放弃，自毁承诺么?”他还是没有说话。我接着说：“老师觉得你有这个能力做好。如果你现在放弃了，其他同学都会瞧不起你。你得用行动证明你能行!”李某的眼睛亮了，答应尽量控制自己的情绪和行为。

没多久，班委会准备改组，民主选举出体育委员一职。李某作为准候选人，对我说：“老师，您能投我一票吗？我一定不会让您失望的。”

看着眼前一脸诚恳自信的他，我想了想，点了点头。李某激动不已：“谢谢老师，我一定会好好干的。”上任后，他先和有矛盾的林某和解，还虚心向他请教数学题，接着和其他班干部一同尽心尽力为搞好班级的各项活动做了很多事，尽职尽责。在这期间，他也逐渐改变了之前在同学们眼中的不良形象，在同学中也树立了一定的威信。

一段时间过去了，他的工作能力有了很大的提高，学习成绩也在不断地进步。一天他写了这么几句话给我：“老师，谢谢您投我一票，谢谢您的爱。我原以为一个问题学生是不会得到老师的爱的，可是您毫不犹豫地相信我，给我机会。我会好好珍惜的。”

其实，像李某这样的学生，自尊心特别强。在看似一切都无所谓的表面下其实蕴藏着一颗火一样的心，老师的每一句评价都容易使其激动。他们因为学习不好或纪律差，长期受冷落、歧视，一般都很自卑，在内心深处渴望得到老师和同学的理解、谅解和爱。他们虽然有很多不足之处，但再差的学生也有某方面的优势，或是体育，或是美术，或是音乐，等等。此时班主任要善于发现学生的长处，发掘其身上的潜能并给予充分肯定，别吝惜“好话”，使他们重新找回自我，获取战胜困难的更大的勇气和信心。作为一名教育工作者，我们应该多花点时间，从思想上、学习上、生活上去关心和爱护他们，用真诚和爱让他们感悟到老师的期待，这样一来，就会使他们重点希望之火，并产生奋发向上的动力。

有一种教育叫爱。给学生一句爱的话语，胜过百句批评。作为教育者，理应托起爱之光，让学生的心灵世界洒满阳光。

点评：爱的教育是真正的教育，教育中的爱会使浪子回头，会使特殊家庭的孩子体会到温暖与呵护，会使蓓蕾绽放出艳丽的花朵。当回首往事时，你可以自豪地说：“我爱过每一个孩子。”

（杨艳娟）

47 敲开学生心里那扇门

杨敏宜

某天下午，我正在办公室备课，“蹬、蹬、蹬……”的脚步声响起，抬头一看，原来是我班负责考勤的副班长。“老师，今天小锋没有来，他有没有向您请假啊?”一听到他的名字，我的心里就开始犯愁，怎么又是他，老是不来上学，又不请假，每次打电话到他家，家人总说他不舒服，但每次回校看他却是神采奕奕的样子，不像生过病。这周已经第三次了，上周也有一次，前两周有两次，他到底怎么了？是不是出了什么事呢？不行，今天我得上他家家访去。

那天下午，我照着他家的地址，来到了他家——一间简陋的小平房。顾不上打量他家的房子，我一心只想着快点看看他是怎么回事。“咚、咚、咚……”我走上前去，敲了敲门，然后叫了他的名字，一个老婆婆开了门，应该是他奶奶，在说明来意以后，她带我走进家门。跟她简单交谈以后，她又带我走上了小阁楼，并告诉我小锋就在里面。我敲了敲门，里面没有回应，仔细一听里面传来了打游戏的声音。我高声喊着他的名字，可是一点回应都没有，再喊了一次并说明我是他班主任，里面才响起了不耐烦的声音：“你走，我不想见到你。”我再尝试了几次，可是依然没有回应。无奈之下，我们下了阁楼，在楼下他奶奶向我说了很多关于他的事情：原来他是一个不幸的孩子，自小丧父，是母亲含辛茹苦拉扯大他们姐弟俩的。由于小锋身材瘦小，个头比较矮，从小学开始就不断被人欺负或是耻笑，从而形成了自卑、懦弱的性格。一旦被别人取笑，他就自暴自弃，也不敢在同学或是外人面前表现自己的不满。回家以后就把自己关在房子里，几天不出来，也不去上学，也不想让老师知道。老师打电话来，总推说自己不舒服，还威胁家人说，如果如实告诉老师他不上学的原因，他以后就再也不上学了。最近他还迷恋上了网络游戏，把自己关在小阁楼里，没日没夜地玩网络游戏，有时候甚至连饭都不愿意出来吃……在了解到这些情况以后，我心里很自责。为什么我的工作不做得细致一点呢？为什么我不早点来家访呢？这样一个学生需要我多多关注才行。那天家访回来，我找了几个平时在班上跟他比较熟的同学，向他们了解情况——原来几天前，班上有一个同学曾取笑过他，“说他没爹，说他是三等残废”。哦，怪不得他的反应那么大。

怎么样才能打开小锋的心结，让他回校上课呢？一次家访不行，那么我就多去几次，对，我天天去，他总会被我的诚意打动的。于是接下来的几天，一下班，我就直奔他家，有时候跟同学去，有时候跟其他老师去，但每次都吃了闭门羹。但这并没有让我气馁，跟他谈不成，我就跟他妈妈、他姐姐、他奶奶谈，大家一起商讨，怎么样劝服他上学，但他的家人都向我表示无能为力，对他无可奈何。“难道我们就由得他沉沦在网络世界中，由得他辍学吗？不行，我得想办法帮他！”我在心里暗暗下了决心。在请教了有经验的老师及心理老师的意见以后，我突然灵机一动，“上次她姐姐不是说过他最近爱上了 QQ 吗！”于是，我向同学要了他的 QQ 号码。一上网，看见他在，我就跟他打招呼，以一个同龄人的口吻跟他聊天。话匣子一打开，我发现他也是一个健谈的人，完全察觉不到他有什么自卑的心理。聊了几天，我就开始问他，“为什么不用上学？”“是不是有什么不开心的事情？”通过这种方式，我逐渐打开了他心里那扇门，并开导他，让他知道不上学会错失很多机会，我感觉到他其实还是很想上学的。于是，我在班上找到几个与他相熟的同学，让他们在网上轮番跟他说学校里面发生的趣事，跟他说同学们有多想念他；在班会课上，我跟同学们说了他的事，大家一起商量如何才能让他回到班上上课；同时，严厉批评了那几个欺负弱小的同学，让他们在网上主动向他道歉。做了这么多以后，他依然没有来上学。我想来想去，终于明白，原来他是怕老师不原谅他，缺少一个台阶下。于是，我写了一封情真意切的信给他，向他说明老师已经原谅了他，恳切地要求他回校参加他之前报名的“升大”筛选考试，让他给自己个机会，在信上我还附上了考试的复习资料和准考证。考试那天，我在校门口不断张望，希望能看到他的身影，终于在考试前，看到他姗姗来迟……从此以后，他再也没有旷课，在班上跟同学也挺谈得来，跟以前那个默不作声的文静男生大相径庭。后来，他如愿考入“升大”班，顺利考上大学，现在已经毕业参加了工作。

通过这件事，我明白了做学生的思想工作，不能一味责骂，还需要一些爱心，这样才能敲开学生心里那扇门。

点评：一把钥匙开一把锁。要顺利打开学生的心锁，就要找准学生的问题症结所在，然后“因材施救”，对症下药，问题解决也就顺理成章，水到渠成了。所谓办法不怕旧，适用就好，是爱心敲开了他的心门。

（黄法强）

48 走进学生心灵

周　旭

我们常说“教书育人”，如果教师无法取得学生的信任，也就无法走入他们的心灵，那么“育人”的效果也就等于零。爱是教育的基础，没有爱就没有教育，只有真心地爱护、关心班级的每一位学生，才能和他们建立深厚的师生情、朋友情。

阿旺是我们班上的卫生委员，是个很内向的女孩子，平时做事很踏实，一直以来都将我们班的卫生工作管理得很好。虽然成绩不是很好，但是她学习很努力，在班上各项表现都不错。但是这个学期开学以来，她每隔半个月就会请一次假，有一次说是出去打工，有一次说去考摩托车驾照，还有一次说是去看病……好像理由总是那么充分，出于对她的信任我前三次都给准假了，也没有及时和她父母进行沟通。可是，有一天，我正在大良培训，接到班干部的电话说阿旺没来上学，我纳闷了，印象中阿旺从来都不会无故旷课的，我打她电话——关机，打她家里电话——没人接。后来电话终于打通了，是她妈妈接的电话，说并不知道女儿去了哪里。这时候我们开始着急了，我问了最近阿旺在家的表现，却被告知阿旺有时候周五出去周日才回来，去了哪里也不会和父母说，在家和父母也没什么共同语言。阿旺到底是怎么了？难道学坏了？一个上午我都没心思听课，一直在考虑怎样处理这件事情。

下午终于接到电话说阿旺回学校了。我赶紧请假从进修学校赶了回来，回到学校已经是第七节课了，学生都在自习，唯有阿旺一个人趴在桌子上嘤嘤哭泣。我走进教室，旁边的一个同学问：“老师，阿旺怎么了？一下午都在哭，还埋怨您把她的事情告诉她父母了。”我把她叫到课室门口，一看，她的眼睛都哭红了。一问，原来下午部长已经找过她谈话了，上午阿旺是真的去看病，还有病历为证。我说：“不是老师不相信你，你没有来上课又没请假，老师很担心，肯定要问清楚。可是偏偏找不到你，只有问你父母，难道和你父母沟通了解一下你的情况都伤害了你吗？有什么事情是不可以告诉父母的呢？”她停止了哭泣，把头低下来，小声说道：“老师您根本不了解情况，我的什么事情他们都不知道。我和他们根本没共同语言。上午我的手机没电了，要不我会跟您请假的。”后来从她断断续续的叙述中，我了解到她父母的关系并不是很好，甚至连吃饭都是分开吃的。父亲和弟弟一起吃，她和母亲一起吃。父亲很少和她们母女说话，也不怎么过问她的事情，母亲忙于农活对她缺少照顾。因此她在学校的生活、学习情况也很少和父母说起。我这才恍然大悟：怪不得我以前去家访的时候，阿旺都只带我去地里，却从来不把我往家里领。我耐心地给她分析："天底下没有不疼爱儿女的父母。你母亲忙于农活，也许忽略了你，但是并不代表她不关心你啊。你应该主动和她说你的事情，多征询她的意见，因为她毕竟是长辈，很多事情都经历过，也会给你更好的建议。至于你父亲，他和你母亲有矛盾，但不代表他不爱你了啊。你想想他平时真的是对你一点都不关心吗？还有你是怎么样对他的？你是不是也对他视而不见呢？父母也需要孩子的关心啊。”阿旺若有所思地低下了头。

那天下午我们谈了很多，后来我还和她一起去了她家家访。我特意和她父母详谈，转述了阿旺的想法。他们表示对她的确是有所忽视，以后会改过来。后来，阿旺就再也没有请过假，偶尔她还跟我说起父亲给她零花钱并很关心她，母亲又给她买礼物等细节。从她的只言片语中，我知道她很开心，当然，我更开心。

每个家庭或多或少都会存在一些问题，这就会给学生带来一定的心理问题，其实学生的要求并不多，有时候仅仅是家长、老师一个鼓励的眼神，一句关心的话语就已足够。只有真正理解学生，走进学生心灵，才能帮助他们，使他们健康茁壮地成长。

点评：只有一个心中有爱的教育者，才能真正地了解孩子，走进孩子的内心，从学生角度去考虑问题，关心他们、爱护他们，才能让他们的心田盛开出那永不凋谢的玫瑰花。

（利艳兴）

49 教育源于爱

王永清

陶行知认为爱是一种伟大的力量，没有爱，就没有教育。陶行知也是在不断探究中、先行而后知中才得到真谛的，爱是心灵的交融，下面给大家讲述一个教育的事例。

这个学生叫盛昌，是物流 073 班的学生，学习不努力，不想进入“升大”班，对班级也漠不关心。因此，在课堂上表现很散漫，随意说话，随意吃东西，给各科老师的印象极差。

一天，我到班级上课，刚刚走到教室门口，就发现他正在使劲地踹班级的电脑箱，愤怒得像只小野兽。我命令他停止行动，可是他执拗地歪着脖子站在了我的前面说：“我生气呢，发泄一下怎么了?”“你生气可以，但别砸班级的电脑啊!”按常理说每一个人都能听懂这句话背后的含义，可是盛昌用余光看了我一下，提起拳头就向走廊的墙上砸去，一拳，两拳……砸了几拳之后，他停了下来。我这时候感觉到，这是一个偏执并且情绪过激的学生，我默默地注视着他，他的胸脯随着鼻子里喘着的粗气倔强地起伏着。我认识到他已经是根紧绷的弹簧，压得太狠只能弹得更高，并不能从根本上解决问题，于是，我深深地吸了一口气，缓了缓情绪，问他：“你怎么不打了?”“我怕把墙打坏，我还得赔钱。”听了他这让人啼笑皆非的辩白，我有点哭笑不得，毕竟他还是个孩子。我握起他已经发红的手，问道：“不疼吗? 你的行为让我很生气也很心疼，你砸墙，你的最终目的达到了吗? 你要发泄，那你的问题解决了吗? 你难道就是为了自虐?”这时他低下了头，声音也弱了下来，眼泪在眼圈里打转。因为有了老师的关心和安慰，他安静了许多。我说：“现在马上上课，下课再说。”下课后我把他叫到走廊的一边，和他慢慢地谈话。他委屈地把自己的事倾吐而出，原来上午在班级里他弄丢了 100 元钱，所以很愤怒，就踹电脑箱来发泄，而砸墙是因为他认为自己本是受害者，反而被老师批评，他觉得郁闷。从这件事情上看，他是一个单纯、任性又极端注重单方面公平的学生。我告诉了他这件事上做得不对的地方，他也欣然接受了，并在班上做了检讨。

以后他老实了很多，但他的问题并没有因为这次“砸墙”事件而彻底消失，不久发生的一件事情又令我气愤不已。一天，我正津津有味地讲着我的语文课，他却津津有味地喝着他的饮料。我看了看他，示意他停止，可是他却装作看不见；我点了他的名字，可是他却装作听不见。我愤怒了，夺过他手中的易拉罐就扔向窗外，他敏捷地把他的桌子向前推倒，正好压在我的腿上，我来不及躲闪，顿时觉得好痛。这时我一把把他揪住，准备带他到政教处见两位主任。可是这时，我的眼泪一下子下来了，愤怒马上变成了委屈，我放开手，坐在那里翻开裤子看流血的腿。这时，他一下子变得老实了，态度变得非常好，说了一大堆道歉的话语。我逐渐冷静了下来，他说："老师，我带您到医院看一看医生吧。"听到这样的话我忽然感觉到：他还是有感情的学生啊，是可以教育好的。下午我走进办公室，发现桌子上有一罐饮料，原来是盛昌送的，我对他的怨气消失了许多。

后来，我发现盛昌不仅是一个有感情的学生，而且脑子也很灵活，只要克服自身的弱点，就会有好的前途，应该推荐他进"升大"班，升大学也许对他来说并不难，他欣然同意了，通过考试进入了"升大"班。在老师的关心爱护下，他很刻苦，令人惊喜的是，在2010年的高职高考中，他的成绩总分进入全顺德区前十名，语文单科成绩也进入了前十名。

面对盛昌的变化，我想说，是爱、理解和尊重成就了他。面对一些违纪的学生，老师要放下内心的浮躁、愤怒和抱怨，心平气和地去了解他们的内心世界，因为他们还是孩子，一群尚未成熟的青少年。因为教育源于对学生的爱，教师要不断反思自己的教育教学行为，这样，爱才能延伸。

点评：即使是高中学生，他们的心智和实际年龄还是有差距的。面对一群心智、情绪还不成熟的孩子，面对一些突发的事件，每位教育工作者要做的是放下内心的浮躁、愤怒和抱怨，心平气和地尝试用爱心去了解他们的内心世界，开启他们的心扉，渗透对他们的关心，实现预期的教育目标。

（黄法强）

50 师爱如灯

李 丹

整整一个上午，小丽的身影始终没有出现，没有请假，也没有家长的来电。怎么回事？难道是病了？那为何没有请假的电话？难道开学的第二天就旷课？连高三在校的最后一个学期都不在乎？她不想毕业了？

担心而焦急的我不停拨打着小丽的电话，然而却一直无人接听，再拨打她母亲的电话，终于接通了。小丽的母亲对小丽的失踪并没有太大的惊讶，只是说："哦，可能她去帮她男朋友看铺子了。我打电话找找她吧！"下午，我再次接到了她母亲的电话，她母亲解释说因为小丽男朋友去进货了，没人看铺子，所以她就去帮忙了，她明天会回来上课的。

电话挂断了，我的心里却涌上一种说不出的心酸。我了解过小丽的家庭情况，她的母亲带着她改嫁了，而她的后爸也有一个女儿。后爸家的亲戚总是拿她和另一个女儿相比，母亲虽然无奈却也只能叫她看开一些。小小的她过早地体验了世间人情的冷暖，所以她格外地想离开这个家庭，而一个所谓的"男朋友"则正好为她打开了这扇离开的门。对此，我虽然想方设法改变小丽的状态，却始终不能让她走出长期以来的心理阴影，更无法改变双方家庭对他们关系的默认。

第二天，小丽果然回来了，然而却一副萎靡不振的样子。我轻声地将她叫到教学楼安静的一侧，询问她昨天缺席的原因。她面带笑容，语气轻松地说："没什么，太累了，所以给自己放假在家里睡觉。"话毕，她转身看向校园的花草，似乎不打算再理我。"哦，太累了肯定需要休息。那你现在休息好了吗?"我说。听到我肯定她的做法，她似乎有些惊讶，但很快又浮上一丝笑容，说："不知道的，可能明天又累了。"我知道，缺乏了一个暑假的接触，她似乎又将我排除在她的世界外，她的微笑正是保护自己的盾牌。"为什么总这么累？身体不舒服？需要去检查一下吗?"我问。她的表情丝毫未变，只是将眼光投向了远方。我伸出手，将她搂在身侧，说："是不是去帮男朋友了？难道帮男朋友看铺子比自己的学习、毕业更重要?"她耸耸肩，不留痕迹地与我拉开一点距离，满不在乎地说："我都不打算要毕业证的。""为什么？难道你把爱情看得高于一切?”我非常惊讶。“什么?爱情?我不相信爱情，不相信世界上所有的感情。我只相信金钱，只有金钱才能让我快乐。难道在学校里学习比看着一张一张人民币全部归我所有更快乐吗?”她的脸上充满了不屑。看着她稚嫩的侧脸，我有种无法言喻的心痛，到底是怎样的境遇让一个十几岁的孩子竟然选择不去相信世界上所有的感情?到底是怎样的境遇让一个十几岁的孩子竟然脆弱得只想用金钱来保护自己?

看到我的默不作声，她撇嘴笑了笑，说:“老师，我对他没有感情，我只是想要他的钱而已，也许以后我就不要他了，你放心吧!”“小丽，用你的青春去换取金钱，值得吗?用你最宝贵的学习时间去赚取金钱，真的值得吗?年华易逝，容颜易老，你不可能这样过一辈子的呀!当你三十岁、四十岁、五十岁的时候，你还能依靠你的青春去换取金钱吗?”也许是我的话触动了她，她的脸色渐渐严峻起来。我赶紧趁热打铁，说道:“你认真地想一想，如果你真的要用青春赌明天，也要先让自己智慧与美貌并重，你才能得到更多。所以，你现在最重要的应该是学习!”

我的话终于瓦解了她自我保护式的笑容，她的眼光慢慢收了回来，并回头注视我的眼睛。“老师，请您告诉我，我回来学习了，对我的将来真的有帮助吗?”小丽紧盯着我的双眼一字一句地说。“绝对有帮助，老师可以以人格向你担保。”为了挽回这颗迷失的心灵，我几乎是以向天起誓的方式向她保证。第四天开始，小丽终于开始正常上课了。

虽然我成功地使小丽回到了校园，但是作为一名班主任，我却仍然觉得自己是失败的。小丽与她的男朋友还在交往，他们双方的家庭还在默认这种关系。半年后，小丽就将步入社会，她还将会遭遇更多……作为她的班主任，我无力去改变更多的现状，我为自己的无力而深感愧疚。

作为一名教师，我知道自己的力量是渺小的，但即使如此，我依然要用我小小的微光去照亮我的学生们前进的路。同时，我更要不断地去寻求更多的力量。现在，学校在倡导“以生为本”，社会在倡导“以人为本”，我要去倡导家长们不仅要专注孩子的学习成绩，还应多去了解孩子们的心灵状况;老师们也不应仅仅停留在传授学生知识的层面，还应该真正走进孩子们的生活，教导他们如何直面人生道路上的坎坷。同时，我更呼吁我们的社会群体应多从孩子成长的角度考虑问题，为他们树立一个健康的价值导向，树立一个正确的人生坐标。只有让家庭、学校、社会三者强强联合起来，共同去关注学生们的成长，共同去关注学生们在各个阶段、各种境遇中的需求，学生们的状况才能得到真正的缓解，甚至改变。只有这样，我们的国家才能真正地蓬勃发展，我们的民族才能真正地繁荣富强，我们的学生也才能真正地获得幸福!而作为他们的老师，才算得上真正的称职。

点评：师爱如灯，学会了解学生的内心世界，平等对待每一个学生，使每个学生都能感受到教师慈母般的爱，在教师温暖的呵护下健康茁壮地成长。

（杨艳娟）

51　老师，他们打了我一巴掌

钱伟坚

那是去年12月的一天下午，第八节活动课，我正在办公室查找资料，班长急急忙忙跑过来报告："老师，不好了，小津被人打了！"我听了立即赶往教室，并问小津被人打的原因。班长说不知道，只知道小津和班上三个男生在储物间吵架，然后小津就被人家打了。我问了这三名男生的名字，竟是我们班上三名高大的男生。小津比较瘦弱，平时不爱和同学讲话，只爱玩手机，值日清洁经常偷工减料，又爱讲脏话，所以我班大部分学生都不喜欢和他交往。

我来到教室，看到储物间外有很多同学围着，他们看到我来了，都一窝蜂地散开了。我走进储物间，看到小津正坐在地上，小声哭泣着，看着他瘦小可怜的身影，我低下身来关切地问："你有没有受伤啊？"小津没有吭声，还在小声哭泣。看到此景，我又问他是否有不舒服的地方，顺手递给他一张纸巾，并让外面的同学先走开，想尝试与他慢慢沟通与交流，了解事情的真相，希望可以让他把心里的不平之气发泄出来，我也知道现在还有同学在储物室的外面，小津是不想让同学看到他现在的样子。于是我轻轻走出了储物间，并把他们再次驱散。这时，我和小津聊起来，也大概了解了事情的来龙去脉。这三位男生帮我班的一位女同学出头追小津电话卡的钱，然后他们在储物间发生了口角，小津骂了人家，结果这三名男生就打了小津。其实关于电话卡的事情我正在处理：我班一位女生用100元钱向小津买了一张中国电信的电话卡，没过多久，这电话卡却被人挂掉，原来这电话卡是小津从网上购买的，至于出问题的原因，小津说他也不知道，正在调查之中。我也不太懂得网上购物的事情，也相信小津说的话，结果电话卡的事情还没有解决，却又发生今天这样的事，我该怎样办呢？

我再次走进储物间，递上了一张纸巾："出来吧，已经放学了，同学们都走了，你总不能一直躲在垃圾房吧，出来跟老师讲讲事情的来龙去脉，老师帮你解决问题，既然事情已经出了，我们就要想办法解决，你说对不对？我们不能够一味地逃避，要一起找到一个解决问题的方法。”

或许，是由于我苦口婆心的劝解，小津终于走出储物间，一边擦着眼泪一边说：“老师，他们打了我一巴掌，现在我就去验伤，照 X 光，要他们赔医药费。”

“他们打你，是不对的，但是，打击报复并不是解决问题的最好的方法，你身体哪里不舒服吗?”

“没有，他们只是推我几下，然后又打了我一巴掌。”

“既然这样，就没必要花几百块钱到医院验伤了，检查身体很费时间，另外照 X 光对身体不好。”“这不是白让人家打了吗?”“当然不是！人家打你首先人家是不对，但你要清楚在这事上你也有很多不对的地方，为什么拿了人家的钱却迟迟不还？另外你是不是又说粗话骂人家了？要不然为什么刚才没有同学过来为你讲话呢？我想首先是因为大部分同学都认为这件事你有错，更重要的一点是他们都不愿意帮你讲话，或过来阻止。为什么会这样呢，你有没有想过?”

讲到这里，小津的眼睛又开始红了。“现在，解决问题的关键在于如何放开心胸重新看待‘这一巴掌’，重新思索这件事应该怎样做。希望你能以宽容之心看待事情的真相，因为宽容别人的同时才能得到别人的宽容。我会让打你的三位男生向你道歉，但是，你必须还钱给那个女同学，只有这样，你才能得到全班同学的谅解。”

“是真的吗?”小津脸上露出一丝期望。“当然是真的！我相信你这次宽容了他们，他们也会体谅的，另外这 100 元电话卡钱，我会帮你向你父母解释的。”事情终于解决了。的确如此，只有学会体谅，宽容对待身边的人，自己才能够得到最大的宽容。

在蒙蒙夜色当中，小津骑着单车回家了。晚上我到小津家里家访，把事情经过告知他的父母，他的父母很支持我的做法，并拿出 100 元，让我代交给那位女同学。第二天早上，我找来这位女同学和那三位男同学，我先交给女同学钱，并讲明解决事情的正确方法，同时声明动手打人是严重违反校规的行为。这三位男同学已知道自己犯错了，恳求老师同学原谅，当知道小津已原谅他们时，三位男生都非常感动，当面向小津同学道歉了，最后那三位男同学也向我保证：以后和小津和平相处。

这件事在班级影响很大，同学们都感受到小津同学的认真和宽容，渐渐地，和小津讲话的人多了，同时我也督促小津改正自己的缺点，真正走进同学们中去。

点评：每一朵花都有自己的声音，同样每一位学生都渴望被所在的群体关注和尊重，每个班集体中不可避免都有那么一两个属于“弱势群体”的学生，严严实实包裹着的是一颗敏感而脆弱的心灵，如何用爱心将他们从自己设置的套子里走出来，让他们享受更多温暖的阳光和集体的笑声，是每位教育工作者应时刻思考和践行的问题。

（黄法强）

52 从为他着想开始

党信兵

阿海在学习、纪律方面表现都可以，这是他们班任课老师说的。问了班主任，班主任也说："这个学生可以，是有培养前途的。"通过一连串的探查，我觉得，这个学生适合于参加技能竞赛训练，于是就决定找他谈话，看看他的想法。

第二天上午下课时间，我找到了他，问他是否愿意参加园区网技能竞赛的培训，他说好。"那你跟班主任说一下，下午就可以过去。"下午他过去了，并接受了一些简单的辅导和任务安排。第二天一早，大家都到位了，他没到，问同学，说他不来了，原因很简单，怕上晚自修。听了让人觉得很郁闷，怕上晚自修，连这么好的一个机会都不要了？看来我又要去找他谈谈。

找他之前我考虑了一下，如果他真的是一个优秀的、有上进心的学生，上晚自修应该不是什么问题，如果连晚自修都怕上，这个同学也真没什么培养前途，就算勉强到了训练队，也成不了什么大气。

一下课我就把他从教室叫出来，问他为什么不打个招呼就走了。

"我跟同学说了，让他们跟您说。"

"为什么不去呢?"

"我不想上晚自修。"

我没有直接批评他，我说："你是一个学计算机专业的学生，以后出去是不是要靠专业来发展自己呢?"

"是。"

"那你是否知道，训练队可以说是学校计算机类专业学习最好的地方，很多人想进，不够资格，进不了。如果你真的想以后能在计算机这个专业有所发展，你必须精通一门技术，虽然在教室学习也可以学好，但是能否达到训练队的那种程度，我想可能性几乎为零。再说了，你以后工作了，做什么工作先不讲，你想想，你可能避免不加班吗？如果老板让你加班你会不会不去上班?"

他低着头说："不会。"

"对于人的一生来说，在学校的时间仅是小小的一段，但是这一小段时间可能直接影响到你以后的发展，如果你现在因为怕晚自修，就把最好的学习机会放弃，那你以后还能做什么大事？我这次来找你，其实原因很简单，因为你们班主任、任课老师都说你表现比较好，我也想给你一个机会。我觉得，你不去肯定是有自己的原因，或者是一时没想通。其实人在做决定的时候都是比较困难的，但是，必须要为自己的将来考虑，眼光要放远一些，不能只看眼前，不能因为眼前的一点点不利，或者说一点点困难就头脑一热，什么都放弃了，以后肯定会后悔的。人的一生在学校的时间就是那么很少的一点，能够在学校好好地表现，获得一些荣誉对自己以后发展是有好处的，就算没能获得荣誉，但是学到的技能是实实在在的，你以后工作了，再去向别人学习，我想就没有在学校这么容易了，你知道为什么吗？"

"不知道。"他说。

"其实很简单，因为你和人家一起工作，大家都是靠技术吃饭，人家把技术都教给你了，是否就等于把钱都给你了？就算人家愿意传授技术给你，企业有安排带学徒，能有多少个师傅像现在学校的老师这样，把自己的所有技能都教给你？而且像学校老师这样认真、耐心地辅导？你觉得我说的是否有道理？"

"是。"他简单地回答了。

"你家离学校很远吗？"

"也不是很远，比较远吧。"他说。

"那有多远，从学校骑自行车回去要多久？"我继续问。

"半个小时就到了。"

"哦，才半个小时，我还以为有多远呢，虽然是稍微有点远，但还不是我想的那样。其实也没什么的，学校的'升大'班也每天上晚自修，估计和你同样远的不止一个，可能有很多同学比你还远，人家都照常来上晚自修，你怕什么？如果你真的愿意来，到时候可以和'升大'班同学一起放学，回去可以有个伴，路上也安全些。如果你真的因为怕上晚自修而放弃这次机会，说实在的，我还不想要，你自己好好考虑考虑，也把这个事情跟你父母说说。如果考虑好了，愿意去，下午就可以回训练队，并跟班主任说一下。你自己慎重考虑，机会可是没那么多的，仅这一次，过了这个村就没有这个店了，上课时间也快到了，你回去吧，回到教室好好想想。"

下午，我到训练机房的时候，发现他到了。在后来的各种训练中，我都发现这个学生确实不错，思维比较敏捷，踏实认真，可以说是这个小组中的主力。

点评：学生的惰性，很多时候让教师都很无奈。同时我们也在思考，究竟是什么让学生这样没有吃苦耐劳的精神，是什么让我们的下一代如此的没有追求，或者真的有社会的、家庭的、教育方法等原因！爱学生不难，如何让学生自爱、自信、自强，却有待我们去深思！

（边相君）

53 偷窃发生之后

刘作武

2008年8月16日，我们2006级四个半工半读班，第三次来到江门鹤山雅图仕印刷有限公司顶岗实习。半工半读班的学生大多来自贫困的山区，家庭条件不是很好，有时候伙食费都难以解决，顶岗实习除了能让他们把平时课堂上的知识运用到实践中之外，还能让他们交上学费、解决生活费。

10月中旬的那天，小明同学满头大汗，急匆匆地跑来告诉我："老师，我的银行卡不见了，卡里面200元钱也被取走了。"

我心想，这个人应该很熟悉他的情况。"你想一下，是什么时候不见的，可能是谁拿了你的卡？"

"我怀疑是小强，可能是几天以前，我今天才发现。"

"为什么是他？你的卡有密码吗？"

"有密码，我用的还是去年的密码，他知道。"

据我所知去年他们两人是好兄弟，关系密切，今年有了一些隔阂。

"你不要着急，老师先了解一下情况，你先去上班，晚上我来找你。你也不要到处说这件事，以免引起不必要的误会，造成不好的影响。"

这件事应尽量内部处理，否则会影响同学们的关系，对他们以后的人生也会产生不良的影响。

我马上找到了小强。

我先旁敲侧击："这一段时间，上班情况还好吧？工资交了学费后，够不够用？"

小强听了后，点了点头。

"听说小明的工资卡丢了，还被人取了200元钱，你知道吗？"

小强的脸红了，没做声。

"钱是从柜员机上取的，柜员机上有摄像头。我想到派出所立案，然后调出录像，相信很快就能查到是谁取了钱。根据情节严重程度，拿钱的同学可能还要被拘留，而且在派出所留有案底，对拿钱的同学会产生非常不良的后果。"

听完我的话，小强脸更红了，头低了下去。看到他的神态，我已经基本上掌握了情况。但这个时候不能直接地问，我想了想，决定用另外的一种方法。

“你回去想一想，看有可能是谁不小心拿了，如果能主动找老师承认错误，老师可以原谅他一次，由学校来进行处理，并在同学中不公开点名批评，给他留下自尊。”

小强点了点头，欲言又止。

“你回宿舍想一想，我们给那个同学一天的时间。一天后，没人主动承认，我们将向派出所报案。”

晚上，同学们下班回到了宿舍，我和周老师在宿舍开会，要同学们保管好自己的财物。

随后，我找来小明。

“老师已经基本了解了情况。这样，你要给老师、同学一些时间处理，给同学机会，也给自己机会，好吗?”

小明理解地点了点头。

晚上十一点多，小强打来电话，想找老师谈谈。

我来到宿舍楼下。小强承认自己拿了小明的卡，并在柜员机上取走了 200 元钱。

我又找来小明。小强向小明赔礼道歉，并愿意归还 200 元钱给小明。小明也接受了他的道歉。

我对他们说：“小强能够承认错误，就是有了改正错误的决心。不管生活如何艰难，我们做人的基本原则不能改变。小强要作深刻检讨，接受学校处分。你们两人今后不再提此事，不要在同学中造成更大影响，老师会在同学集会中不公开点名批评，希望两位同学在今后的工作、学习中成为好朋友，互相帮助，共同进步!”

晚上，我和周老师十二点查房，寝室一片安静。

凌晨一点查房，寝室一片安宁。

凌晨两点查房，鼾声一片。

这时，我们知道这件事已经解决好了，我和周老师回到宿舍休息。

第二天晚上，再查房，宿舍平静无事。

点评：“人非圣贤，孰能无过，知错能改，善莫大焉。”针对学生一念之间犯下的过错，教育者应智慧地处理，让学生得到触动心灵的教育，从而学会做人，学会做事!

（边相君）

54　仪表整改引起的风波

潘炎建

开学的第一天，班级中坐满了兴奋的同学。他们有的与同学热烈地交流着新年的见闻，有的兴致盎然地阅读刚刚拿到的崭新的教科书，一张张脸洋溢着热情与好奇。

但我一点都兴奋不起来，因为班上小滔没有回来，打电话给他妈妈，回答说："今天早上很早就去上学了，但是在校门口被学校领导劝回家了，原因是头发很黄，而且烫了。"很明显，小滔是违反校规的，必须改正！

但是下午还不见人，我又打电话给他妈妈了："阿姨，您好，小滔怎么还没有来上学啊？"

"唉，在家里睡了，说死活不去修理头发，干脆不上学了，怎么办呢？"

"这怎么行，整理好仪容仪表是学校的校规，也不是刚出的什么新规定，小滔应该知道的，学校也是必须在开学初抓好抓严，以整治校风，希望他能谅解并配合做好工作。"我耐心地说。

"那我再劝劝他！"

"好的，谢谢！"

第二天，小滔的座位还是空着，我找了班上几个平时跟他很要好的同学来了解情况，原来不来上学最主要的原因是不想来上学，因为他不喜欢上课，只喜欢打篮球，特别是知道这学期要考证，更产生了畏惧的心理。

这样，我只得又给她妈妈打电话了："小滔又没有来上学啊！"

"唉，我都不知道为什么，总躲在房间，不出来，叫他理发也不去啊！"

"阿姨，现在不是简单的理发问题了，我了解到是他不想读书，怕考证，其实按照老师的引导，通过自己的努力，考证不难的，阿姨你也站在家长的角度和他谈谈吧。"

第三天，小滔终于来上学了，但是头发仍然是黄黄的。我指导他如何补好寒假的补考作业，补抄前两天课堂的笔记，还和他详聊，了解他对考证的困惑，帮助他树立学习信心。

但没过两天，小滔又说天气冷，起不来了不上学。第二天早上仍然如此，每次电话里家长也只是说叫不醒他。我想，虽然老师不希望学生中途退学，但决不能心慈手软纵容学生对上学的事情应付了事。所以我下了决心，如果真的是不想学的坚决让他退学。

当天，我和家长聊天的语气不再客客气气的了。我说："阿姨，因为学校的学生多，如果没有纪律，工作是很难开展的，既然小滔不想读了，我也不勉强。我给他做了很多思想工作，而且他回来学校我都尽力去帮他，引导他，但他人在心不在，喜欢就来，不喜欢就在家里睡，随随便便的，这样会影响正常的教学工作，影响我们班，我今晚就去家访，退学申请也打印好了，不想读的马上签名就好了。"

他妈妈紧张了："行，下午他一定去上学。"下午一看到他，我第一时间找他到办公室，因为是下了惩治这种学生的决心，所以我的谈话语气狠了很多。他一开始还说随便，我杜绝了他很多得过且过的想法，并且把退学申请给他看，问他最后的决定，他想了想，最后答应努力读下去。我进一步说："如果是决定要留下来的，有几项纪律必须遵守，否则马上退学。"他答应了，并真的做到了。

之后，我经常检查他的作业，辅导工作开展的同时，我觉得头发也有必要弄回原样。我想到利用舆论和群众的力量，发动多名同学和老师对他头发颜色进行轰炸式批评，还在周记评语里将心比心地写道："如果你还当我是一个老师的话，请你周末把头发弄好，我也不想其他同学说我厚此薄彼。如果你没有钱，我可以给你，希望你不要难为我！"

第四周星期一，他的头发变黑了，脸上也露出了灿烂的笑容……

点评：学生青春期的叛逆总是让教育者头痛，这种叛逆有时是对周围社会的探索，教育者需要对这些行为进行规范。单一的讲道理，已经显得苍白无力。想挽救他，或许我们也要来点逆劲，刚与柔并济！

（边相君）

55　在挫折中成长

唐　洁

“岁月如歌”这个词真是不错，就在岁月不经意的一唱一和中，春去秋来，我已做了三年物流 071 班的班主任了。在这三年中，学生们给了我很多东西，他们让我笑过，让我哭过，也让我感动过。在他们的成长中，我也逐渐成熟起来。他们带给我的不仅仅是充实的生活，还有感动、伤心和震撼，使我更深刻地认识到爱是理解、爱是宽容、爱是信任、爱是希望。

我们班有一个非常出名的“铁三角”，无论做什么事都是三个人一起，一起值日，一起放自行车，一起上学，一起回家，甚至连迟到都一起。正因为如此，所以在许多事情上他们三人是一荣俱荣、一损俱损的。这三人也很有意思，每人都有一门强项，语、数、英各占一科。总体来说，三人都属于还没长大的小男生，都是大错不犯、小错不断。

我平时就比较注意他们。有一段时间发现铁三角中的小豪同学情绪低落，上课常走神。我先向其他两位同学询问，得知他的爸爸因为癌症晚期住进了医院，情况严重。当天我就去他家进行了家访，她妈妈说到家中情况时难掩内心的痛苦，眼泪不停往下流。家访回来，我给他发短信，称赞他的坚强并希望他能承担起家中长子的责任，照顾好妈妈和妹妹。他以较为轻松的口气说：“我现在能做的就是多做一些，别让妈妈那么累。”信息的一来一往，我们说了很多，但在平时的课堂和教学中当着其他同学的面我并不给予过多的关注。

没过多久，他父亲去世了。

我发短信安慰他：“人生总有一些事情是我们无法左右的，除了接受，我们别无选择。你还好吧?”

没想到他会以这样的口吻回复我：“其实我早就做好了准备，对于我爸爸来说这也许是种解脱，他不用再那么辛苦了。他病了很久了，每次看他疼得冷汗直流，那么痛苦地忍受，我心里也很难受。”

“你爸爸是顽强的，他是你的榜样，希望你能像你爸爸那样，顽强地与生活对抗，好吗?”

他发来一个无奈的表情图。

我接着说："痛苦和挫折会使懦弱的人更加懦弱，使坚强的人更加坚强。人的一生，本就掺杂着痛苦，也会常遇挫折。是直面挫折化解痛苦，还是夸大挫折放大痛苦，不一样的选择就会有不一样的人生。没有经历挫折的人生必是不完整的人生。将每次挫折变成前进的动力，你就注定会成功。"

"我知道，妈妈现在就只能指望我和妹妹了，我作为老大一定不会让她失望的。"

"有你这样孝顺懂事的学生，老师感到很欣慰。"

仿佛一夜之间，他长大了很多。在那段日子里我嘱咐另外两个同学帮他把班上和学习上的一些事承担下来。虽然班里的很多同学都知道了这件事，但我仍嘱咐他们不要太过关注，也不要当面谈论。我想 17 岁的男生应该学会如何去面对自己的人生，给他足够的空间和时间就是对他自尊心的维护，让他学会自己去处理自己的事情。

在接下来的日常学习中，铁三角无论是在学习上还是在纪律上的表现越来越好，迟到现象消失了，似乎伴随着小豪爸爸这件事情，三个男孩都度过了必要的心理转化期。

一个小团体的变化使班级的学风和班风也有了明显的变化，似乎班级里的每个学生都因为这件事情长大了很多。老师对学生的关爱、学生与学生之间的关爱使得整个班级气氛很融洽，同学们也学会了如何去尊重人。班级就像一个大家庭，和谐快乐，课间高声追逐打闹的现象减少了，同学们投入学习的精力增加了。

点评：善存于心，爱在于行！用爱心搭起桥梁，用关心凝成温暖，用真心传递幸福，用时光铸就"爱可以改变一切"的金色长城！

人的一生就是在不断的失败和挫折中成长起来的。教师在学生困难的时候，应该用爱心去帮助和关心他们，肯定会收到意想不到的效果。

（刘作武）

56　手机风波

朱燕芬

我是一名平凡的教师，在教师工作岗位上已经工作八个春秋了。回首这八年的教育教学之路，我虽没有什么轰轰烈烈的大作为，可是平淡的教学生涯却给予我宝贵的课堂教学经验。

2009 年 9 月，学校安排我对机电 094 班进行数学教学。通过两周的观察，我发现班上很多学生一上完课，就会把自己的手机拿出来玩。随着生活条件的改善，手机已悄然走进学生的生活中，在学校里，学生携带各种款式的手机，甚至在课堂上使用手机，这种情况已越来越普遍。因此，这种风气对于我们教学者来说无疑是一个问题。

俗话说："良好的开端是成功的一半。"因此，我想刚开学一定要严格管理好课堂纪律，不能放松，特别是对于学生上课玩手机的现象，否则以后学生会更难管理。第三周周一第四节课，我跟平时一样，在上课前，用响亮的声音对全班同学说："请有手机的同学把手机调为振动或者关机状态。上课期间是不能玩手机的，否则会影响学习。"上课大概 15 分钟后，我发现小 S 同学的手总是放在课桌柜台下面，而且眼睛也总是盯着下面（小 S 在开学这两周，给我的印象还是不错的，因为他上课很积极发言回答问题，加了好多次分）。我想，小 S 是在玩手机吗？不可能吧。于是，我走下讲台，一边走，一边讲课。小 S 看到我走下来，急忙把手放进柜台里，然后又把手放在台面上，我走到他身后，发现他柜台里面真的有手机，而且屏幕是亮着的，因此，我可以确定他刚才在玩手机，心里想：看他平时那么积极回答问题，我给他个机会，不要当场揭发他吧。于是，我走到他身边，轻轻地敲了他桌子一下，提醒一下他。因为我觉得学生犯一次错误，老师应该给机会让学生改正过来，这样才能更好地教育学生。但当我走回讲台不久，我又发现小 S 的手放到了柜台里，眼睛盯着下面。我想，不能让他再这样继续下去了，否则以后他上课会经常玩手机，而且其他学生也会学他。于是，我走上讲台，严肃地对全班同学说："第七小组有个学生在玩其他东西，上课开小差了，已经是第二次，希望这是最后一次，否则我会处理了。"学生的目光也纷纷转向第七小组，想看看到底是谁在玩东西。也许，小 S

感到有些不好意思，把手机放好，装模作样地听起课来。

在离下课还有十分钟的时候，小S又玩起手机来，这时候，我实在忍不住了，我不想让他就这样变成无视纪律的学生。于是，我提问他："小S，你知道老师讲到哪里吗？你听懂了吗？"小S回答道："不知道，不懂。"他的回答让我很失望。我终于发火了："小S，老师已经给了你两次机会，可惜你没有珍惜，现在是第三次了，我说过我要处罚的。"小S站着不吭声，还把头抬得高高的。我又说："开学第一天，我已经跟大家说过如何处理上课玩手机的问题，好，小S同学，现在请你向全班同学道歉，因为你上课玩手机，不但影响自己的学习，而且影响了班风、学风。另外，我给你三种选择：第一，我出十道数学题目给你做，若正确率在80%以上，就不用写悔改书，否则的话，写800字的悔改书；第二，先把手机交到我这里保管，若你以后的课堂表现良好就保管一周后还你；第三，交给班主任处理。你选择哪种？"小S站着，什么也不说，保持沉默，但从他的眼神看得出，好像在挑衅我，并说："我就不选，你敢对我怎样呢？"我看着他，继续说："请你先道歉，然后说出你选择哪种处理方式，不要耽误大家的时间。"这时，我听到下面有学生说："小S，快点说吧，快放学啦！"于是，我利用其他学生想准时放学的心理，慢慢地说："如果这件事情没有得到解决，我是不会下课的！"下面的同学更加坐不稳了，纷纷小声地对小S说："小S，算了，道歉吧，要不选择第一种方式吧。"离放学的时间越来越近了，还有5分钟，想不到小S太倔强了，还是不肯道歉，不肯作出选择。但我相信同学们会让他作出选择的！因为我又听到："小S，快道歉吧！天好像要下雨啦，我们想准时放学啊，不想淋着雨回家啊。"还有3分钟，小S终于说话了："对不起，我上课玩手机！"我说："好，那你选择哪种处理方式？"下课铃响了，全班同学望着他，最后小S小声地说："我选择第一种吧。""好，大家听清楚没有，小S同学选择了第一种处理方法，今天下午第七节课请到我办公室做题目，下课！"

我想利用第七节课跟小S再谈谈早上的事情，可是他说："我只想做完那十道题目，请不要打扰我！"也许他还在生气，看来我得迟点再找他。一个星期后，我找他并跟他说了很多道理，但他什么也没有说，听完就回去上课了。我心想，是否我这样的处理方式不太适合他呢？后来，我又发现小S上课不回答问题了，惨了，因为手机事情，小S变成这样？我不想放弃这个学生，但他又不跟我交流，我该怎么办呢？就这样，我一直关注着他，观察他的一言一行，哪怕一个细小的动作，我下定决心，要去深度地"研究"他！后来，我就从小S的作业着手，特别关注，每当他做错题，我都详细地帮他改正；如果他全对了，我就写些表扬的词语鼓励他；课堂上我也有意提问一些简单的问题让他回答。也许，时间可以冲淡一切；也许，是我不断的"关爱"与"表扬"，大概几个星期后，我发现小S终于举起他的手了，我心里很高兴，提问他，表扬他，给他加了分。我想他可能已经忘记上次手机的事情了。但有一次，做课堂练习时，我发现小S没有认真去做，心不在焉的样子，我想去辅导他，而他却说："你走开吧，我自己会做，要不我不做。""他还在生气啊，哎！"我心里想。

老师对学生要宽容，只要你对他们付出过爱心，就算你曾经对他们冷言冷语，暴跳如雷，我相信他们会体谅老师的苦心的。因为现在很多学生都喜欢上QQ聊天，所以我想通过这种方式与小S沟通，于是，我特意加入了他们班的QQ群，还找到了小S的QQ号码。通过QQ，我先跟小S聊些很平常的事情。有个周末，我们聊了很久，发觉小S好像没有生我的气，于是，我大胆地问起那天他上课玩手机的事情，原来上次他上课玩手机的原因是：他和家人发生了矛盾，心情很不好，想通过玩手机游戏进行发泄。我跟他说，当时我没有顾及他的心情，请他原谅我。他就说，其实是自己不会控制情绪，才会弄成这样，是他不对……

第二天，做数学练习时，突然，小S举起手："老师，这道题目我不会解，怎样做啊？"我看完题日就详细地告诉他如何解答……下课了，我回到办公室，心里很高兴，因为小S同学自从上次手机事情后，是第一次叫我老师，而且主动向我问问题，所以我想小S彻底地把手机的事情忘记了，已经不再生我的气了。

通过这次手机风波，我思考了很多问题，其中有两点令我深深地记住了：

第一，不要因为手机，让学生与你对立。记住：收手机只是一种手段，目的是让学生不在上课时玩手机。收取学牛的手机，不要收太长的时间，可以让学生做一件好事之后归还给学生，除非该生错误非常严重，屡教不改，否则，易与学生对立，不便于自己教学工作的开展。

第二，要有爱心、耐心和责任心。当学生犯错误的时候，教师要对学生抱有积极态度和适度期望，利用多种渠道与学生沟通，给学生更多的信任和鼓励；利用理解与宽容，耐心地面对学生，使学生的情感发生变化，接受老师的教育。我们要牢记"教书育人，诲人不倦"的理念，做一个有爱心、耐心和责任心的合格的人民教师。

点评：曾经听过这样一句话："老师不经意的一句话，可能会创造一个奇迹；老师不经意的一个眼神，也许会扼杀一个人才。"因此，我们老师的一句话一个动作，也许会对学生终身的发展产生不可估量的影响。正如朱老师所言，我们要牢记"教书育人，诲人不倦"的理念，做一个有爱心、耐心和责任心的合格的人民教师。

（黄法强）

57 爱与责任

李 丹

9 月 10 日，一个让所有老师激动而自豪的日子。而我，习惯在凌晨零点，开始迎接我那些调皮可爱的学生们。“老师，您睡了吗？已经到教师节了，祝您节日快乐！”“老师，起床了，我给您送祝福来了。”“老师……”，“老师……”没有责怪，只有理解；没有不满，只有骄傲。这些祝福里有那个熟悉的孩子，这些祝福里更有许多相似的孩子。那个孩子让我记忆尤深，他创造了我教育生涯中的许多第一次，他也让我认识到作为一个班主任的爱与责任。

第一次心灵接触，从跑步开始

“报告老师，小文不肯值日，他说他是来学校读书的，不是来扫地的。”听着卫生委员的报告，我心中不禁打了个问号：怎样的一个孩子，九年的教育竟没养成值日的习惯？我来到教室，轻声地把他叫到走廊上，询问他不肯值日的理由。他不语，只是倔强地把头别向一边。我开始给他讲解学生应养成的良好行为习惯，学生需养成的责任感……十几分钟过去了，他仍然一声不吭。教室里的同学慢慢少了，他也产生了想回家的念头，趁此机会我对他说：“你告诉老师为什么不肯值日，就可以回家了。”“哼！”一声不屑从他鼻子里轻轻地喷出，他转身想走开。“你去哪？你还没有回答我。”“反正不是回家。”他头也不回地丢下这句话就向另一座教学楼走去。

面对身材高大、壮实的他，我拽不住也拦不了，怎么办？跟着吧！于是，从教学 A 楼到 B 楼，从教学楼四楼到五楼，小碎步跑的我跟着健步如飞的他，就这样持续到了六点。半个小时的小跑早让我的高跟鞋不堪重负，忽然，我惊喜地看到他竟拐回了教室。当我冲到教室时，他正在喝水。见我进来，他又从座位上站了起来，开始在教室内外兜圈。我知道，如果今天不能让这个孩子从内心接受我，那么我今后的教育就根本无法从本质上使他改变。我心一横，三两下就把鞋脱了紧跟上去。六点的校园安静而祥和，但四楼的学生们竟可看见一个赤脚的老师正努力地跟在一个小跑着的学生的身后。六点半左右，他终于累了，再次回到教室，开始喝水。在他身旁的我努力地调整呼吸，等待他随时可能的再次开跑。“对不起，老师。”拿着水瓶遮掩的他轻轻地吐出了这样一句话。那一刻，傍晚的阳光暖得我鼻子都酸了。

第一次十公里家访，被拒门外

小文开始自觉承担值日工作了，而我却慢慢发现，这孩子的衣服似乎总是邋里邋遢的，每天最晚到课室的也是他。怎么回事？我决定去他家里看看。与他家人约好了晚上八点见面，问明地址后才发现原来他的家离学校近十公里。“一个女孩子，晚上八九点去那么远的农村小巷，不太安全。”同事的话让我有些犹豫，但小文倔强的眼神却又在我的心头摇晃。我鼓起勇气，开始出发。

小文的家是一间普通的平房，灯亮着，我开始叫门。“小文，老师来家访了，小文……”屋里的灯亮着，但门始终没有开。倒是隔壁的房子里探出了一个小脑袋，“老师，您来家访啊？我是他表哥，您过来坐。”哦，原来是我隔壁班的一个学生，从他的口中，我听到了一个辛酸的故事：小文的爸爸因犯罪被抓了，不久妈妈也改嫁了。小文跟着奶奶一起生活。奶奶经营着一家小吃店，起早贪黑地赚些钱供小文读书。但小文的生活却缺少了照顾，衣服自己洗，饭菜自己做，有时奶奶忘了，他就连中午的伙食费都没有。带着沉重的心，我离开了，身后伴着的，是小文房里透出的灯光，小文的家人始终没有出现。

第二天，我把小文叫到了教室一旁，轻轻地对他说：“从明天开始，老师每天六点打你家电话叫你起床；你的衣服破了，或者穿不了，老师可以帮你改；你身体不舒服，或者没钱吃饭，都可以来找我。”那一刻，我竟看到这个倔强的男孩子眼中晶莹的泪。

第一次感动落泪，是浓浓的爱

依然是这个孩子，有天却失踪了。没想到在国庆假期的第三天夜晚，我会抱着全班学生的通讯录一个一个地打电话。不争气的泪一点一点地滴在了电话机上，我无论如何也想不到他会偷了家里的存折去上网，整整消失了三天三夜。其他学生安慰我，让我不要着急；班干部组织同学帮忙去各网吧找人。夜幕里，我们就这样在陈村的网吧一间一间地苦苦搜寻。当找到他的时候，三天三夜无休息地上网让他虚弱到了极点。又急又怒的我真想伸手给他一巴掌，但我伸出的手却紧紧地将他搀扶起来。尽管我尚未成为一名母亲，但在那一刹那，澎湃的母爱却溢满我的心。久久，我的耳边传来了浓浓的鼻音：“老师，对不起！”

这就是我的第一个毕业班，这也是我作为班主任的“第一堂课”。还记得全国优秀班主任李镇西老师在《爱心与教育》一书中说过：“我们所做的，都是必须要做的。我们感受了学生太多的爱，我们只有用更多的爱去回报我们的学生！”我爱我的学生，不仅用我的行动，更用我无悔的青春。在这平凡而又神圣的教育殿堂，我愿做一个人梯，让学生踩着我的双肩向上攀登；我愿做一块路基，为学生的成功之路铺设桥梁！让那美好的日子就在这分分秒秒的诲人不倦里流淌；让那如诗的青春就在这年年月月的教书育人中永恒。

点评：责任感是教师最基本的职业道德，没有责任感的人是不可能成为一个合格的教师的。爱心是责任感的源泉，也许教育方法有千种万种，但其内核都应该是爱。

（刘建华）

58　栏杆旁的梦魇

邓富华

小红是我们班一个比较霸道的学生，做什么都以自我为中心，别人稍微有什么不听她的，她就一定要想办法对付，甚至谁不小心动了她的东西，她也会大打出手。别说对同学这样，就是对自己的父母也会砸东西泄愤甚至拳打脚踢。这些，都是平时她与我聊天时亲口告诉我的，与我从其母亲那里了解到的情况基本一致。

小红虽然比较蛮横无理，但是也有几个与她玩得比较好的朋友，小涵就是她的好朋友之一，天天一起上学和放学一起回家。有一天，她们俩之间突然变得很陌生很奇怪，而且我还看到小红对小涵气势汹汹的样子。她们俩平时不是好好的吗？怎么说变就变了呢？于是，我就找了个空余时间与小涵聊天，一开始小涵还不敢说，生怕说了会被小红打，经过我耐心地分析，她还是把真相说了出来。

原来，小红的家有一天着火了，小红怪作为好朋友的小涵没有去看望她。于是就出现之前气势汹汹的样子。据了解，小红扬言见到小涵一次就打一次。弄清楚这些情况之后，我真是很诧异，我想，小红的心理问题有点严重了！

第13周的一天早上，当时是在404电脑室上实习课，我就抓住一个时间找小红到走廊谈心。出来时她的神情还比较自然。我试探着说："你是不是想让我们班最后只剩下你一个人呀？"她马上就开始出言不逊。我见势也气得拍着走廊的栏杆说："你吵什么吵！不能好好说话吗？"她立刻双手抓着栏杆，右腿就要跨上栏杆，欲从四楼往下跳。这时，我头脑"嗡"地一下懵了。

反应过来后，我和另外一位实习老师立刻抓住她的手臂往走廊里拽，后来把她拉到了隔壁的空教室里，慢慢进行长时间的开导。期间，她一句话也不说，只是点头和摇头。过了很久，她的情绪才渐渐缓和下来。中午她和两个同学结伴回了家，我即刻打电话向其家长反映了情况。

下午，她没有上学。从上午的那一刻起直到傍晚，那噩梦般的场景时不时呈现在我的脑海里。我心想：要是她在家里也做出这样的傻事怎么办？左思右想，我决定利用手机短信和她谈心交流，我先向她道歉："如果是我错怪你了，我向你道歉！但如果是你做错了，你就应该改过。”过了一阵，果真有信息回复：“你冤枉我！我宁死不屈！我从来没想过要赶她们走。当然，我也有做得不对的地方……”此刻，我才松了一口气。我知道她已经开始认识到自己的错误了。

第二天早上，她上学了，静悄悄地回到了自己的座位上。我从她的眼神和举动当中，发现她已经没有之前那种气势汹汹，与谁都有仇的样子了。随后，我又心平气和地和她交流，认同她在困难的时刻渴望友情的心理，但也指出不可因一次偶然事件就出现极端的做法。朋友之间需要相互帮助，但更要相互谅解，这样友谊才会天长地久！看着她含着眼泪点头，我终于放下了心头的一块大石！

经历小红这件事，我明白了：教育，是一门高深的学问。一语不慎就可能造成终生的遗憾！尤其是对当前叛逆性比较强的90后中职生，更要注重教育方法。对于家长和老师而言，再没有比失去活生生的人更可怕的了！对于性格极端、脾气暴躁的学生，首先应该安抚其情绪而不是激起其反抗，这样才可能有继续教育的机会。

点评：脾气暴躁倔强的学生大多吃软不吃硬，如果硬碰硬只会两败俱伤，徒增烦恼。教育脾气暴躁倔强的学生，教师先要克制住自己的情绪，要有耐心，让学生把话说完，然后再作定夺，轻言细语地跟学生摆事实、讲道理，让学生信服，这种循循善诱的态度往往是最佳的“缓和剂”。

（高　玲）

59　拥抱冬日的太阳

利艳兴

如果说学生是明天的太阳，那么“后进生”就是冬日里懒洋洋的、缓慢升起的太阳。曾经我以为对“后进生”的教育就是尽量提高他们的成绩，改正他们的不良习惯，后来却慢慢发现，德育教育的过程其实是情感教育和心灵触动的过程，只有真正走进学生的心灵，倾听学生的心声，以尊重、理解为桥梁，才能春风化雨，润物无声。

2007年第一个学期，我收到一个女生的周记本，上面写道：“老师，我真的很讨厌你。你宣布成立帮带小组，其中有我的名字，我并不意外，但是我不喜欢，因为被帮带的都是差生，没有人不想变聪明，没有人愿意做‘后进生’……人家说没有父母的孩子是坚强的，我以为自己很坚强，可是那天我哭了，我很伤心，我真的后悔来到这个班上，我真恨你，你让我这么痛苦……”

这个女生说她恨我，她说她恨我！她说她恨我……

我惊呆了，整个人像掉进了冰窟窿，从头到脚都是冰冷的。我感到一种前所未有的挫败感，内心充满愧疚和不安。我在不经意的时候伤害了一个敏感且自尊心很强的女生。原来她是个单亲家庭的孩子，母亲已经改嫁了，只有她跟姐姐相依为命。家庭的不幸使她变得自闭、内向和敏感。

为了挽救失误，我制订了长期攻坚计划：我找来跟她要好的同学，时刻掌握她的情况；指定几个班干部密切关注她的动静；动员几个优生帮助她解答疑难；和科任老师携手合作，多给她表现的机会。同时我也向她道歉：“也许我没有考虑到你的心情，实在很抱歉，可是老师只是希望能够帮助你进步，希望我们全班53个同学都能顺利留在‘升大’班。让我们一起冲刺高考，一个都不能少！好吗?”

随着成绩的提高，她开始理解我的用意，并对我说：“现在我想明白了，当老师不容易，新老师当班主任更是不容易。当初我没有理解您，更没有体谅您的苦心，老师，对不起，谢谢您。”

这个学期我们班学生准备报考英语二级和商务英语认证考试，时间很紧，压力很大，她又对我说：“老师，我觉得很辛苦，一个人的时候眼泪总会流下来，总有种想放弃的念头，我真的很迷惘，我开始怕考试，怕测验，我觉得自己很没用……老师，我准备考完两个英语证书后，就申请转到非‘升大’班去……”

我跟她说：“你已经长大了，有权利选择自己的人生，老师只是希望你能三思而后行，自己的人生自己选择，自己的决定自己负责，自己的路自己走。不论最后你怎样选择，老师都尊重你。”

她哭了：“老师，我本以为我的决定会遭到很多人的反对，可是没想到你是第一个理解我、支持我的人，有你这样的班主任，实在是太幸运了。”

孩子，其实幸运的是我啊！因为有你的率真，让我清醒地看到工作不细致的后果；因为有你的体谅，让我明白尊重、理解和宽容的重要性；因为有你的信任，让我清楚地感到了为人师的责任的重量。是你用实际行动让我明白：师爱不仅要像阳光一样温暖明亮，还要像春雨润物一样细致无声啊！

此后这个学生的思想稳定了下来，并且愿意时常和我聊天，聊学习的苦恼、家庭的不幸、对抛弃她的母亲的埋怨、对爷爷奶奶的感激……这个年龄的学生容易激动也容易钻牛角尖，每一次，我都尽量以冷静、客观的态度开解她，引导她走出阴霾，劝说她尝试站在其他角度来思考问题……最后她还是坚持了下来，在高三这一年里都非常努力地拼搏。2009 年 6 月，她如愿地考上了大学。现在，她仍然不时活跃在我的 QQ 好友群上，冷不防地弹几个问候和祝福的信息或者寄送贺卡……

冰心说过：“情在左，爱在右，走在生命的两旁，随时撒种，随时开花。”让我们张开双手，拥抱“后进生”，在他们忧伤的时候，给予快乐；在他们无助的时候，给予支持；在他们失意的时候，给予慰藉；在他们自卑的时候，给予鼓励……让每个孩子的心灵都充满阳光。

点评：德育教育的过程其实是情感教育和心灵触动的过程，老师用爱心去感动差生，用热心去教诲差生，用尊重、理解和宽容赢得差生的信任，沟通是桥，理解是爱，春风化雨，润物无声。

（高　玲）

60 用爱唤醒心灵

孔燕娜

魏书生曾经说过：每个人的心灵最深处都有真的、善的、美的、积极的、向上的一面。

——题记

在我首次担任班主任的半年中，我始终牢记魏书生的这句话，它成为我处理班级问题的基本原则。尽管到目前，还没有见到非常明显的效果，但我仍然坚持着。因为，我坚信学生心灵最深处的真、善、美终有一天能够生根发芽。

小炽，个子矮小，其貌不扬，但在开学前培训时，他就给我留下了深刻的印象。每次集会，他的话特别多，而且喜欢插嘴，时不时还爆出粗话，我断定，他肯定有着不平凡的“本领”。

开学了，他的个性更加突出了。每次老师上课时，他都会大声说话，老师提醒一下他，他就大声地用白话（广东话）说一声：“咩也啊？（什么啊）”然后再爆出一句粗话，还经常迟到，轮到他做值日也不来。面对他，我开始觉得无可奈何，因为我不了解他，找不到教育他的切入口。于是，我静观其变，开始查找他的一些资料，后来，我发现他是低保家庭，我决定从这个方面入手找他谈话。

猜想他背后的故事

第三周的一个早上，我叫他出来跟我聊天。两周前，我就开始关注他，发现他虽然平时有迟到现象，但学习还算比较认真，还主动参加计算机技能选拔考试，不过后来他落选了，我也知道他落选是因为老师觉得他浮躁。我把他叫到了办公室，他很沉默，也没有正面对着我，我知道他不在乎我的感受，也不打算配合我的谈话，于是我先表扬了他主动参加技能选拔考试，然后我就转换话题询问他家人的情况，因为我始终相信，一个人内心最在乎的就是自己的亲人。他小声地告诉我，他有个姐姐，其他什么也没有说了，从他的眼神中，我看出了他有秘密。于是，我说："我能够猜得到，你家里的条件不是很好，我也看得出，你心里有一股不服输的劲，不管怎么样，老师都相信你懂得应该怎么去把握这三年的时间。老师想给你提点建议，希望你能够接受。你的话太多，而且很容易得罪人，希望你每次想说粗话前一定要在心里问问自己是否可以说。其实，你很聪明，也很上进，老师看到你参加技能考试，感到很欣慰，虽然你没有被选中，但以后努力还是会有机会的。你知道你为什么没有被选到竞赛队吗？就是因为你的性格，希望你能够改改，别因为这些而影响了自己的前途。"说到这里，他把脸转向我这边，那一刻，我感觉到他好像明白了我说话的意思，但，他仍然沉默，我也明白，这次谈话的效果也只能这样了，于是就叫他回了教室。

家长会上，知道了他的秘密

第七周，学校组织召开家长会。我打电话到他家，但是一直没人接，于是我就叫他一定要通知家长来开家长会，后来家长会的通知单他也签好名交给了我。第一次做班主任的我，也没有想太多，就相信他已经跟家长说了。到了开家长会那天，一直到上午八点，他家长还是没有到，于是我又拨通他家的电话，终于有人接了，是他的姐姐，他姐姐完全不知道要开家长会，看来他并没有把这件事告诉家人，那个签名也是他自己写的，不过，他姐姐很关心他，答应我马上过来。

会后，我将班级里一些问题较多的学生的家长留了下来，其中也有他的姐姐。在跟他姐姐的交谈中，我得知他是单亲家庭，爸爸在暑假的时候过世了，妈妈是精神病患者，家里还有个弟弟读小学。而这个姐姐是他堂姐，他现在住在伯父家。以前在家里，他不听话，晚上经常出去玩，回到家就玩游戏；他也不喜欢跟家人沟通，有什么事情都不说出来，这次给家长写的一封信他也没有写。但是，他每天回去都要给妈妈和弟弟煮饭，做家务。听到这些，我明白了应该怎么样去教育这个孩子。

第二天，我第二次找他谈话，这次我底气足了很多，因为我知道该从哪个方面去挖掘他内心的善良。我首先问候了他的妈妈和弟弟，告诉他其实这些事情本不应该是他这个年龄段要经历的，但谁也不能改变命运，我们只能改变自己。以后，如果有什么困难都可以提出来，我会尽最大的努力帮助他，希望他能够感受到老师的爱。我还帮他分析了他家的情况，让他明白他是家里的顶梁柱，告诉他，亲人对他的帮助要懂得珍惜。这次的谈话，他仍然比较沉默，只是点头，但我知道他内心深处有了感触，因为，打那以后他迟到少了，说话也注意了许多。

单车棚的等候

上次找他谈话后，他有了很大的进步，正当我暗自窃喜的时候，他又开始违纪了，特别在卫生值日方面，连续几周都没有回来做值日，我决定寻找机会好好跟他谈谈。

又是周三的下午，轮到他值日，我提醒了他，可当我刚回到办公室，卫生委员就跑过来说他偷偷走了，当时，我很生气，今天无论如何我也要把他抓回来做值日。我匆匆跑回班级，问在教室的同学是否知道他在哪里，可是，大家都摇头。学校这么大，我该到哪去找他呢？我先去体育馆，在那看到了班上其他的学生，但就是没有他；我又跑到操场，还是没有；跑到小卖部，仍然没有看到。工作了一天的我，真的感到身心疲惫，很想放弃，可如果今天不找到他，我之前所做的一切就白费了，不管怎么样我也要让他知道我的一片苦心。最后，我想到了一个好办法，就是在单车棚等他，因为他要回家一定要去拿车的。果然，没多久，我看到了那熟悉的身影，我走过去对他说："你今天好像还有件事没有完成好，知道吗？先跟我回一下教室吧！"这时，他也没有说什么，跟我一起回去了。我带他回到教室，告诉他今天他忘记值日了，现在让他补回来，我拿了拖把，决定跟他一起拖地，他见我这样，也不好意思，拿着拖桶提水去了。在跟他一起拖地的过程中，我跟他说了很多，我问他是否要赶着回去给家人做饭，问他的妈妈是否安康，弟弟成绩可好，问他对未来有什么想法……没多久，地拖完了，我们一起收拾好了工具，我拍了拍他的肩膀说："回去给妈妈做饭吧，路上要注意安全，别太着急了，下次做值日，老师都帮你。"他不好意思地说："老师，我保证以后都做好，谢谢您！"望着他离开的背影，我会心地笑了，他心里真、善、美的种子已经萌芽了。

冒着寒冷家访

那段时间，天气寒冷，流行性感冒很严重，班上很多同学都感冒了，他也不例外，发烧发了好几天。感冒的那几天，他请假了，我每天都打电话去问候他，听说挺严重的，我决定去看看他，还有他的家人。

那天下午下班后，我决定去家访。他住伯父家，伯父的家境并不好，破旧的房子，还有几件陈旧的家具，看到我来，他的伯父和堂姐都很感动。我首先询问了他的病情，跟他家人说了他在学校的表现，提出了我对他的希望，走之前，我叮嘱他要多保重，等病好了再回来上课，他在旁边一直认真地听着，虽然他嘴上没有说什么，但我从他的眼神里看出了某些变化。

坚持就是胜利

经过了一个学期的努力，他有了许多的进步，内心那颗真、善、美的种子已经发芽了，我知道这颗种子的成长还需要一个漫长的过程，在这个过程中可能还会遇到各种困难，但只要我每天都用爱去浇灌这颗种子，真、善、美的种子在他的心中一定会长成参天大树的。

点评：“精诚所至，金石为开。”在教育学生的过程中，老师锲而不舍，用爱心融化了学生冰冻的“心理防线”，用爱唤醒了学生沉睡的心灵，用爱启迪了学生心灵最深处的真善美，并让真善美在学生心中萌芽、开花、结果，这就是老师的伟大之处。

（高　玲）

第四编　换个视角，海阔天空

说教之所以最没有用处，其原因之一就是它是普遍地向所有一切的人说的，既没有区别，也没有选择。

——卢梭

61 选好教育的最佳时机

易 梅

一个男人乘一艘旧帆船去旅行。一天，他走到甲板上，看到一名船员正沿着绳子往上面的鸟巢爬去，爬到一半的时候，船突然倾向一边，他被甩到了水里。落水后，他开始一边尖叫着呼救，一边拼命地挣扎求生。就在这时，旅行者看到一名水手走到船舷的边上，平静地观察在水里挣扎的船员。船员挣扎了一会儿，累了开始往下沉。这个时候，一直站在船舷边上的水手立即跳下去救正在下沉的船员，等到两个人都平安地回到船上后，旅行者走到水手身边问道："你为什么那么久才到水中救他呢?"水手平静地回答："做了这么多年的水手，我早就发现，当落水的人在水中拼命挣扎的时候，我如果立即下水去救他，他把我们两人都拖入水中溺死的可能性是非常大的，最好让他再挣扎一会儿，把自己的力气都消耗完，那时候才是我跳下水去救他的最佳时机。"

2009 学年新生刚开学的第一周第一节课上，当我正在黑板上写字时，有位同学关掉了投影机的电源，屏幕黑了，同学们发出一片得意的呼叫。我转过身来，抑制住愤怒，严肃地静静地扫视全班，教室也慢慢恢复平静，很多双眼睛都投向最靠近投影的第三组的第一位同学脸上。此时此刻，全班学生又都看着我，看我怎么处理。新生刚入学第一节课就给老师一个下马威，以往的经验告诉我：学生在课堂上恶作剧，老师气得要命，学生更是喜出望外，因为正中下怀，大发雷霆肯定于事无补。但转念一想，课堂上的突发事件，也就是课堂上随即生成的一资源，我要利用好这一资源，把握最佳的教育时机，因势利导进行一堂新生入学思想道德教育课。

我平静地要求同学们点点我们教室里有哪些财产并记下来，然后说："学校为我们每个班配置的多媒体课室花费 70 多万元，投影机的一个灯泡就要一千多元，这些都是我们班的共同财产，我们应该怎样对待呢?""我们应该好好爱护它，使它达到最佳的使用效果。"同学们在我的引导下自然地回答出我想要的答案，这时我看着第三组第一位同学，他低下了头，脸上有些歉意，我趁热打铁地说："大家都知道一个常识，电器特别是灯泡经常开关是容易烧坏的，正常使用开关没办法避免，但不正常使用是可以避免的。如果是由于我们同学不爱护而损坏，同学们说应该如何处理呢？”大家七嘴八舌，有的说谁破坏谁赔，有的说不关我们的事，有的说我们下次不会啦，有的说找一个有责任心的人来负责管理……最后，我们达成共识：谁损坏谁赔，如果找不出责任人就全班一起赔。“无规矩，不成方圆”，学校是我家，我要爱护它。从那以后，在这个班里，那位同学总是在我需要准备多媒体的时候，第一个过来帮我，破坏公物的事情再没发生。

课堂教育是德育教育的主阵地，课堂上，学生不经意间的表现，往往是学生人生观价值观的真实写照。这需要老师凭借自己的教育智慧来及时捕捉，把握课堂教育教学最佳时机，对课堂上即时的信息作出迅速的反应，从可接受教育的范围出发，因势利导，逐步对学生施加教育影响，纠正不正确的思想和行为，这样教育效果才会事半功倍。

点评：教育是每时每刻的，但教育的效果不是每时每刻的，只有捕捉到教育的最佳时机，才能达到最好的教育效果。

（王永清）

62　适当的让步，也是一种智慧

何小毛

做老师就这样，年复一年，送走一批学生，又迎来新的一批。这一年也如此，没有任何先兆，我却碰到了八年教学生涯中最难缠的一个学生——林。林是一个高高瘦瘦的男生，黑黑的皮肤，大大的眼睛，如果单看外表，你会觉得他跟其他学生没多大区别。可是只要你的眼睛跟他对视一下，就会发现那里面闪烁的玩世不恭，再加上那披散着的长长头发，脖子上那一条粗粗的银质项链和从来不好好扣上扣子、露出半个胸膛的破旧校服，整个就好像是在向人示威——我是流氓，我怕谁？

就是这样的一位学生，在我的班上。

开学之初，他就表现出了极端的不合作：迟到、上课睡觉、不参加值日、对老师的劝导置之不理……但矛盾的激化是"鞋子事件"。那段时间，天公也很不作美，每天都不定时地下一阵雷雨，这给学生的上学带来了很大的不便，常常因与雷雨相遇而湿了衣服和鞋子，于是很多同学都选择了穿拖鞋上学，但这是校规所不允许的，学校德育处每天都要来巡视，并对各班的情况进行公布，直接影响到期末优秀班集体的评比。作为班主任，我对这件事提出了具体的要求，告诉他们可以带一双拖鞋来，到学校换上就行了。第二天，穿拖鞋上学的学生减少了一半，第三天，还穿拖鞋上学的学生就只有三个了，其中就有林。我有点生气了，在班上宣布："如果明天还有同学穿拖鞋上学，我就把他的拖鞋丢到垃圾桶里！"

第二天，还是一个雷雨天。上课的铃声响了，同学们也陆续地坐好了，我在教室里走了一圈，没人穿拖鞋了。我的一颗心放下了，可是，慢着，还有一个空位，是谁？我扫视了一遍，又是林！真是个不让人省心的家伙！

我开始上课。大约过了五分钟，一个身影闪到了教室门口："报告！"我转头一看，是林。但更让我生气的是，他居然还是穿着那对廉价的蓝色人字拖鞋！我指着他的脚，大喝一声："脱下！"他慢慢地抬起头，与我对视着，眼睛里充满了不屑和仇恨，脚却一动也不动。我心里暗想：今天一定不能让步。于是我也和他对视着，一分钟，两分钟……五分钟过去了，他还是没有任何妥协的意思。我知道，这样下去，我不但不能解决问题，反而会让他更加肆无忌惮。突然，脑海中闪出的一条信息帮了我，以前听学生说林怕他爸爸。于是，我冷冷地说道："那是不是要我请你爸爸来你才脱？"他看着我，眼神里闪过了一丝恐慌和哀求，可是只是一刹那，又恢复了冷漠，低头看着自己的鞋，再也不抬头。那一刻，我突然觉得，也许我不能再这样坚持……我决定暂时先放下这件事，于是我压下心中的怒火说："先回座位上去。"他有点吃惊地抬起头，不相信地看了我一眼，径直回到了座位。那节课很平常，可那节课又有点不寻常，因为整一节课，我发现林虽然并没有认真听课，可他也没有捣乱，没有睡觉，只是若有所思地坐在那里发呆。

于是我改变了对策，也许……

一个星期过去了，我再没有找过林，可是却用不同的方式去关注他，有时是做操时的一个指导，有时是上课时一个鼓励的眼神，有时是作业本上一句表扬的话。对他的偶尔迟到，再也不粗暴地批评，而是换成了提醒；对他下雨时穿拖鞋，我采取了以看不见的态度对待……

时间一天天地过去，高考也越来越近，我惊喜地发现，林再也不是原来的那个林了：眼神温和了，衣服整洁了，上课认真了，迟到没有了，成绩也进步了，每一次考试，他都给了我不同的惊喜，尤其是作文，每次都有很大的进步，常常被我当作范文贴在教室的宣传栏上。那一年的高考，林最后以标准分 570 的成绩被一所大学录取，而他原来的成绩在我们班是最后一名。

拿录取通知书的时候，林回来了，看着阳光了很多的他，我微笑着向他祝福，他只说了一句话："老师，您是第一个在我犯错时放过我的人，谢谢您！"

我们常常认为，做什么事都要坚持到底，可是在教育学生时，适当的让步，不也是一种智慧，一种前进，甚至可能取得更好的效果。

点评：坚持到底是一种执著，适当让步是一种迂回，在迂回中执著前进也是一种很好的教育方法。

（王永清）

63 你写，我写，大家写

朱淑英

2006年9月，我新接了一个电子“升大”班。虽然说是电子班，其实是经过了筛选后由各个专业重新组合的一个班。学校信任我，将这个班集体交给我，我一定要想尽各种方法把班集体搞好。因此我首先找到了他们以前的班主任，从各个班主任那里我大致地了解了班上每一个同学的性格，他们的优点和他们以前所犯的错误以及学生与学生之间的交往情况。为了避免有所偏差和先入为主对我以后工作的影响，我又找到了他们以前的科任老师，了解他们对这些学生的看法，根据多方了解，我将各种情况进行了综合分析，重新给我将来的学生进行了定位。

9月1日，学生陆陆续续都回来了，在和学生的短暂接触中，我对每一个学生也有了自己的认识。在和他们交谈时，我尽量让自己给他们留下“既严厉又和蔼”的印象。在工作中，我始终坚持“数子十过，不如赞子一功”，并努力地这样去实施。

由于这个班是由各个专业重新组合的一个班，开学几周后，我明显地感觉班上同学不是很团结，集体荣誉感也差，总是你指责我，我指责你，什么事都是推来推去，不能携手完成。

于是经过充分准备后，我召开了以“05电子一班：团结、努力！”为主题的班会，在这个班会上我没有沿用简单的说教，也没有安排言不由衷的发言，而是先把班上的同学按他们以前的专业分成四组，然后让他们各派一名代表到黑板上依次写下“电子一班”四个字，一人写一个字。写完之后，黑板上呈现出了基本协调、整洁的四个字。于是我问其中一个同学为什么会这样，他说：“因为我们为了美观好看，都统一了字体字号。”我肯定了他的看法，趁势说：“要想使05电子一班美观，大家就要在学习、生活上相互协调、团结，认真写好属于自己的那一笔。”我在学生写的字前加了“05”，并在字的后面也写上了“：团结、努力！”然后我说：“现在请大家数一下写完这句话需要多少笔画。”同学们都感觉我的做法有些奇怪，但还是认真地数着。有同学很快就报出了答案“51画”。我又让同学们数了数在教室的人数，同学们惊奇地发现包括教师在内刚好 51 人。此时，有个同学大声地说："老师，你好聪明呀！"我很欣慰，我的良苦用心终于有学生能体会。我便接着他的话说："不是老师聪明，是老师用心、用情想让班级变好，想让你们学好。大家都熟悉一首儿歌：'一支竹子会易折弯，几支竹一扎断折难，心坚志毅勇敢，团结方可有力量。'要使 05 电子一班团结、努力，使我们的班级强大，我们就要做 25 双筷子，牢牢地和老师抱成一团，在老师和班干部的带领下，努力写好属于我们自己的那一个笔画。这是每一个同学的责任和义务。"此时，我拿出早已准备好的红纸和笔，让每一名同学依次上来，一人一笔，共同写出我们的标语、我们的目标。在学生书写自己那一笔的过程中，我发现这一节简短的班会课十分成功，每一位同学都认真地书写着，生怕自己的那一笔在标语上显得不协调，简单的一笔把他们的汗水都写出来了。在这个目标的激励下，同学们在不久后举行的校运动会上努力拼搏，全班同学各司其职，不仅取得总分第二名的好名次，还获得了"精神文明班"的称号。我用心、用情组织的这一次主题教育活动，终于取得了成效。

从上面的教育方式，我们可以看出：当每一个人都有了明确的奋斗目标时，就连最淘气的学生也会变得严肃起来、努力起来。

一个优秀的班主任要善于凝聚整个班级的力量，只有整个班级形成高度和谐的向上力量，班级才能得到充分的发展。我从学生书写的字体中指出团结一致对于班级的重要性，这符合学生的审美情趣，能够引起学生的共鸣。同时，热情洋溢的宣言和神圣的书写，更激发了学生心中的凝聚力，彰显了"团结、拼搏、向上"的班集体应有的风貌。

也许，这是每一个从事教育工作的人都会遇到的问题；也许，这只是我们漫长教师工作生涯中最微不足道的小事。但是我们应该在这样的一件件小事中反思自我，完善自我，那样我们的教育之路才会走得更远，更宽。

点评：班主任要善于凝聚一个班级的力量，凝聚班集体力量的方法技巧很多，其中能因地因人因事因时开展富有创造性的班会，这是一个优秀班主任聪明智慧和高超应变能力的良好体现。

（黄法强）

64　“差生”，成了我和同学们唯一倚重的人

廖志辉

在实习之前，我的习惯是对每个学生作一次详细的了解。从上一批电控实习老师那得知，小华是一个应该多加注意的学生；又从同学们那得知，他可以搞出很多事情来，同学们觉得他特有意思。

看来又是一个不好教育的角色。

在实习分组时，我特意安排他在靠前的机床上，以免离老师太远而疏于管制。

实习开始了！

不久，我又故意安排他做纪律委员，负责课前课后的学生排队、通知传达、纪律整顿等工作。问题就逐渐显露出来了：他不时这动一下，那推一下，但因自己是纪律委员，也不敢有大动作。我寻思着，如何才能让他将心思放在管理和学习之上呢？

我发现其实小华对技能还是很感兴趣的，只因长期缺乏管理，所以才找不到真正想要的东西。

于是，我决定将他作为技能操作的重点培养对象，从分析到工艺设定，从操作到编程，我都首先让他了解并尝试。想不到他悟性挺高，只要稍作点拨就可独立完成，而且兴趣越来越高，自己还开始设计一些图形，然后编程并加工出来。因为是课外的内容，我不作任何解释，全部由他自己完成。不久，他周围竟聚集了好几个对独立设计、编程、加工极有兴趣的同学。原来这个同学身上有这么大的能量！能独立设计、编程、加工不正是我们多少年来梦寐以求的教学效果吗？

小华同学的加工速度越来越快，加工质量也越来越好，协助老师管理也越来越积极了。他的能量有了释放的空间，做其他事情自然就没有心思了，违纪现象果然没出现过了。

随着学习进度的不断加快，单凭课堂上的时间已经无法满足同学们的胃口，于是我让小华将上课的例题和操作考试题全部发到他们的QQ群上，因为那是他们的世界，我不便进入。同学们利用课余时间仔细地分析我的例题，由小华

同学向全班同学解释，慢慢地这个班有了一个浓厚的学习氛围。

正是有了小华这位同学的“能量”，我可以从平时的纪律管理和重复的技能示范操作讲解中解放出来，仔细地考虑如何让同学们在较短的时间内掌握好知识和技能。经过不断的摸索和实践，我总结出“针对重点训练、重点考核、营造学技氛围、发挥学生的主观能动性、利用课后时间提高能力”的行之有效的方法。

一个问题学生，经过合理的诱导调整，成了同学们信任的朋友，成了老师各种日常事务的帮手！以后，每次在校园见到我，他那种尊敬的神情都溢于言表。

我很欣慰！

点评：加之以责任，让学生自律，这不失为一个好办法。但仅此还不够，还应让学生从实际行动中找到乐趣，只有这样，他才能真正学好！学生在得到教师的信任的同时，也受到感动，而教师的感动，更多的是因为学生做事态度的改变。

（边相君）

65　石头开花的奇迹

邓以琼

小丽是我们班品学兼优的学生，外表看起来文文静静的，但是她的脸上总有挥之不去的忧伤和孤愤，显得与周围的一切格格不入。我观察了她几天，决定先按兵不动，了解“军情”才是最关键的。

晚上我打电话去她家一问，才知道她本来是要报考普通高中的，以她的成绩上青云中学轻而易举，但是家里比较穷，父母供姐姐上大学以后就没有能力再供她上普通高中了，从她父母的口中我听得出他们深深的愧疚。我分析了一下，觉得小丽现在的心里有两个结：一个是觉得父母待她不公，能够供姐姐上大学却不供她上普通高中；另外一个是自己的抱负无法实现，现实与理想的落差太大。

了解了情况之后，我就开始了艰苦的攻心战。一天晚上，我把小丽叫去我的宿舍，准备好好和她谈谈。但是一开始小丽只是一个劲地哭，无论我说什么她都只是哭。半个小时过去了，一个小时过去了，我没有劝她，只是在旁边默默地看着。一个半小时之后，她慢慢止住了哭声，从牙缝里面挤出了几个字：“老师，我很想很想读大学，我恨我的父母。”看来，我没有想错，她的真实想法果真是这样子的。

我打开电脑，对小丽说：“在我这里休息一会，我们一起来看看《苹果树的故事》吧。”小丽点点头。

从前有一棵树，她好爱好爱一个小男孩，每天这个男孩子都会跑过来收集她的叶子，爬上她的树干，抓着树枝荡秋千，还坐在树上吃苹果……玩累了，男孩子就在她的树阴下睡觉。日子一天天地过去了，男孩子也慢慢地长大了。有一天，男孩来到树下，说：“我已经长大了，已经不是小孩子了，我不要爬树和玩耍了，我要买东西来玩，我要钱，你可以给我一些钱吗?”树说：“我没有钱，我只有树叶和苹果。孩子，你拿我的苹果到城里去卖吧，这样，你就会有钱了。”于是男孩子爬到了树上，摘下了她所有的苹果，把苹果通通带走了。有一天，男孩子已经长大成人，他对树说：“我想要一间房子取暖，我还想要妻子和小孩，所以我需要一间房子，你可以给我一间房子吗？”树对男人说：“孩子，我没有房子，森林就是我的房子，不过，你可以砍下我的树枝去盖房子，这样你有了房子，就可以和你的妻子孩子在一起，就会很快乐了。”很多年后的一个夏天，这个男人回来了，说：“我想要一条船，可以带我离开这里，你可以给我一条船吗？”大树看到男人不快乐，说：“那你砍下我的树干去造一条船吧！这样你就可以远航……”过了好久好久，那个男孩子又再回来了。树非常内疚地说：“我真希望我能给你什么……可是我什么也没有了，只剩下一块老树根了。我很抱歉……孩子。”男人说：“我现在只想要一个安静的、可以坐着休息的地方，我觉得好累好累。”男人坐在了树的身上，树好快乐。

看完这个故事之后，小丽有点迷惑地看着我，我趁机开导她：“苹果树就像我们的父母，当我们年幼的时候，我们喜欢跟爸爸妈妈一起玩，等我们长大了，我们就离开父母了，只有当我们需要或者遇到麻烦的时候才回到他们身边。无论怎样，父母都一直在那里，尽一切所能提供我们所需要的一切，只为我们快乐。”

小丽小声地说：“那个小男孩有点太残忍了。”

“你觉得故事里的小男孩对苹果树残忍，然而，我们许多人不正是这样对待我们的父母的吗？”

小丽慢慢地低下了头。

接下来的几天，我不断地向她的父母汇报她在学校的情况，并且要求她父母时时打电话关心她，同时，我还与她读大学的姐姐联系，让她多关心一下妹妹。

鉴于小丽现在孤僻的性格，我采取了书信方式与她交流。我在信里向她讲了父母的苦衷，讲了读大学不是唯一的出路，讲了父母和姐姐对她的关心，以及怎样融入同学当中去。慢慢地，小丽有所转变，紧闭的心门好像悄悄地开启了一条缝，我觉得看到一丝希望了，石头终于要慢慢地被暖热了。

接下来的一个学期，我都采用书信的形式了解她近期的思想状况和学习生活情况，她也在信里说了她对于有些事情的看法。这样，我们的交流越来越深，她也一天比一天开朗起来，对父母和姐姐的态度也好了很多。

在雅图仕实习的日子，她一直是我的重点关注对象。实习中，她的手指被机器打伤了，我细心地为她包扎，她扑到我的怀里大哭说离家太久很想念父母。每周一封的书信继续着……这天，我收到了她一封沾有斑斑泪迹的信，我知道，石头终将会开花，执著终究会创造奇迹！

现在的小丽是我班的学习标兵，每科的成绩都很好，在每次的班会活动课上都可以看见她踊跃地举手发言，听到她悠扬的歌声。毕业实习的时候因工作表现优秀，她多次被经理提名表扬。

我，终于看到了石头开花的奇迹。

点评：曾经读过这样一句话：“奇迹不是滴水穿石，奇迹是石头开花。”只要执著，人生的境遇也许就充满着奇迹！本故事，让人深刻领悟到“愿将心血化春雨，精心浇灌万朵花”的真谛。

（杨艳娟）

66 当学生实习情绪低落后

冯 坤

有时，或是简单的几句话，或是一个契机，或是一个温暖的微笑，都能够让孩子的心灵得到抚慰、得到理解，而这正是教育的魅力。但有的时候，教育却是一个长期的过程，作为教师，在教育学生的过程中，要懂得把握契机，读懂学生的表情、行为和心理，要让教育的实施犹如春风细雨一般沁入学生心田，让学生能够在理解和尊重当中得到切实的教育。

2008 年 5 月，满怀着期待与兴奋的心情，已经两个多月没有见到自己班学生的我，随同学校就业处的领导来到江门市的雅图仕有限公司，可是万万没有想到的是，在集合的时候却发现学生的精神很差，懒懒散散，许多人心不在焉，对学校领导、老师的慰问表现得毫无兴趣，我甚至还感受到了一丝冷漠！我心想：平时打电话聊天的时候还好好的，见面怎么反倒会这样呢？作为班主任，凭自己对学生的了解，我认为这并不是一个好兆头！

当天我便向实习带队老师，以及个别学生询问了学生在厂生活和工作的情况，主要涉及学生工作的环境、时间，学生业余生活的内容、作息，以及近期学生精神状态的表现情况等。从谈话中，我了解到，学生日常生活以及工作与上一次实习时没什么特别的不同，学生之中也没有发生什么不愉快或特别的事情。但是，在和学生谈话时，我感觉到学生在谈到实习带队老师的时候支支吾吾，这引起了我的注意。

我回忆起开学初的实习动员，当时学生还是比较兴奋的。学生实习期间，我基本上一周两次电话，联系几个班干部，了解学生工作和生活的情况，也没有什么特别的事情发生。

最终，我作出判断：就是因为没有什么特别的事情发生，同时因为孩子们是以学生的身份在厂里工作实习，长期枯燥无味的工作和生活导致他们对实习生活失去兴趣，每天漫无目的，得过且过，从而产生了负面的情绪。而且在这样的情况发生后，带队老师并没有足够重视，使学生的情绪进一步低落。为此，我采取了一系列的措施。第一步是在学生后阶段实习的过程中，联合驻厂老师加强对学生生活情况的跟踪和心理引导；通过几个表现乐观向上的学生，指导他们穿插在集体里帮助老师搜集“情报”，了解学生动态，并通过他们帮助引导学生；我也定期关注班级 Q 群动向，同时，调整与学生沟通谈话的方向，重点放在心理疏导和目的培养上。第二步是学生实习回来之后，开展以“家”为主题的班会活动，总结实习过程，郑重指出之前所发现的问题，引导学生热爱生活，学会享受生活，树立生活目标。为了让学生能做到，我也身体力行，在学生面前始终保持良好的状态，用健康、积极的形象做好表率；我还积极开展读书活动，推荐诸如《不抱怨的世界》、《爱的教育》、《心灵鸡汤》等书籍给学生，专门利用晚修课时间，与学生一起探讨如何在生活中寻找美好。

这个教育过程持续时间很长，可是效果却是显著的。2009 年上半年，在科龙集团实习过程中，学生表现得比以前更成熟稳重，在每天连续工作 15 个小时，并且整整一个多月没有休假、生活条件比较艰苦的情况下，最终有 10 人获得企业的表彰，而且在其他十几个学校实习生大幅辞职的情况下，我的学生，全体实习成员没有一个放弃。

就在这一刻，我感受到了教育的成功。

点评：见到事情的苗头，就能知道它的实质和发展趋势，从而果断地采取措施，这就是古人推崇的“见微知著”。在教育中，我们需要的正是这种防患于未然啊！

（何小毛）

67 尊严如金

李玲艳

那是八年前，我第一次当班主任的事。

记得那是星期五的中午，我们班的李莉告诉我说她在宿舍丢了100元钱。看到她泪水涟涟的样子，我心里也很难过。100元对学生来说算是一笔巨款。我急忙赶到宿舍去了解情况。通过了解，我知道她的钱一直放在宿舍的枕头里，早上上课前她看了还在里面，中午吃完饭回宿舍就发现不见了，而回宿舍的时候门锁是好好的，看来极有可能是“内部作案”。

对于这件事必须是快刀斩乱麻，今天必须要查清结果。时间一长就更无法解决。要不要搜宿舍呢？可钱又没什么记号，这么做有意义吗？

在我犹豫之时，同学们七嘴八舌地说肯定是李小玉，理由是她的家境不好，更重要的线索是第二节课的时候有人看见她回到宿舍。在了解来龙去脉之后，我便对宿舍同学讲：“没有证据，不得随便猜测，更不能因为她家里经济条件不好而产生这种怀疑。”

等到宿舍所有的同学都回来之后，我当着他们的面宣布了宿舍丢钱的事，并仔细地观察着每个人的表情。我清楚地看到李小玉同学的脸色确实是有变化的。在那一刻我有直接指认李小玉的冲动，可转念一想，如果真是这样的话，她可能一辈子都要背上“小偷”这个恶名了，这让她以后如何与其他同学相处？

给她一次机会——我急中生智，对丢钱的同学说：“是不是你记错了放钱的地方了，比如枕头下面。”然后我让宿舍每个同学单独待在宿舍两分钟，用这两分钟把自己所知道的真实的情况写在纸条上放入信封里（不署名），并对同学们说：“和老师说真话，老师还是一样地信任你。”等到最后一个同学出来后，我让丢钱的同学再去看看，钱果然就在枕头那里了。

我欣喜地对李莉说：“你看，真是你记错地方了吧！”宿舍的同学也很开心。我的心里更是欣慰：偷钱的同学认识到错误了，她主动把钱还上来了。

但是，从信封里我能不能得到我所要的结果，偷钱的同学能否真正地觉悟，承认自己的错误呢？拿到纸条后的我更是被巨大的成功感给包围了！她在纸条上写道："老师，真是对不起，我错了，也谢谢您！"我找到了作为老师才能体会到的成就感和幸福。

事后，我专门找了个时间和她聊，了解到平时宿舍的同学经常因为她的家境不好而嘲笑她，那天中午李莉还当着她的面说她是乡巴佬，气愤的她就想用这种方式报复她。

经过一番开导，她也从根本上认识到自己的问题，班级宿舍再也没有出现过失窃的现象。

后来，我在班级召开"贫富——金钱或精神"的班会，倡导同学们以精神来判断一个人的贫富，而不是金钱。

三年后，李玉考上了华北师大，在毕业留言册上，她对我说："老师，对那件事我现在还心存愧疚，但真的谢谢您保护了我的尊严！"

人的尊严如金，我们应当保护它，因为它会对人的一生产生无法估量的作用。

点评：学生易冲动，不计后果，常常做出一些不理智的事。善于处理，教育和引导好学生，特别是保护好学生的自尊，不失为好的教育方法。

（刘作武）

68 另一种地狱

刘金华

班上有个学生，他父亲开了一间机械厂，家中资产上千万，生活条件优越，父母为他包揽了一切。尽管他非常聪明，可是好吃懒做，班上的卫生从不动手，学习也不上进，得过且过。我知道这一切的症结就在于他的家庭。

一天在公交车站我看见了他，就走上前去很随便地问道："怎么家里的车没来，要体验平民生活吗?"他一笑："哪里，我从来都是坐公交，早习惯了!"我惊奇地望着他，说道："真没想到你每天都能坚持坐公交，真佩服你!"他不好意思地笑了，显然他放松了对我的戒备。碰着这种情形我灵机一动，说道："既然公交还没到，我给你讲一个故事吧。"他不敢相信地说："好啊，省得我无聊了!"

于是我讲道：有一个人死后，在去阎罗殿的路上，看到一座金碧辉煌的宫殿。宫殿主人请他留下来。这个人说："我在人间辛苦了一辈子，我现在只想吃只想睡，我讨厌工作。"

主人答道："好极了！这里有山珍海味，有舒适的床铺，吃睡随意，没人阻拦，而且，我保证无任何事情要你做。"这人高兴地住下了。

起初，他感到很快乐。渐渐地，他觉得有点寂寞、空虚，于是去见宫殿的主人，抱怨道："这样的日子过久了也没意思，我现在是脑满肠肥了，对这种生活我已经没一点兴趣了。你能不能为我找一份工作。"宫殿的主人答道："抱歉，我这里从来就不曾有工作。"

又过了几个月，他实在忍不住了，又去见宫殿的主人："这种日子我实在受不了了，如果你不给我工作，我宁愿下地狱，也不住这儿了。"

宫殿主人轻蔑地笑了："你以为这里是天堂？这里本来就是地狱啊!"

听到这里，他心领神会，主动说："我知道老师的意思了，安逸的生活原来也是一种地狱啊!"

"说得好!"我因势利导，"这种地狱虽然没有刀山可上，没有火海可下，没有油锅可赴，可它能渐渐地毁灭你的理想，腐蚀你的心灵，甚至可以让你变成一具行尸走肉。其实无所事事也是一种空虚的痛苦，日理万机有时也是一种充实的幸福。生于忧患，死于安乐，你看你的父母，钱多得早就花不完了，还在拼命做事，为什么？为了自己的生命力。”

正说到这，公交来了，我关切地说道：“公交来了，快上车吧，注意安全！”他才恍然大悟：“老师，您是特意来车站为我讲这个故事的吧。”

望着逐渐远去的公共汽车，我想明天一定会更好！

第二天，正好星期五，也正好是他值日的一天。我早早地进入教室，希望映入眼帘的是一个正在做值日的他，可教室空无一人。时间滴答滴答地过去……同学们陆陆续续上学了。7 点 25 分，他，终于出现了，像往常一样睡眼惺忪走进了教室，猛然抬头看见站在讲台上的我，马上非常绅士地向我打了声招呼：“刘老师，早！”这倒是平时不常见的。我也礼貌地向他道了声：“早啊！”而他呢，又像往常一样一屁股坐在自己的座位上，似乎没意识到自己要值日这一事，毫无反省的意思。我有点失望，难道昨天的故事白讲了吗？走到公布栏前，我若无其事地问道：“今天谁值日啊？”坐在下面的他立刻愣了一下，然后不好意思地说道：“是我！”如果是以往的话，他肯定是佯装不知。今天竟然坦白了，有进步！他马上拿起抹布先擦了擦窗台，再擦了擦黑板，然后擦了擦栏杆，最后拖了拖地板，虽然整个过程他没有清洗过一遍抹布，没有换洗过一次拖把，但这次确确实实是他一个人独立地做完了自己该做的事情，有进步！

渐渐地，他不再偷懒，只要轮到他值日，他都非常积极，从被动到主动，从马虎到认真，从该他做的到不该他做的，简直是判若两人。渐渐地，他不再贪图享乐，只要有爱心捐款，他必定争先恐后，记得在一次为地震灾区捐款活动中，他捐出了自己 200 元的利是钱。渐渐地，他不再不思进取，课堂上他积极发言，成绩突飞猛进，期中考试成绩从全班倒数第 5 名直线上升为第 13 名。

之后，他每遇到我，就问：“老师，您今天准备给我讲什么故事呢？您讲的故事是全世界最有深度的故事。”

在一次家访中，他父亲问我：“刘老师，你使了什么魔法让这小子脱胎换骨的？”他连忙抢着说：“这是一个秘密。”

是的，这是我和他之间的秘密，一个故事的奇效秘密。

点评：要改变一个学生，往往不是靠教师的长篇说教，也不是靠家长挥舞的大棒。抓住机会，有时一个小小的故事，却能起到事半功倍的效果，这也是一种教育的智慧。

（何小毛）

69 换位思考，润物无声

黄清海

记得一位班主任曾说过这样一段话："有班主任在，学生能做好，这个班主任基本合格；班主任不在，学生能做好，这个班主任很优秀；可是，如果班主任在，学生仍不能做好，那么这个班主任无疑是失败的。"我信奉这段话，因为班主任是一个班的灵魂——班主任不经意的一句话，可能会影响到学生的一生；无意间的一个动作，一个决定，也许能让一件棘手的事情"扭转乾坤"。

那是 2008 年 4 月的一天下午，放学后，我像往常一样到教室里走走。奇怪了，平常敞开的窗帘这时却拉得严严密密，一定有蹊跷。我轻轻地走到窗边，静静地听，果然里面传来阵阵喧哗声，我"刷"一声拉开窗帘，有三位同学在打扑克牌，看到我，正慌乱地收拾。眼前的一幕令我火冒三丈，"真是无法无天，你们三个在干什么！"三个学生紧张得没有一个人回答，我强压自己的火气，没有冲进教室去。我看了看那三个学生，淡淡地说了一句："你们三个跟我来。"

走向办公室的路上，我脑子里不停在思考着待会该如何跟他们说，我不断地调整自己的情绪。但是当他们进入办公室，脸上还带着满不在乎的表情时，我的火气又开始往上升。

特别是其中一名同学，歪着脖子，拉长了脸，那难看的脸色分明表明，他极不情愿来办公室，而且是想跟我对着干。我差一点就吼出来：你这是什么态度！连最起码的礼貌都不懂。但以前对此学生的家访情况浮现在我的眼前——这位学生脾气很暴躁，"吃软不吃硬"。我再次把火气硬生生地压了下去。

于是我亲自搬了几张凳子放在他们面前，请他们坐下。他们坐下后开始有点儿不好意思了。我说："你们三个先好好想一下，然后把情况仔细跟我说清楚。"在接下来的十几分钟里，他们都低着头一声不吭。

再这样下去不是办法，我率先打破了僵局："我们客观地来聊一下打牌这件事，如果你们觉得有什么委屈的话，也可以说说你们的看法。"他们都不好意思地看着我，慢慢低下了头，但还是一声不吭。"今天我的运气怎么这么背呢？碰到的学生都'闭关'了，什么都听不进，什么都说不出了。"那几个学生想笑，却不敢笑出来。气氛就这样缓和下来了。我又接着说："其实打牌是一种智力游戏，我也喜欢打牌，我们许多老师都是牌坛高手，你们知道扑克牌的精髓在哪里吗？"三个学生都好奇地抬起了头，也许从来没有老师这样跟他们谈过牌，"你们有没有看见过老师上班期间打牌的？都快高三了，还被叫到办公室接受批评，是不是觉得挺难堪的？"这时，他们都不约而同地点点头。毕竟，他们也不想"出名"。

最后我才说："一般玩牌的人，思维都很好，数学一定不差，我可是数学老师，希望今后你们在数学上能取得好成绩，到放假时我们举行一个班级扑克牌对抗赛，一决高下！不过老师有一个前提，希望你们能成为班上的文明大使，帮老师监督说服其他同学，杜绝类似的情况。"

他们的眼睛一下子亮了，从来没想到事情就这样解决了，有些疑惑地望着我。我郑重地点点头，他们如释重负地松了一口气，脸上的表情平静下来了，就连那个歪着脑袋的家伙脸色也好转了。

一天以后，我收到那三位学生主动交来的保证书。从此以后班上再也没有发生过类似的事情，那三名学生成了我的得力助手。

通过这件事，我觉得批评学生不应把他们放在对立面上，而应以平等、尊重的态度使得师生间平起平坐，平等地交换意见。

的确，在学校这个特定的环境里，他们不能打牌，但若能从学生的角度考虑问题，不粗暴地批评，而是温和地劝阻，就能够让学生感受到老师的人情味，明白老师是讲道理的，在感到了自己被尊重的同时，也会心服口服地承认错误。

点评：将心比心，从尊重学生、换位思考的角度出发去解决学生突发的教育问题，学生在接受老师的同时，也认识到自己的错误，达到知情意行的全面转变。

（李　丹）

70 用故事陪伴学生成长

尹志群

2009年高考的硝烟还未消尽，2010年高考筹备的战鼓就已经敲响。这届高职高考班是普通中学扩招后的第一届，如何让这一群原本已没有希望升大学的学生鼓起勇气、振奋起斗志全心全意投入到艰辛的高考复习中是摆在每一个高三老师面前的一道难题。我想单纯地讲道理肯定无法收到良好的效果，倒不如让学生自己思考。于是我选择用故事伴随学生一路走向高考——

9月1日 高考倒计时279天

四个班第一次集会，面对163个学生或期待或彷徨的眼神，我选择了《雄鹰再生》这个故事。我首先问大家有没有人知道，一只鹰大约能活多少年，同学们都好奇地摇头。于是我开始讲：

"鹰是世界上寿命最长的鸟类，一只鹰有70年的寿命，可是要活那么久，它在40岁时必须作出一个艰难却重要的决定——因为在它们40岁的时候，喙已经变得又长又弯，爪子老化硬钝，羽毛干涩无光，已不太能捕捉到食物了，甚至连飞翔也很吃力，此时，它有两种选择：等死，或经过一个痛苦的蜕变过程。它必须努力地飞到山顶，在高兀的悬崖上筑巢，停留在那里，不能飞翔。首先它得用它的喙击打坚硬的岩石，直到满嘴是血，喙完全脱落，然后静静地等候新的喙长出来，再用新长出的喙把老化的趾甲一根一根地拔出来，鲜血又一次染红了山崖。当新的趾甲长出来后，再努力地把又浓又厚的羽毛一根一根地拔掉，血再一次渗透了全身……5个月以后，新的羽毛长出来，鹰再一次成为天空的霸主，它又可以在自己的天空自由翱翔30年。"

故事讲完了，教室里一片安静，我知道同学们已经深深被故事吸引住了。我接着问大家听完这个故事的感受和启发，一个同学回答道："鹰尚且能为了30年的重生忍受巨大的痛苦，我们在学习中遇到的困难和挫折又算得了什么。"与会的老师们都欣慰地点点头，我趁热打铁地说道："在我们的生命中，有时候我们也必须作出困难的决定，开始一个更新的过程，正像我们的高考备考，我们现在就要严格要求自己，必须把懒散的、不利于学习的习惯统统改掉，这样我们才可以重新飞翔。”同学们坚定的眼神告诉我，这一届有希望！

12月24日　高考倒计时174天

开学至今，已经有三个多月了，这一阶段可以称为“复习的初始阶段”，也是真正意义上的高三的开始。经过年级组、班主任、任课老师的动员，全体同学都达成了共识：谁都有机会，谁都可以创造奇迹，每位同学都充满了希望。所以，在这三个多月里，同学们都很快进入状态，迸发出少有的激情，迅速掀起了复习的第一个高潮。如今三个月弹指一挥间，开始的激情慢慢地消退，出现了一些和复习主旋律不和谐的状况。学习好一些的同学开始产生浮躁心理；学习差一些的同学受到月考的打击，开始怀疑自己的能力；部分同学上课无精打采，总感到老师的复习不起作用，低下头自己干自己的事情，或者是寄希望于课后“请教”同学，作业不做，或者感到很容易而不屑去做；还有一部分同学丧失信心，恢复到第一轮复习前的状态，如此等等，都标志着这一轮复习进入了“相持阶段”。

为了彻底改变这一状况，我们召开了“高三，朝着目标奔跑”的主题集会，这一次我选择了奥运英雄——坦桑尼亚的运动员约翰·阿赫瓦里的故事。我先展现了一幅黑人运动员跑步的相片，问大家是否认识他，和我预料一样，没有人认识他。于是我告诉大家他就是奥运史上倒数第一的奥运英雄，接着我开始讲述他的故事：

1968年第19届奥运会在墨西哥城举行。10月20日的马拉松比赛因天气影响，参赛选手成绩平平。颁奖仪式结束一个多小时后，天色渐晚，记者们已陆续离开，组委会通知沿途工作站撤离。这时他们得知了一个惊人消息，有人还在跑，还在继续比赛。这个还在跑的选手就是阿赫瓦里。其实，他在跑出不到5公里后因碰撞而摔倒，膝盖受伤，肩部脱臼，但他并未就此退出，而是一瘸一拐地继续向终点跑去。渐渐地，所有选手都将他远远甩在身后；渐渐地，围拢在街道两侧打气助威的人群也都散尽。天色也越来越暗，只有阿赫瓦里本人还在坚定地跑着，因为他觉得，自己的比赛远未结束。天色已全黑，阿赫瓦里仍在继续着。由于剧痛，他的“跑”比寻常人走路还要慢，他的膝盖不停地流淌着鲜血，嘴角也痛苦地抽搐。不知什么时候，他的身边出现了一名记者，这位记者不解地问，为什么明知毫无胜算，还要拼命跑下去？阿赫瓦里显然毫无准备，他默默地又“跑”了好一会儿，才突然坚定地答道：“我的祖国从7 000英里的远方把我送到这里，不是让我开始比赛，而是让我完成比赛。”被深深感动的记者立刻把稿件发回奥林匹克新闻中心，阿赫瓦里的名言不一会就通过广播回荡在墨西哥城这座世界上人口最多的城市的上空，许多本已回家的市民纷纷赶到路边，为这位勇敢的选手助威、欢呼，在观众的鼓励下，阿赫瓦里拖着伤腿，顶着“满天星星”，“跑”入了专门为他打开灯光的阿兹特克体育场，几乎是一码一码地跨过了终点线。这一幕成为奥运历史上最伟大的经典场景之一，阿赫瓦里被当作英雄般簇拥着，受到了远比冠军更隆重的礼遇，他的名字也被镌刻在奥林匹克名人录里。当时，工作人员因为激动，忘了计算他的成绩，只知道他是第57名——共有57人完成了比赛，有18人在中途退出。

教室内不少低垂的头抬了起来，我停顿了一会，问道：是什么支撑着他完成全程？是什么能产生这样伟大而坚定的信念？整齐的声音回荡在教室：“我的祖国从7 000英里的远方把我送到这里，不是让我开始比赛，而是让我完成比赛。”“那么我们呢？我们的父母把我们送到这里，难道仅仅是让我们感受一番高三的生活吗？”“不！我们坐在高三的教室里，不是为了开始高三生活，而是要参加高考，胜利归来！”听到这样响亮的回答，我知道我不用再说什么了。

2月5日　高考倒计时122天

要放假了，但这个寒假对于广大高三学生而言，非同寻常。因为寒假结束后，就意味着离高考没几天了，因此这个寒假不可能再像以前那样过了。那应该做些什么，以便更好地迎接下一阶段的复习呢？要抱着怎样的心态才能过一个真正意义上的高三寒假呢？

假期前的会议上，我先出了一道心理测试题，让学生明白要做一个劳逸结合型的人，玩中有学，学中有玩，不要因为玩乐而耽误学习，也不能因为学习而影响休息。接着我又开始了故事的讲述：

他是一个冷酷无情的人，嗜酒如命且毒瘾甚深，有好几次差点把命都给送了，后来就因为在酒吧里看一位酒保不顺眼而犯下杀人罪，被判终身监禁。他有两个儿子，年龄相差才一岁。多年后，其中一个跟他老爸一样也染上了很重的毒瘾，靠偷窃和勒索为生，后来也因犯了杀人罪而坐牢。另外一个儿子可不一样，他担任一家大企业的分公司经理，有美满的婚姻，有可爱的孩子，既不喝酒也不吸毒。

为什么拥有同一个父亲，在完全相同的环境下长大，两个人却会有不同的命运？有人问起造成他们现状的原因，两人竟然是相同的答案：“有这样的老子，我还能有什么办法？”

讲到这里，我注意到许多学生若有所思的眼神，停了一会我接着讲道：我们经常以为一个人的成就深受环境的影响，有什么样的遭遇就有什么样的人生。这实在是再荒谬不过了，其实影响我们人生的绝不是环境，也绝不是遭遇，而是得看我们对这一切持什么样的信念。人生到底是喜剧收场还是悲剧落幕，全在于这个人到底持的是什么样的信念。要想创造奇迹，关键在于改变人思维的方式：将否定式的疑问——“怎么可能”，变为积极性的提问——“怎样才能”！

我相信，这个寒假同学们一定会有一个属于自己的寒假规划。

6 月 4 日　高考倒计时 3 天

世界杯，每一个球队都在为梦想而战；高考，我们每一个学子也都在为梦想而战。一年的努力，一年的等待，青春的梦想如何面对，尤其是在抬起脚准备射门的时刻？

在“我的高考我的世界杯”最后一次主题集会上，我将故事讲述进行到底，为了调整同学们高考的心态，我一口气选择了三个小故事，“秀才赶考”告诉大家要“积极乐观，相信自己”；“李广射箭”提示大家“挖掘潜力，超越自我”；“杨格卖果”则提醒大家“冷静思考，以巧取胜”。

美丽的风景永远在路上，伴随着高考的步伐，一个一个小故事也伴随着同学们踏踏实实走好每一步，其实，教育者面对受教育者只要以平常的心态，就一定会发现方法总比问题多。

点评：作为学生的引路人，运用刻板的说教还是灵活的方法，教育的效果大相径庭，只有真正用心才能引导学生走向成长、成熟、成才。

（何佩仪）

71 老师，相信我，这次我能处理好

黄法强

开学第七周，我们班实习，实习老师郑老师以前没有上过我们班的课。

第七周周二上午第一节刚下课，郑老师就打电话来说班中小升无故闹情绪，拒绝完成实习科目，批评几句后，就摔门出去，不见人影了，希望我帮忙寻找并教育。我立即拨通小升的电话，问他现在在哪里，他说在小卖部吃东西。我一听就火了，但多年的班主任工作经历让我及时地控制住了情绪，我忍住火气，用平静的语气说："你现在过来办公室一趟吧。"他没反对。

放下电话，我的脑海飞速运转——过去几个学期，这小子已经N次在实习期间跟科任老师发生冲突了，可谓是屡教屡犯。按照经验，强攻是不可能的了，只会将问题搞僵，这次该怎么处理呢？我一时还没招。

正思考着，他来了，依然是一副无所谓的样子。我原本压制的火气刚要往上冲，可待他走近些，我却忍不住笑了——他的嘴角还沾着面包牛奶的痕迹，人有些气喘。他见我笑，很奇怪，问我怎么笑了。我不语，只是随手拿了张纸巾给他，说先抹抹嘴吧。他明白后，也笑了。见这情形，我脑海中灵光一闪，想起了陶行知先生四块糖的故事——有主意了！

于是，我搬了张凳子，示意他坐下，然后装着不知情，很平静地问他怎么上课时间跑去吃东西。他见我没发火，语气也平和，就吸了口气，不好意思地说："我……我又犯错了。"我装着很吃惊："怎么了，你？"他惊讶了："实习老师没跟您说吗？"我明知故问："发生什么事了，说来听听。"他挠挠头："嘿，又是牛脾气一下子控制不住，顶撞老师了。老师批评我，当时觉得很不爽，就跑出去了。之后到操场遛了个圈，正担心着您知道，不知该怎么办。"我心想：呵，还挺老实嘛！态度不错。我假装恍然大悟："呵，原来是这样。那现在心情好了吗？"他说好多了。这时我的声音变得有些严肃了："你说这是第几次了，还想继续回去上课吗？"他有点急了，说："当然！我知错了。可是我担心……"我明白他的意思，摆摆手："不急，你先回教室坐坐，好好想想该怎么做吧。"

小升走后，我跟郑老师说了他刚才的情况，并对他的性格脾气和以往实习的表现作了简单说明，然后代小升说情："是否可以先让他冷静一节课，之后再让他作出检讨，如态度好就让他继续实习吧。"郑老师答应了。

过了半个小时，我再去教室，见小升没有闲着，正在写东西。我奇怪，问他写什么，他说写检讨，待会要跟老师认个错，他不想浪费宝贵的实习机会。我笑了，说："呵，真的知道怎么做啦，聪明！那还要我陪你过去吗?"他挺了挺胸，说："老师，相信我，这次我能处理好的。"

事后我了解到，郑老师看见小升能主动诚恳地道歉，也没有多说什么，只是鼓励他要抓紧时间弥补落下的实习内容。接下来的实习，小升表现很好，没有再发生类似的情况，技能水平提高很快，还成了郑老师的小助手，受到了表扬。

作为老师，在一线教学中，总有一些所谓的"差生"，会让你头疼心烦。其实，那些"差生"内心深处同样也渴望你的关心、爱护和理解，所以在处理与他们之间的矛盾时，我们更需要多一些耐心和爱心，也许你一些细微的举动，就会触动他们的心灵，化解一些本可以避免的冲突！

点评：细微之处见真情，细微之处有触动。只有你和学生真的沟通了、理解了，你的教育才能达到意想不到的效果！

（袁昌红）

72 退一步海阔天空

周武英

一天上午，我刚上完课，走到办公室想坐下来休息一下，这时，我的手机响了。一看是男生宿舍管理员打来的，我的心一沉，不知又有什么事发生了。自从当了班主任，我的神经绷得很紧，整天都提心吊胆，就怕出事。我最怕听到电话铃响，不知又有什么麻烦事出现了。

“喂？你好！有什么事吗？”我故作镇静地接起了电话。

“周老师，你们班小饶没有一点礼貌，气焰好嚣张，不服管教……”

果然是告状的，我的心跳加速了，到底发生了什么事？

我从宿舍管理员愤怒的语气中了解到，今天轮到小饶打扫宿舍卫生了，但管理员检查时，发现垃圾篓里还有垃圾没有完全倒掉，地面也不是很干净，于是把他叫回宿舍要他重新打扫，但是他坚决不听从宿舍管理员的吩咐，与管理员发生了激烈的争论。他认为自己走前已经打扫干净，垃圾是他去了教室后，宿舍其他同学再倒进去的，责任不在他，所以他不服从。而宿舍管理员认为不管学生是否曾经打扫过，检查时是脏的，就必须重新打扫，而小饶死活不服从安排。

我非常了解小饶。他妈妈在医院工作，爸爸做生意，很少管他，所以他比较独立，也很有主见，胆子大，天不怕地不怕，得理不饶人，仗着他爸爸的关系网，动不动就要上告，我已不是第一次听到有人告他的状了，但他并不是一个不讲道理的人。

记得有一天晚自习之后，他想回家，被门卫拦住了，叫他出示请假单，他以另一个同学没有出示却被放行为由，认为是门卫故意刁难他，就与所有的门卫进行理论。回家后，又打电话向我要门卫的名字，说要上告。当时我上完晚自习，还在回家的路上，弄清原委后，我耐心地跟他讲道理，说服了他，让他放弃了上告的想法。

如今，又发生了类似的事情，我决定先与他聊聊。

“老师，我没错，我打扫干净了，也倒了垃圾。是其他人破坏了，为什么叫我重扫，而不去找破坏的人承担责任？这显然是没有道理的，所以我不服。我要上课，你又不准我迟到，我不可能等到管理员检查完才走，因为他要等我们上晚休后才检查。”刚一见面，眉头紧锁的他，就满腹委屈地向我抱怨。

我没有责怪他，而是肯定他所说的话，并且表扬他守时守信，遵守学校的考勤制度。我只给他讲了一个故事：

一天，在一条一次只容得下一辆车通过的小路上，有两位司机各自驾驶着自己的车相向而行，眼看着要相撞了，怎么办？幸亏他们的身后都有一块供会车用的宽地，但距离相似，谁也不愿意倒车让对方先走，因为他们认为谁让谁就没面子，为了争面子，谁也不肯退让。于是僵持不下，互相指责，甚至大打出手，后面的车也越来越多。后来有人报了警，交警费了半天劲才疏通道路，两位司机也被带到警察局进行教育。

随后，我问道：“你说这两方谁对谁错？”

“好像都有错。”

“那你认为谁先走？”

“好像谁都可以先走。”

“那你的意思是谁也不要让，他们都是对的啦。”

“不是。”

“那如果你是那两位司机中的一员，你也会这样吗？”

“不会。”

“为什么？”

“因为我不想堵车。”

“那你认为怎样做才是最佳的解决方法？”

“互相让一步，让对方先走。”

“那你和宿舍管理员争吵有用吗？你们两个说的好像都有理。”

听到这里，他笑了，紧锁的眉头展开了。

通过我的引导，他明白了：即使有理，有时也要互相谦让，退一步海阔天空。

他答应向宿舍管理员道歉。后来，小饶告诉我，道歉后，宿舍管理员不但原谅了他，并且表扬了他勇于承认错误，任命他为宿舍长。

点评：教育学生学会沟通，学会礼让，懂得退一步海阔天空。教会他们做人的道理，这就是教育的成功。

（刘作武）

73 精诚所至，金石为开

马敏丽

接手机电 081 班的时候，最让我头疼的是小军。他是一个性格外向、好耍小聪明的男生，但对英语没有一点兴趣，一上英语课就无精打采、心不在焉，要么搞小动作，自娱自乐；要么找人说话，影响别人学习。而下课铃一响就生龙活虎追逐打闹，闹得整个教室和整条廊道都不得安宁。高三班级重组编到了我班后，他对我这个英语老师存有严重的戒心，采取了“敬而远之”的对策。

为了小军也为了全班，我多次找小军谈话。谈话之时，无论我对他提出什么要求，他都答应得非常爽快。可是每次谈话后，他行动上却一如既往，毫无改变，真是“承认错误，坚决不改”。见他屡教不改，我的心都凉透了，也曾想打退堂鼓：算了吧，或许他本来就是根“不可雕的朽木”。但不服输的我转念又一想：身为该班的英语老师，我不能因一点困难就退缩，我应该想办法把他引上学习的正道。

鉴于小军喜欢在课堂上讲怪话，我不失时机地对他加以纠正引导。记得有一次，我们学习“look after my dog”时，他又故伎重演，讲一些怪话来引起同学们的注意，并且还惟妙惟肖地发出狗叫的声音。全班同学哄堂大笑，严肃的课堂顿时混乱起来。我正准备以扰乱课堂之罪大声训斥小军的时候，无意间捕捉到了他的眼神，我突然意识到如果此时当众批评他，可能会挫伤他的自尊心，也愈加打击他学英语的积极性，他会更仇视我，其他学生也不一定认可我的做法。于是我灵机一动，迅速调整了自己的情绪，顺势对全班同学问道：“Can you guess what animal it is?”“A dog.”学生大声地回答。于是，教室里又恢复了平静。

为了让学生们明白课堂不允许随便插话，接下来我给他们讲了苏轼与佛印斗佛的故事。讲到苏轼说看佛印像一堆牛屎的时候，我问学生他们两个谁占便宜了，很多学生支持苏轼。于是我接着往下讲，苏轼兴高采烈地回家告诉苏小妹，他赢了佛印，却被苏小妹批评了一顿，说他输得很惨，我问学生为什么苏小妹说苏轼输了，学生们一片茫然。大家久久思考不得之时，我抛出了答案：心中有佛，看别人是佛；心中有牛屎，看别人就是牛屎。小军先是和大家一样哈哈大笑，继而陷入深深的沉思。我顺势引导，继续说道："言为心声，说什么话表明你是什么样的人，千万不要让你的语言出卖你的人格。"之后，课堂愈加有序。

自此之后，小军逐渐变得乖巧听话，不良的习惯有所收敛，学习和纪律取得了明显进步。而每次当他有一点点进步时，我就及时给予表扬、激励，使他时时处处感受到老师的关心鼓励。他也逐渐明白了做人的道理，明确了学习的目标，端正了学习的态度。他在英语课堂上捣乱的次数越来越少，学习英语的态度也发生了明显的变化。为了进一步激励他，我特意提拔他当英语学习小组的组长。小军本来就聪明灵活且鼓动性强，当上英语学习小组的组长后，在他的带领下，该组的同学也变得异常活跃勤于思考。为此，他们小组多次被评为班里的优秀小组。

我还在班里不断地给小军树立威信。每次月考的班级英语总结会上，除了安排优生发言以外，我还用心良苦地安排小军发言：一方面有"赶鸭子上架"的意味，让他在同学们面前大胆表现；另一方面提供了让小军在班里树立威信的机会。由于小军有亲身体会，他的发言在同学们心中引起强烈的共鸣，大家把最热烈的掌声都给了他。

此后，小军进步非常快，从第一次月考的 165 名一直上升到前 100 名，几乎一步一个台阶。他的点滴进步让我想起了苏霍姆林斯基说过的一句话："任何一种教育现象，学生们在其中越少感觉到教育者的意图，他的教育效果就越大。"我想，如果我们的学生存在着一些不良习惯，我们老师就应该做一个点灯的人，善于换一种情境、换一种方法，甚至换一种理念，从而使我们的教育教学深深吸引每一位学生，让学生们沉浸其中，得到润泽、滋养，让他们以本真的方式去思考、去行动，不断地自我批判，从而实现精神世界的敞亮与舒展。

从小军的成长中，我对教育也有了更新的认识：教师要爱学生，应在无私奉献、真诚、耐心的前提下，想方设法为每一位学生考虑，这样才能与学生达到感情上的和谐共振，才能够使学生不断地进步。

点评：教育需要爱，教师要爱每一个学生，无论聪明与否。没有爱，我们将变得冷漠和被动，难以发现和体味到教育世界的多彩和感动。教育还需要智慧，一个智慧的教师不仅关注学生的智力，更关注学生的情感。没有了智慧，我们就缺乏透过琐屑与繁杂洞察精深与微妙的能力。

（尹志群）

74 理解是桥 宽容为怀

李 华

今夜，我无法入眠。我孤独地坐在窗前，白天的喧闹声在我耳际渐渐隐退。此刻，窗外淅淅沥沥地下着细雨，雨点轻轻地敲打着我的记忆。

也是在这样一个细雨蒙蒙的季节里，新学期开始了，我换到一个新班任教。班上的 A 是众所周知的“娇娇小姐”。由于家庭条件优越，A 从小就要风得风，要雨得雨，在班上更是肆无忌惮，随心所欲，考试成绩经常一塌糊涂。经过一段时间的观察之后，我发现她根本就无法集中精力好好学习，也从未为自己的前途而担心过，缺乏奋斗的动力，因为家里已经为她准备好一切了。这种散漫的态度对其他同学造成极其恶劣的影响，我下决心只要逮着机会就要好好地“修理”她一下。

一天下午，同学们刚刚上完体育课，紧接着就是我的课。我一进入教室，就听到班上的喷嚏、咳嗽声此起彼伏。时下正值春夏之交，又逢“甲流”的高发期，然而天花板上的几台大风扇却被开到最强的一档，我马上命令学生把风扇关掉，把教室两边的窗户打开通风，并说如果还觉得热的话就把外套脱掉，穿里面的短袖 T 恤。其他同学一一照办，只有 A 坐在位置上无动于衷，风扇照开，外套不脱。我当时看着她头顶上的风扇呼呼地转，心里的气就不打一处来了，这不明摆着要大家加速感冒吗？当时我二话不说，“啪”的一声就把她头顶的那台风扇关了。

“老师，我很热啊，你能不能不关我这边的风扇啊？”

“不行，刚刚下体育课，一吹就感冒了。你觉得热就脱外套！其他同学都穿短袖衬衫呢！”

“是你有问题吧？我觉得很热呢，连风扇都不准开，没见过你这样的老师，一点人性都没有！”

“我不是为了大家的健康着想吗？你刚才说什么？你再说一遍！自己说热，又不脱掉外套，不知道谁有问题呢？”

旁边的同学看着不对劲了，居然也帮她求情：“老师，您就打开她那边的风扇吧，我们可以再穿回外套的。”

这时已经上课五分钟了，班上的学生开始骚动起来。我心中又气又恼，控制不住自己的怒火，便不分青红皂白，当着全班同学对 A 大加训斥：“说了不行就不行，你怎么可以这么自私，光顾自己舒服，不顾其他人的健康！万一‘甲流’爆发，谁负责？是不是你负责啊？我们不能因为一个同学而毁了全班人的利益！”全班顿时一片寂静，空气也似乎凝滞了，五十多双眼睛盯着我。A 当时对我大吼一声，拍案而起号啕大哭，紧接着冲出教室。事后，我才从其他同学的口中了解到，原来她自小就患有一种家族遗传的皮肤病，只要稍稍一热皮肤就马上过敏，而且她现在正有过敏的倾向，不能穿短袖衬衫。

晚上，我辗转反侧，难以入睡，眼前总浮现出白天争吵的情景。“老师，你这次真的错怪她了！”同学们的话一直回响在我的耳边。我意识到自己错怪了她，怎么办？向她认错吧，我的脸面和威严何在？不认错吧，她会永远痛恨我，我也会永远受到良心的谴责。

第二天回到班里，我发现原来一直有说有笑的 A 一见到我，马上就变脸，一上我的课就无精打采，趴在桌子上。她笔记不抄，作业也不做了。

经过激烈的思想斗争，我先在班上当着同学的面向她表示我的歉意。然后，我开始有意识地交给她一些任务，例如，让她利用课后的时间在家里帮我把一些习题集输入计算机，或者尝试把习题集重新组合成课堂小测练习。记得卡耐基曾经说过：“使一个人发挥最大的能力的方法就是赞扬和鼓励。”从此，在我的课堂上她总能跟着我的步伐，认真地完成任务，而我也适时地加以表扬和鼓励。我惊喜地发现，她变了，课堂上思维特别活跃，听课也格外专注了。

这件事使我感触颇深。假如我当初因为面子问题，一味地硬着干，可能会取得暂时的胜利，但 A 却可能从此和我对着干，我也会因此而懊悔终生。而现在我得到的不仅仅是一个学生的肯定，更重要的是我得到了心灵的平衡。这件事对我日后的教学教育工作很有启发。它让我懂得对学生的关爱和理解是沟通师生关系的桥梁，是化解师生矛盾最好的催化剂。

点评：沟通是解决误会的金钥匙，教育者和学生之间永远存在沟通和理解，当误会解决时，围绕在教师和学生之间的是浓浓的信任和不可名状的欣慰。让学生知道如何适当地让自己处理各种身边的问题，教育也就达到了它的目的。

（边相君）

75 让小钻石更好地映射出太阳的光芒

李洁红

开学不久，一个长发及肩的小女生，给我留下了深刻的印象。她特别开朗，大大咧咧，刚来就毫不拘谨地和同学谈笑。我想，真不错，希望她能带动班级建立起积极向上、轻松的氛围。可是不久，问题出现了。

那天是学校班级大合唱。为了准备这次大合唱，我们经历了一次穿不穿裙子的激烈争论，并特意请来音乐老师进行声部训练及歌词改编，拿好名次应该没有什么大问题。所谓“台上十分钟，台下十年功”，多日的准备终于迎来了集体亮相。哪知道不和谐的插曲竟然出现了，她在队伍里很明显地多次偷笑，并且表现得心不在焉……糟糕，怎么会这样？这一幕实在让我有点心酸，多日的努力看来要白费了。

比赛过后，我特地找她聊。我不能控制地用责备的语气，厉声喊道：“你就是这么为集体作贡献的吗？一个团队活动假如缺乏成员的支持，会是怎样的结果……”一连串的质问，让她面红耳赤。我问她：“比赛成绩并不理想，我们是否该反思一下，是否每个同学都尽心尽力了呢？”

“老师，我知道我错了，可是您能不这么凶吗？”

一句话让我感到愧疚，开始反思。我确实有点急躁，学生虽然做错了，可是自己有想过学生的感受吗？

“真正的钻石在放大镜下是可以看到杂质的。如果有人对你说他的钻石纯得和玻璃一样，那他的钻石就是玻璃了。”我开始意识到自己对学生的要求太高了，总希望所有的学生都是毫无杂质的钻石。我觉得应该让自己比较全面地去看待学生：确实，学生本来就是一颗颗的钻石，但钻石也有一些小小的杂质，我的责任就是如何让这些小钻石更好地映射出太阳的光芒。我知道我下一步该如何做了。

在接下来的生活和学习中，我对这件事并没有刻意宣扬，因为我有更重要的事要做，那就是，去寻找她的闪光点。以后我特别留意这位女生，希望在她身上找到闪亮之处。让我惊喜的是，当我每次说需要同学做好事，帮忙搞清洁的时候，她总是第一个站出来，并且坚持到底，直到完成为止。她的这份责任心不正是闪光点吗？

在“英语大秀场”中，我给她安排了一个特殊的任务——在每个场景中负责道具的搬移、摆放。我对她说：“道具的搬移直接影响着整个舞台剧的顺利进行，因为中间不能有任何的差错或意外，我们需要一个特别有责任心的同学来承担。希望你能在幕后为班级作出举足轻重的贡献。”她回答道：“老师，请放心，我会好好表现的。”结果我们全班参与演出的《English Show》大获成功，得到了领导与老师的一致好评。当然这少不了她的功劳，因为在演出期间，道具及时到位，没有出现空场的现象。在总结时，我特意表扬了她的表现，她脸上的笑容不再是低着头“窃窃”地笑，而是昂首舒心自信的笑。我的心更是乐开了花，因为我看到了这位曾经犯错的学生体会到成功的喜悦。

其实每一个学生都有自己的优点，作为班主任应该善于捕捉这些闪光点，虽然可能只是一个小小的闪光点，但很有可能通过这个小小的闪光点，可以挖掘出埋藏在学生心底的大金矿。前苏联著名的教育家马卡连科曾经有这样一句话：“用放大镜看学生的优点，用缩小镜看学生的缺点。”这几年来我总结出一种润物无声的教育方法，那就是用赞赏和鼓励，像春雨滋润万物，不需雷声，不需闪电。老师应该用爱心、耐心和诚心慢慢沁润学生的心灵。

点评：耐心地去挖掘后进生的闪光点，把它变成钻石。他们会变得自信，你也会尝到成功的喜悦。

（刘作武）

76 承诺·责任

梁彩萍

在班级管理中一贯提倡班主任对学生的教育应以人为本，以爱育爱，关注学生的发展，抓好班级建设。但问题是，对于职校学生来说，有很大一部分学生早已对“批评”麻木不仁，对“表扬”也不屑一顾。因此上学年，在班级工作中，我付出了极大的努力，使用了各种不同的教育方法，终于取得了一定的效果。

众所周知，职校学生是一个特殊的学生群体，他们中的绝大部分在小学和初中阶段学习状况一直处于中下水平；有近一半以上的同学从来没有体验过成功的喜悦，长期以来处于失败的阴影中；大多数的学生不能掌握好的学习方法、缺乏明确的学习目标，自制力也极差。

以上情况都说明了要在职校进行班级管理，往往要比在普通高中多付出几倍甚至几十倍的时间和精力。特别是对于职校的“问题学生”，在实践工作中往往需要教师付出更多的爱心与耐心。

一次无意识的谈话更让我受到了启发，事情经过是这样的：在我任教的财会职高班中，开学初有几个女学生的表现令人非常不满意，无论上课还是校会、两操，都目无纪律，不停讲话，有时上课甚至还顶撞科任老师。我多次找她们谈心，但收效似乎不大。后来，我找来班里一位因受她们影响也变得爱讲话的学生小旋谈话，一开始我并没有就她上课的表现提出批评，而是笑着问她：“你知道我为什么找你来吗?”没想到她立刻一脸诚恳地回答道：“我知道，是因为我上课爱讲话。”我见她能够自我认识错误，承认错误，满脑子的批评教育话语都不知跑到哪去了。我笑着说：“真好，你能够认识自己的缺点并承认自己的错误。那么，今后你能不能改正自己的缺点呢?”她犹豫了片刻，回答道：“老师，给我一段时间好吗?”我马上说：“行！我并不要求你一下子就能改正过来，我给你一个星期的时间，你自己去慢慢克服好吗?”她愉快地说：“好的！”我又追加了一句：“记住，这是我们俩的约定，你的承诺，你可要遵守诺言哦。”她犹豫了一下，说：“行！”

那次谈话后，我本来没有期望她能够很快就改正过来，而且班级工作的琐事也让我忙得无暇顾及她。直到有一天，我与另一位“问题学生”谈心时，她说了一句：“我们都觉得小旋同学变了很多。”我才突然发觉她的确变了许多。于是，上课时我特意留心了她一下，真的发觉她一直以来都能遵守自己的承诺：上课不再讲话了，不再照镜子了，也不再影响其他同学学习了。看到这种教育方式有了一定的收效，我马上将它运用到别的“问题学生”身上。

我分别找来了班里的小婷、小红、小桐，他们经常迟到、早退、上课开小差、顶撞老师。与他们交谈后，在一个双方都能接受的时间段内，我要求他们自己作出承诺，保证在这段时间之后，能够实现自己的承诺，改正缺点。经过一段时间的观察，这三位学生都能在约定期间努力做好，慢慢改正自己的缺点，纠正自己的错误。其中，小红同学自从和我许下一个不能反悔、两周之后必须改正自己的缺点的承诺之后，从第二周开始，她就努力使自己做得很好，到学期末，不但学习成绩达到了优秀，其他方面也都达到了优秀。小婷与小桐两位同学，自从许下承诺之后，一直到学期末尽力做到不迟到、不早退、上课不看小说，虽然她们两人现在还不能跟着老师的思路听好每节课，但至少她们都能遵守学校和班级的制度，上课不再影响周围同学学习了。

这种承诺式的教育方式，我想对于我所担任的女生班是有一定效果的。在班级教育中，只要我们根据每个学生的心理特点，寻求一条适合她们的教育方法，带着信任与期待、不时的鼓励和赞许的微笑，我想一定会收到成效的。

经过这次尝试之后，我想在未来的教育过程中，我将会更多地运用这一教育方式，努力在学生与我之间建立起一座承诺之桥，让学生在自身的强烈要求下，一点一滴地改正自己的缺点与错误，在不知不觉中使自己成长为一名合格的学生，甚至转变成一名优秀的学生，真正成为班级的一分子。

点评：教育的真谛是真爱，是责任，因为教育不仅仅是传道、授业、解惑，更是生命对生命的承诺，这是每一位教师都应坚守的教育之魂！

（尹志群）

77 用哲理小文，触动学生的心灵

赖盛昌

我们面对的中职生，大多数与家长之间有代沟，彼此之间不信任，缺乏沟通。作为一名教育者，我们必须首先触动学生的心灵，才可以对学生进行引导。而触动学生的心灵则需要一个“触发器”，在我眼中，这个“触发器”就是一篇短短的哲理小文。

我班曾有一个学生叫小豪。2007 年 4 月份的一个星期三上午，他妈妈打电话告诉我，小豪周二晚整晚没有回家，去同学小凯家了。我就问他妈妈是否知道原因。小豪妈妈告诉我，星期二的下午，他们家遭贼了，家里损失了近万元的财物。因为门窗没有损坏，小豪爸爸怀疑是小豪勾结外人盗窃自家的财物，贱卖之后供自己上网打游戏，于是就质问是不是小豪干的。小豪辩解自己绝对不会做这样的事，但他爸爸不信。小豪否认之后，他爸爸报了警，警察经过勘察之后判定是一起惯偷入室盗窃案，近段时间同类案件在辖区内已经发生多起。小豪认为父亲冤枉、不信任他，因而离家不归。

小豪妈妈说到这里，我意识到小豪父子之间如此不信任绝不是一朝一夕的事情，肯定是很多事情累积起来产生的。而且父母与儿子之间的鸿沟也绝不是代沟那么简单。通过了解，我才知道原来小豪在初中时因为上网打游戏，曾经做过盗窃家里财物的事情。所以这次小豪爸爸才怀疑是他勾结外人。

听完小豪妈妈的诉说，我首先做好小豪妈妈的思想工作，既然小豪住在同学家里，今天还回到学校上课，说明问题还不是很严重，先不要逼小豪回家，让他先冷静冷静。然后大家再慢慢做工作。

跟小豪妈妈打完电话，我就找了几个跟小豪很要好的同学了解小豪这几天的思想状况，看看他有没有出走计划。同学反映小豪这两天只是显得不开心，没有流露出要出走的意思。通过这些外围的了解，当天下午放学的时候我将小豪独自留下来谈话。

小豪愤愤地说：“星期二中午，我吃完午饭，锁好门就来学校上学了。下午家里被盗，我爸爸不分青红皂白就说是我把钥匙给别人，让他人来我家偷东西，然后分钱去上网打游戏。他那么不信任我，不把我当家里人，不把我当儿子，我在家里住着还有什么意思？那我就不回去住了，大家眼不见心不烦。”

我安抚了一下小豪的情绪，在接下来的谈话中，小豪很明白地说：“父母对待我，还没有同学小凯对我好。我现在不要他们养，也不花他们的钱，我白天上学，晚上出去打工，自己养活自己。高中一毕业我就独立出来，等他们老了，我也不养他们。”

看着小豪的情绪越来越激动，我觉得这时候跟他说任何道理都是没有用的。有很多道理要他自己用“心”来揣摩。我只是安慰了一下他，在他走之前，给了他一篇名为《请吃一碗面》的文章，说：“老师这里有篇文章，你今晚有空的时候看看，明天跟老师说说你有什么感想。”

周四小豪没有来找我，周五放学的时候，小豪来到办公室找我说：“老师，我没有在同学家住了，我搬回去和奶奶一起住了（小豪奶奶住在另一套房）。”我说：“这样很好啊。你可以像小男子汉一样照顾奶奶，你爸爸妈妈工作忙，你可以代替他们照顾奶奶，这也是帮爸爸妈妈啊。”

接下来，我趁热打铁地跟小豪说：“你爸爸上次是冤枉了你，后来发觉错了，就向你认错了，你作为一个男子汉，作为儿子要原谅他。俗话说得好：父子没有隔夜仇。事情过去，就不要放在心上。退一步讲，你爸爸当时那样问你，主要是怕你犯错误。如果事情与你有关，你爸爸没问你就报了警，警察查出来，那个时候你怎么办？所以爸爸才先问你，怕你留下案底，所以爸爸这样做也是为你着想的。再说父母把你抚养这么大，对你的恩情和好，那是别人取代不了的。还有一点你要想一想，为什么爸爸会怀疑你，是不是你以前做的一些事让爸爸妈妈对你失去了信任？”

小豪听到这里说：“老师，您不用说了，当我看完那篇文章的时候，我就明白道理了。现在我只是想缓一缓，先在奶奶那里住几天，下个星期我就回家住。”

事后，我同小豪的爸爸沟通了一下，提醒他小孩子大了，要相信自己的儿子，要考虑儿子的自尊。当一些事情发生后，要冷静处理，不能急躁。否则，会适得其反。同时我跟小豪爸爸说了“智子疑邻”的故事，说明要相信自己的儿子。小豪爸爸听完后说：“通过这件事，我也认识到不能用老眼光看小孩子。小孩个子在长高，心理和思想在成长，我没有注意到他的进步，而总提他以前的缺点，这对小孩不公平，同时也加深了父子之间的隔阂。这对我是一个教训。我会很好处理以后的事，让我的儿子感觉到我是关心他的。”

不久，开家长会时，班上每个同学都给自己的父母写了一封信，小豪在他的信中写道：“爸爸，是我以前太调皮，对你说了太多谎话，让你对我失去了信任。我知道这是我的错。通过上次那件事后，我明白了做人一定要诚实。以后我不会对你和妈妈说谎了。以后我会好好爱护我们的家，让你们少操心。”

点评：我们常说：“教无定法，贵在得法。”在处理学生问题的时候，一篇小小的故事，胜过那苦口婆心的劝说和义正辞严的道理，只因为找到了合适的方法。

（何小毛）

78　用智慧敲开那扇门

李　丹

一天下午放学，我照例去班上巡堂。教室里的学生都走光了。咦？奇怪，杂物间的门怎么关着？用手推推，纹丝不动。难道门坏了？不对，有轻微的响声，难道里面有人？我将耳朵贴上门板，竟听到有男女学生的嬉笑声，我惊呆了。我正想敲门勒令他们出来。手，抬起，又停住。这样被我贸然冲破，他们该如何解释？他们将面临怎样的处境？他们更将如何面对同学和父母？不行，这门我不能敲。我快速地思考应如何处理。深呼吸，我努力使自己显得平静。"小聪，"我唤出一个学生的名字，然后大声地说："杂物间的门好像坏了，你去找电工师傅来看看。老师去办公室找找有没有钥匙。"接着，我迅速走到了教室后门的墙侧。10 秒左右，门缓缓地打开，一个男生的头探了出来，看到教室里空无一人，马上向内示意，一男一女两个学生小跑着离开了教室。

是她？竟是班里一个十分可爱的女生珊珊，而男生则是外班的。看着两人消失的背影，我走进了杂物间。这里很整洁，没有任何痕迹，也许，他们只是想找一个私密的空间聊聊天。我知道珊珊是个脆弱的孩子，上次去家访，一直等到晚上十点，他的爸爸才回来，而她的妈妈已经失踪五年了。她看起来很活泼，只是她表现出来的坚强让我心疼。如何不伤害这个孩子，而又能将她引导回正途呢？我冥思苦想。晚上，我登陆了班级的 Q 群，和大家聊过几句后，我选择了和她私聊。"珊珊，你今天值日吗？有没有发现杂物间的门坏了，打不开呀？"半晌，她回复我："没有啊，老师。"过了几秒，她又问："老师，您有没有看到我啊？我走得比较迟。""有啊"，"我回办公室的时候看到你走出校门"。我故意分两条信息发给她。"对了，最近看你脸色很差，是不是身体不好？"……"哦？你在减肥啊？这可不好。"……慢慢地，我打开了她的话匣，我们的心在靠近。

三天后，我郑重其事地对她说："珊珊，我们班准备组织一次主题班会，你的形象和能力都是大家公认的，老师希望你作为这次班会的主策划人和主持人。"霎时，她非常惊讶："老师，您觉得我行吗？""当然，老师相信你的能力，大家也相信你。"她低头思考了一会，终于决定试试。"我们这次班会的主题是‘友谊与爱情’。”我的话让她的脸慢慢地红了，她扭扭捏捏地说：“老师，我还是觉得我不行。”“别怕，不会的地方老师帮你。”我引导她了解班会设计环节，查找“友谊与爱情的区别”、“中学生早恋的危害”等资料。一个星期后，班会顺利召开，在她落落大方的主持中，在她为大家展示的课件中，在她设计的“青苹果、红苹果”的小品中，在她越来越明亮的眼眸中，我知道，我收获了想要的结果。

一天后，珊珊的周记提前出现在我的办公桌上，“老师，谢谢您当时没有敲开那扇门，否则我可能再也不会出现在学校。谢谢您让我设计这次主题班会，我明白您的用意，也知道以后应该怎么做。”我笑了，其实，我敲开了门，敲开了她心底那扇紧闭的门。

尊重学生的独立人格，引导学生的心理健康发展，以人为本，以学生为中心，以此教育理念为原则，难道世上还会有敲不开的门吗？作为一名班主任，我们不仅要用心来爱学生，更要学会用爱去敲开学生的心门。

点评：早恋，如今是不用忌讳的普遍现象。是堵，还是疏？这取决于教育者的智慧。堵住了，可能也“堵”死了“他”或“她”的一颗温暖心；疏通了，可能也“疏”出了“他”或“她”的一片艳阳天！

（袁昌红）

79 周记——沟通心灵的桥梁

朱锦饰

那是2005年的8月，新生军训开始了，我一大早就到教室迎接新同学。学生陆陆续续到来了。因为新的座位表早已贴好，所以大家都很安静而有序地找到自己的位置坐下了。他们有的看着黑板，有的对我微笑，有的在本子上不知道在写着什么，有的看着窗外……突然，一个表现奇异的学生吸引了我的目光，因为我发现从她坐下来后，头就好像一直没有抬起过。奇怪，她在哭？在想事情？还是害怕？我的脚，抬起，想走过去，却停住了，得再观察观察。我继续迎接到来的新同学，当我站到讲台上时，我特意看了看座位表，哦，她是小雯，我默记在心。

第一节上班会课，大家都很安静，每一位同学都认真地看着我，却只有她，眼睛一直在桌面徘徊。下课后，我在班里来来回回走了几圈，但依然没有走到她身旁。毕竟，在这陌生的环境中，没有熟悉的同学，陌生的老师突然问话，她也许会害怕。

一整天的军训，她始终低着头，瘦瘦的腿颤抖地站着，踏步、队列动作总比其他同学要慢，经常出错，被教官骂成了家常便饭。休息、吃饭时，她也特别安静，不说话，不和同学聊天，也没有笑容，甚至不敢看同学。难道是自闭症？已经第二天了，她的情况仍然如此。活泼的同学开始悄悄地对我说："老师，小雯有点怪。""老师，队列表演不要让小雯上，她动作总比我们慢，会影响我们班的。"我的心不禁咯噔了一下，才两天，同学就开始对她有看法了，不能让这样一个羞涩的女孩在我的班上低着头过三年啊！这时她最需要的是老师帮她一把，引导她端正心态，适应新环境。如何不伤害她，又能让她融入集体呢？谈话？家访？我想到了刚收上来的军训感想。

回到办公室，我迅速地找到她交上来的感想，仔细地阅读起来。咦，写文章的似乎是另外一个活泼的孩子，好奇、善思、多问，文章中不仅描述了军训的艰辛，校园的环境，还很形象地刻画了教官的严厉和我的善良，对同学讨论的话题也能发表自己的见解。凭我的经验，她应该会喜欢和我借助文字来聊天。于是，我在她的文章下面写道："小雯，军训时，你怎么总低着头呢，是太阳太烈了吗？你很瘦，要多吃东西哦。我猜你在家是最小的，你应该有个哥哥吧？雯雯，军训那么久，都没有听你说过话，什么时候能跟老师聊聊呢？”下午放学前，我亲自把文章发给学生，当发到小雯时，我还特意拍拍她的肩膀。

在第三天收的军训感想中，正如我所预料的，小雯除了写感想，还对我前一天所提的问题作了详细的回答，同时还很大胆地抗议我称呼她雯雯，并且还向我提出了几个问题。于是我非常详尽地回答了她的疑问，并继续结合我的观察与她进行交流……从此，我们就这样聊上了，慢慢地，我了解了她，打开了她的话匣。开学后，我们继续在周记上交谈、讨论，周记成了我俩相互了解、相互沟通的最有效的桥梁，我们的心在靠近。

小雯在周记中说：“老师，每个星期我最高兴的事情就是写周记了，因为在这里我能无拘无束地和您聊任何的话题，不会像面对着您那样紧张，感谢您对我的鼓励。”

艺术节选拔校园十大歌手比赛时，我举办了一个财会 052 班独唱大 PK，不限名额，只要想，都能上，每人都有当歌手的机会。小雯在周记中对我说：“老师，我准备参加班上的十大歌手比赛，唱光良的《童话》，同时也作为礼物送给您。”并俏皮地把我画在周记本上。我鼓励她，表示我很盼望得到这份礼物。当她大方地上台表演时，得到了同学们热情的掌声，她自信地笑了，我也笑了。

在学校的两年多时间里，我们一直利用周记进行沟通，毕业后我们又继续利用 QQ 邮箱这种“特殊的周记”联系。今年教师节，她买来了玫瑰和贺卡，并在我 QQ 空间上留言感谢我，我欣慰地笑了。我庆幸自己尊重学生的独立人格，了解学生的特殊心理，采用了有效的方式。周记，在我和她之间搭建了这座沟通的桥梁，更使我成功地走进了她的心灵。

点评：尊重学生的独立人格，不轻易给学生“贴标签”，针对特殊情况采取特殊的教育手段，从而达到良好的教育效果。周记是一座连接心灵的桥梁，教师的爱心与用心则是桥梁最稳健的支架。

（李　丹）

80　春暖花会开

梁倡明

2011年是我从事教师工作的第八个年头，也是我第八年当班主任了。在这八年里我带过好几个班级，接触过许多学生，其中有这样一个学生，给我留下了极其深刻的印象。

他叫小浩，第一次与他接触是在高一新生军训的时候。那时他给我的感觉是比较聪明、灵气，但在接下来的军训中我也觉察到了他桀骜不驯的一面。后来我通过其他同学了解到，初中时候的他很聪明，但是特别调皮，以致没有考上普通高中。起初我不相信一个看起来很不错的学生表现会那么差，但是，事实无情地打碎了我的美好想象，彻底抹杀掉了他在我脑海中良好的第一印象。

开学时间不长，我就发现，在课堂上，他总是不专心听讲，小动作不断，屡教不改；下课后，经常会和其他同学起冲突，捉弄同学。在一次大清洁中发生了一起比较严重的违纪现象，肇事者就是他。

小浩在大清洁中的任务是拖地。本来我的要求是拖地需要打水回来拖的，但他为了偷懒，不顾禁令，把教室门口贴了封条的消防栓里的水管拉出来喷水。由于水压很大，喷水过程中他又不停嬉戏玩闹，结果不但满地都是水，很多人的课桌抽屉都进了水，好几个学生的书包也湿透了，整个教室一片狼藉。

收到学生的报告后，我把小浩叫到办公室，本想和他好好谈谈，可此时他桀骜不驯的性格表露无遗，不但不愿意认错，而且和我针锋相对。我顿时火冒三丈，狠狠批评了他。

冷静下来后我觉得刚才自己有点过火了，这样的教育方式不但没有效果，反而会引起学生的不满。于是我来到课室再次与他谈话，而此时的小浩正在生闷气。我首先就自己刚才的失态向他道歉，并且引导他学会换位思考。我问他："假设别人在教室里面胡闹，把你的衣服、书包、课桌椅全部都弄湿了，你会怎么想？"

经过我的一番教导，他很快承认了错误，对他刚才的态度也进行了道歉，从他的道歉中，我看出他真诚的悔过之心。

从那次事件后，我发现他做事理智了。以后他都特别听我的话。针对他的改变，我安排他担任班里的卫生委员，而他也不负众望，在很短的时间里就把班级的卫生事务打理得井井有条。

小浩同学的确非常聪明，我想这样的学生不是教不好，而是没有引导好，现在他的行为表现进步了，是时候对他进行学习方面的引导了。据我的了解，小浩的基础并不差，悟性也挺高的，只是从前对学习没有兴趣，没有学习的动力，精力没有完全投入到学习上来。于是我在平时和他的谈话中有意识地渗透了一些学习方面的知识，在上课的时候刻意地多提问他，对于他的作业也进行特殊的照顾。特别是在他做对了一道题、画好了一份图、完成了一份漂亮的作业后，我往往立即给予他肯定和鼓励。

正如我所期望的，小浩同学的学习兴趣有了很大的提高。以前是我找他提问，找出他学习上的问题，而现在却常常是他主动来找我问问题。其他的老师也都感觉到了这一点，也逐渐地改变了对他的看法。

不知不觉，学期末到了。根据他平时的表现，老师们都觉得他这次会有很大进步。最后成绩下来了，结果，在预料之中。

教育无坦途，不过通过这件事我坚信，在师生的共同守望之下，祖国的花朵都能感恩于春天的温暖，茁壮成长。

点评：法国诗人兰波说：“只要我们怀着火热的耐心，到黎明时分，我们定能进入那座壮丽的城池……”是啊，只要给学生多一点关爱，多一点尊重，多一点机会，等待我们的依旧是——春暖花会开。

（尹志群）

第五编　最幸福的回报

要想自己成为幸福的人，就应当对别人关怀备至，体贴入微，赤诚相见。

——苏霍姆林斯基

81　那一刻，我很感动

祝咏香

学校从上学期开始实施了“德育导师制”，对学生德育管理进行优化，形成全员育人、全程育人、全方位育人的良好育人模式。每位科任教师在自己所任教班级中，自主与学生进行一对一的结合，做一名学生的德育导师。

我担任4个班的英语教学工作，最终选择了在计算机092班找一名受导学生进行帮带。但“德育导师制”不像以前一样定一个后进生给某位老师，而是让“受导生”自己选择“德育导师”！我当时心里在打鼓，有“受导生”会自愿选择我做他的德育导师吗？

几经考虑，我主动找到班主任询问：“黄老师，你们班有受导生选择我做他的德育导师吗？”“祝老师，暂时还没有学生报名做您的受导生。”没过几天，黄老师找到我说：“祝老师，我们班定了×××、×××等几个学生为受导生，其中小伟选择你做他的德育导师。”那一刻，我有点意外。因为前两周，他由于不交作业，我找他谈过话，甚至严厉地批评了他，当时他的态度很不好。我以为他会对我反感，肯定不会选我做他的德育导师。而且我主观地认为一个师生公认的后进生，是不会主动选择老师来帮带他的，甚至可能会拒绝导师的教导。

既然他如此信任地选择了我作为他的德育导师，那我就应该好好地辅导他，争取成为他的良师益友。于是，我像往年辅导学生一样，每周不定时地找他谈话，了解他一周来的学习情况，并要求他每周写好周记上交，了解他上课的常规做得怎么样，上课有没有睡觉现象，作业有没有缺交情况，下课有没有追赶打闹，等等。一发现有问题就跟他分析反思，在客观和主观上寻找原因，而不是一味地批评指责他。

在此期间，我经常去他家家访，了解他在家里的一些表现。他是家里的独生子，虽然过去在学校的表现不怎么好，但在家里的表现还不错。下午回到家就做饭，等妈妈回来做菜，双休日帮家里搞卫生。我家访了很多同学，他是唯一一个能主动做家务的人，况且他还是男生。抓住他孝敬父母这一点，我激励他用更好的成绩来回报父母。

一转眼，十几周的时间过去了，小伟在我的帮带下，渐渐地有了明显的变化：上课认真听讲，课后认真完成作业，成绩一步步地提高，师生都对他刮目相看。他呢，每次听了我的夸奖也会很开心。

十二月的某一天，我正在讲评英语试卷，而本班的小强却戴着耳机在听歌。为了不影响其他同学，我没有停下来批评他，而是一边讲课，一边走到他的身边。不知是听歌听得入了迷，没注意到我的到来，还是他注意到我的到来，不把我当一回事，总之他没有理会我，仍在听歌。出于一名老师的责任心，我用手去拿小强的耳机。以前也出现过类似的情况，我也是这样做的，同学们一般都会自觉地将东西交到我手里，这样我就会灵活地处理这件事。

但这一次，小强不但不想交出来，而且将耳机保护得更好了。我还是继续讲课，而手却把耳机在食指上绕了几圈，并用了一点点力度，暗示他违反了课堂纪律，我要没收他的耳机。小强竟然站起来，生气地怒视着我，看样子是决心和我扛上了！我看着他，脑海快速地思索如何解决这个突发的棘手问题。“小强，你坐下！”突然坐在后面的小伟随着喊声站了起来。旁边一位女同学生怕他们打起来，也大叫一声：“小伟！”这时，我才意识到事情的严重性，绕在我手指上的耳机线弄得我的手指很痛了，我马上松开了耳机线，温和地对小强说：“小强，请你坐下，认真听课。”继而欣慰地对小伟说：“小伟，你也坐下，认真听课。”

课后，我把小伟和小强一起叫到了办公室，我还没开口，小伟就和小强聊起来了：“小强，你刚才站起来干啥?”小强说：“我知道老师要没收我的耳机，她把耳机线绕到手指上后就很短了，我的手机在我的裤袋子里，我不由自主地就跟着绕在她手指上的耳机线站起来了。我站起来是想把手机拿出来，把耳机拔出来给老师啊。”小伟才大大地松了一口气说：“哦，我还以为你要站起来动手打老师呢！”听了他们的对话，那一刻，我真的很感动！

点评：感恩，不是一蹴而就的，而是一个潜移默化的过程。正是教师的一份责任、拳拳爱心、眷眷教诲，才浸透了学生的心田，换来了学生的尊敬与爱戴。

（王江霞）

82　坚持，赢来了幸福

王先梅

2008年6月5日，对于2005级“升大”班的学生和老师来说，是个既紧张又兴奋的日子，因为再过一天这群学生就要奔赴高考的考场了！

刚回到办公室，班长就带着几个同学走了进来：“老师，感谢您一年来的辛勤付出，这是全班同学送给您的礼物！您一定要好好看看哦！”

我心里很高兴，赶紧拆开。一看，是一个装着幸运星的玻璃瓶，里面全都是折成心型形状的彩色小纸片。我一张一张打开来看，阿锐说：“高中生活，最后一个班主任是您；带我度过最迷茫、最艰难的高三的也是您……”阿东说：“以前的班主任都是由我学得最好的科目的科任老师担任，谁知到了高三，却遇到了一个教英语的班主任，心中真是郁闷！可是，这位英语老师竟是我高中时代唯一一个经常找我谈心、关心我的班主任。好开心呀！”阿生说：“288天就这样过去了，非常感谢您的教导。以前英语考100分对我来说都是奢望，可现在经常可以拿到120分以上了，所以真的感谢您，没有您就没有我今天的成绩。”……

看着眼前学生的心声和祝福，突然想起一个学生来，不知道阿周同学写了些什么呢？终于找到了：“老师，您一年的教导，让我受益匪浅。如果没有您的鼓励，我早已不在这个班级了；如果没有您的支持和辅导，我不可能有今天的成绩。虽然，我的成绩还是很差，但对于我来说，已经是自己的最高水平了。谢谢您！”

阿周同学是我们班的“特殊”学生之一，在“升大”班的筛选考试中已经被淘汰出局了。由于他的基础非常差，所以他本人根本不想进“升大”班，更不奢望可以考上大学。可偏偏他的父母亲各经营一间工厂，家里条件相当富裕，就想着让儿子上大学多学点东西，父母亲脸上也多些光彩。迫于父母的压力，阿周同学不得不进入“升大”班。接下来的学习情况可以想象，他是人在心不在，对科任老师布置的学习任务从来没有按时完成过，老师批评他时，他的态度极好，但转变甚微。我也多次进行劝说、教育，并且与家长通电话、家访，虽说他的学习态度有了一定的转变，但成绩一直“稳定”在年级倒数三名。看到这样的状况，我也曾想过放弃，与其将时间放在这个没什么升学希望的学生身上，不如多去辅导几个有机会出成绩的同学。可是，走进教室看到学生那努力认真的样子，我又觉得：我不能放弃他，我要让我班的每一个同学都进入理想的大学去学习，让他们的父母放心。我给自己立下了这样的誓言和承诺。

接下来的日子，我以班主任和科任老师的双重身份“强迫”他向我汇报每天的学习情况，接受我的辅导，并专门安排了一位很有责任心的同学负责提醒他每天的作业和复习任务。此外，还要求他做到“每日三问”，即每天就英语课复习提出至少三个问题。针对他的这种“高压政策”一直持续到了考前，当然这期间少不了对他的心理疏导和及时的表扬、鼓励。随着高考的临近，整个年级的学生学习热情高涨，在这个大氛围下，他的学习兴趣也逐步提高，成绩也在一天天进步……

考试的日子终于来临，站在考场的警戒线外，学生们都很兴奋，也很紧张，大家彼此祝福，互相打气加油。我也与他们逐个握手，给他们鼓劲，走到阿周的身边时，看到了他眼中的紧张和不安，我轻轻地拍了拍他的肩：“只要做好平常的你就行了。加油，我相信你！”

从考场走出来的他显得比较轻松：“老师，其实很多题目我还是不太懂，但我记得的那些应该不会错了。以前自己不懂事，没有好好学习，不然肯定会考得更好的……”

高考分数线下来了，他的成绩达到了录取分数线，英语科也达到了他的历史最高成绩 79 分，比起以前 30 分、40 分的水平，已经是一个飞跃了。为此，我感到无比的欣慰，因为我没有放弃，因为我实现了自己的诺言。

转眼间，我迎来了教育生涯中的又一个教师节，我收到了在广州读民办大学的他发给我的短信：“老师，我庆幸自己可以成为您的学生。一年的相处，让我学会了什么是坚持、不放弃、不气馁，虽然我的成绩不如其他同学，但我很满足，因为是您的鼓励和辅导，让我有幸走进了大学的殿堂。老师，由衷地谢谢您！”

点评：在高考的博弈中，基础差、想放弃高考的学生，是摆在每个教师面前的一张严肃的考卷：放弃则意味着省心省力，挽留就选择了一份艰辛。但艰辛努力付出，最终换来的是幸福！

（王江霞）

83　与“鞋类代言人”的亲密接触

陈观带

我相信机电科组老师都不会忘记2008学年第二学期在期末改卷时碰到的一张试卷，试卷的题目是这样的：非金属材料主要有__________、__________、__________、__________和__________等。有位学生在试卷上填写的答案竟是：拖鞋、皮鞋、凉鞋、球鞋、波鞋。我记得当时参加改卷的老师都哄堂大笑，教过他的老师都对这个学生的表现摇头，何部长还言明要将这个学生上报给教务处。而我和梁老师则开玩笑说：“下学期我们做班主任，这个学生可千万不要分到我们班!”

期末，当我拿到重新组班后的机电085班名单时，黄老师就笑着跟我说：“恭喜你，全级几个经典式的‘王级’人物都在你们班哟!”我再仔细一看，天啊，那个代言“拖鞋、皮鞋”的“王级”人物竟然也在我们班！这对于已经六年没有担任过班主任工作的我来说，不是一个极限的考验与挑战吗？面对一大堆“王级”人物和“极端恐怖分子”，我的心开始发虚，整整一个暑假，我惴惴不安，时常想知道那个代言“拖鞋、皮鞋”的学生究竟是何许人也，是对教师极度仇视？还是对事物抱有极端的思想？我心里开始慢慢思考接触和教育他的方法。

开学了，我暗中观察那个代言“鞋”的“王级”人物的生活、学习动态，但是我不敢随便去接触他，我担心自己的一个不小心就永远失去教育他的机会。

第一周周四，轮到他值日负责倒垃圾，我事先安排和他一起倒垃圾的小业同学离开。他走过来和我说：“小业走了，我一个人点（怎么）倒啊!”说完，就准备离开。见此状，我装作很吃惊，“噢”了一声说：“甘样（这样）老师跟你一起去倒吧。”说完，我主动拿起垃圾筐的一边，但他似乎没有准备倒垃圾的意思。于是，我笑着说：“难道老师和你一起倒垃圾很丢你的脸吗?”听后，他很诧异，然后走过来拿起垃圾筐的另一边。我们默默地往垃圾池走去，快到男生宿舍时，我首先打破平静，问他叫什么名字。（刚带班，询问学生名字很正常）他懒洋洋地说：“你不可能不认识我吧?”看到他那不好意思的样子，我更有信心了。我又说：“你有没有QQ？老师得闲（有空）可以同你（跟你）倾下几（聊一下）的？”他犹豫了一下，把他的QQ号告诉了我。我怕他察觉我的意图，用手机记下他的QQ号后就没有再说话了。但是从那一刻起，我知道我进攻的计划取得了初步的成功。

周末，我尝试两次用QQ和他说话，可惜都没有得到他的回复。第二周周四，第一节课是我的车工课，为了提高学生对车工操作技能的认识，我带领全班学生去车间观看各种机车加工操作。当参观数控车车间时，我发现他躲在后面，两眼无神，无所事事。等我安排好学生就位后，来到他身边，问他：“是不是不舒服？”他说：“没有。”我又说：“你对这些不感兴趣吗？”他没有回答我。当我带学生参观普通车车间时，我又发现他躲在最后面不参与。我将学生交给黄老师安排后，来到他身边，用手背轻轻放在他的额头上，说：“头有点热（其实当时是九月份，谁的头不热），要不，一会老师和你去校医那取点药？”他“噢”了一声，还是不说话……当我们参观最后一个铣床车间时，我发现他这次竟躲在铣床背后的窗户向外看，完全没有参观的意思。我心里开始有点生气了，但我不能表现出来，我走到他身边说：“虽然不能让你们操作，但既然来了，看看别人操作也是有用的，何必躲在后面啊。”他不高兴地说：“我不喜欢。”我按捺着心中的不快，心平气和地对他说：“作为你的班主任，我只是希望你能根据自己的兴趣学一点点，哪怕是一点点的技能。既然你对操作不感兴趣，你能否告诉我，你喜欢什么，只要老师能做到的，我一定帮助你！”可得到的还是他冷漠的表情。

难道他真的无可救药了吗？难道应该放弃他吗？不，我果断作出决定。因为如果放弃他，我以后将有可能放弃更多的学生。下午放学，我陪他把清洁做好后，开始和他促膝长谈。半个小时过去了，他才慢慢地开口，说：“老师，我知道点做（怎么做）的了，我爸想让我学设计但我不会CAM……”说完，头低了下去。我马上说：“只要你想学，老师可以帮你！你想让老师帮你吗？”得到的是他肯定的回答。那天我们一直谈到六点半，出于安全考虑，我送他回到家。第二天是9月10日——教师节。9月11日晚上，当我打开QQ时，一个意外的信息弹出来，那是他写来的一封信。

当我读完信后，我知道，我的付出没有白费，他终于肯接受我了。后来我和他商量，每周一和周三晚上在学校，我辅导他把落下的CAM知识补上。经过补习，他把之前落下的都完全学会了，而且兴趣越来越高，和我成为无话不谈的朋友。从那以后，他有了明显的变化，上课时也比较认真，还经常向我提出问题，借专业软件，我也经常鼓励他要全面发展。

一分耕耘，一分收获。在期中抽测中，他的CAM考了100分，期末考试也考了95分，一学期只有4科补考。这对于一个完全丧失学习欲望、曾有过一学期7科补考记录的他来说已经是很大的进步了。他个性的变化和成绩的进步，让我感觉到自己的付出是值得的。本学期我还和他达成受导意向，辅助他学习数控编程内容。对于他的未来，我有了更多的期待！

这，就是我们班的“鞋类代言人”——小志同学。

点评：人们常说：一分耕耘，一分收获。在耕耘学生心田的时候，你放进了智慧，加入了爱心和耐心，这块心田里又怎么不会结出丰硕的果实！

（何小毛）

84 “较量”的旅程

欧阳俊

2006年9月，我接手04级计算机3班，一个由“升大”班筛选后组合而成的班级，共有55人。这个班级更换班主任比较频繁，因此学生的学习兴趣不高，问题学生不少，而且我又是第一年当班主任，班级管理经验不足，于是问题接踵而来，令我痛苦不已。但我没有放弃，平时积极向有经验的班主任学习，不断改进班主任工作的方式方法，终于使班级趋于稳定。在教育学生和积累经验的过程中，这一年的经历让我久久难以忘记。

初　识

开学第一天的第一节课，我站在讲台上，扫视了一下全班学生，拥挤的课室呈现出一派热闹的景象。在我几次做手势示意保持安静后，班级终于静下来了，但后面的几名男生仍然不时讲上两句。然后是例行点名，其中一个叫小杰的学生令我印象深刻，他的头发很长，明显不符合学校的仪容仪表要求，而且脸上还带着一副玩世不恭的神情。从安排值日到课间操，这名学生都很不自觉，经常需要我在场监督着才勉强应付一下，有时值日不完成任务就走了，第二天就算罚他也只是马虎应付。他上课经常不听课，要么讲话，要么睡觉，批评教育后情况仍然得不到改善。后来我又找他谈了几次话，表面上答应得很好，但实际上却阳奉阴违。

违　规

开学的第4周，经过紧密的跟班以及与学生的沟通交流，我慢慢在班上树立了威信，班级逐渐走上了正轨，只要我在班上或巡堂经过，大部分学生都会很自觉地做好该做的事情。直到星期三的一个早上，德育处的韩主任在课间巡查课室的时候，抓到我们班几个学生在打纸牌，并当场没收了纸牌。我第一时间找到这几个同学，发现其中就有小杰。这件事令我非常生气，但我强压怒火，只让他写一份检讨书给我。检讨书交过来后，我仔细一看，发现内容非常简单，完全看不到他有悔过之意。我记得在班会课时，多次强调不能在校园中打牌、打架等，他不但暗地里进行这些活动，而且还不深刻反省。我思前想后，决定把他作为反面教材，要把这种不良风气刹住。于是第二天上课前，我把他叫上讲台，让他面对台下的五十多位同学进行自我批评，并按班规对他进行了处理，罚做一个星期值日。他虽然有点不情愿，但也没有太大的异议。这个结果我比较满意，既惩罚了他，又让我在班级中进一步树立了自己的威信。

较　量

接下来的一段日子里，班级的一切都在我的掌握之中，处于相对稳定的状态，没有再出现违纪现象。直到有一天第一节课后的早操，由于我们班是从电脑室到篮球场，路线比较长，所以到达篮球场时，其他班级都差不多整好队了。我迅速让体育委员整队。当广播开始放音乐做操时，小杰还在跟前面的学生打闹。我非常生气，走到小杰面前，要求他立刻排好队。但他眼睛望着我，脚却不动，嘴里说："行了，每个班都这样的。"几次劝说都无济于事，我狠狠地把他拉扯到他本来应该站的位置，并且要求他做完操之后留在原地。没想到，他做完操就直接跟随其他同学回课室了，无论我怎么叫都没有用。我快步走到课室，在我的严肃要求下，他极不情愿地跟着我来到了办公室。经过一番周折，他终于承认了自己的错误，最后写下检讨书回课堂上课去了。

反　思

经过这么一段时间的折腾，我也冷静下来思考，为什么小杰会屡犯不改呢？是不是我的处理方法出了问题？我开始与跟他要好的学生进行谈话，了解了一些他平时的生活习惯及生活中为人处世的情况。我觉得是时候家访了。在他家，我跟他妈妈进行了详谈，了解了他在家的表现。在这之后，我跟他进行了一次长时间的谈话，在我不断追问下，他终于向我表露了一些心里话，但仍保持着一点戒心。通过这次谈话，我逐渐理清楚了头绪：

他家庭比较富裕，没有生活的压力，而且家人对他比较宠爱，什么事情都顺着他。爸爸开了一个厂，他想以后毕业了就直接到厂里上班。因此，他对学习根本不感兴趣。从高一到高二，他一直都是坐在教室后排，不时会跟同学讲话，教师监管不严时就睡觉，在学校学习就是为了混个毕业证。但是，他很听妈妈的话。

转 变

对小杰的情况有了具体的了解后，我改变了对他的教育策略，不再以苛责为主，而是以引导为主，鼓励他参加班级活动，在取得进步之后适当表扬；增加课堂上对他的监管，让他有事可做。此外，我积极地和他妈妈保持联系，对他在校的表现进行及时反馈。慢慢地，他有了较大的进步。虽然在学习上没有很大的突破，但是从一个什么都不愿听，什么都不愿做的学生，转变为一个懂得文明礼仪的人，而且他在课堂上的表现也有了明显的改变。这些无疑是成功的。毕业后，他参军了。

一年后的教师节，他在部队给我寄了一张明信片，让我非常感动，因为他终于懂得了老师当初的一片苦心。

点评：面对屡教不改的学生，是“严苛”有力还是“诱导”有效？这，需用智慧去选择。因材施教，方能使学生真正成长起来。

（何佩仪）

85 三次“斗牛”

李 德

小亮这个来自陈村本地的学生是2003级信息网络班的学生，也是我认识了7年的学生。第一次接触他的情景还是那么清晰深刻，一个样子毫不起眼的男生在篮球场飞驰，个子不高，但是相当灵活，球感特好。由于他身高不算出众，身体条件不是很突出，我很犹豫要不要让他进学校篮球队训练。最后，我还是决定与他谈话，问他：“以前进行过篮球训练吗?”

“没有!”

我惊讶地问他：“你的篮球技术谁教你的？你如何练的?”

“自学的啊，在广场与成人们对练练的啊！老师你会打篮球吗？要不我们来对打一下?”

看到他对篮球这样热爱，我认准了这个学生，如果经过系统训练，这个学生必将是我们学校篮球队的灵魂人物。我大胆作出决定，让他参加校队。但由于他以前没有参加过体育训练，在训练中我单独狠抓他的基础训练。在刚刚开始一段时间还挺正常的，可是一个月后，他出现了训练迟到、散漫等现象。这时候我猜他应该是认为自己篮球有一定的水平，不应该再练这么基础的东西了。

一次训练后我找他谈话，问他这段时间训练为什么反常，答案果然不出所料。于是我就问：“上次咱们斗牛（一对一对抗比赛）的比分是多少啊？11:0对吧？我们训练也有一段时间了我们再来一次吧!”结果当然还是我赢。不过比分是11:4。我就鼓励他说：“不错，有进步。”他就问：“有进步是不是不用单独基础训练了?”我回答说：“有进步不等于练好了，NBA的球星每天还要进行投篮传球个人训练呢！体育训练要的是毅力，最基础的东西就是最重要的。”

经过两年的训练，他确实成长了许多。参加镇区的篮球比赛，他作为主力之一也拿到了比较好的名次。但是在高二第二学期，问题又出来了。训练上他又开小差了，有时候还要求提前走，我找他谈话也没问出什么来。开始还以为他是读“升大”班学习压力大。经过了解，原来放学后他会到家附近的球场与社会上的人打球。

那天他没来训练，我就特意去到他出没的那个篮球场，找到他，问道：“为什么在这里打球?”

“学校里的队员水平不够高，在这里打球才能提高得更快!”

“老师的水平不高吗?我们再来斗牛?”

“老师的篮球水平是好，但是每天那样训练总感觉没激情，提高不快。”

“你的水平确实比刚刚进学校的时候提高了不少，但是你想一下，篮球比赛是5个人的团队赛，你在这里可能得到了个人技术的提高，但是你训练散漫早退却会影响到一支球队的提高，你说是不是呢?”

“也是，但是也要有水平高的人和我们练，我们提高才快嘛!”

“你说得也有道理，交流比赛在训练中也是必需的，但也要看实际情况。”

经过这一次“斗牛”后，他训练得更努力更认真了，在训练时常常帮助新队员，并与我一起探讨训练上的一些问题，帮助我在训练上创新，从而带动整支球队的提高。毕业考上顺德技术学院以后，他每星期都会带一些学院学生或者水平较高的人回来，与我们的队员进行比赛。他说：“让我们这些师兄，帮助这些师弟提高一下吧!”

点评：教师的个人魅力往往会影响学生，正所谓“学高为师，身正为范”，老师的一举一动让学生受到感染，让学生能够感受到教师的精神感召，然后学生回馈的将是对教师、对学校、对社会的一种回报。

（边相君）

86　投篮比赛

刘作武

"澎！""澎！"

楼下不断传来投篮的声音。

我们电子034班的同学来到工业中专，参加培训考证，已经过去一个星期了。楼下投篮的是小雄，瘦瘦的他经常紧锁着眉头，他的母亲有精神病，还有一个妹妹在读小学，全靠多病的父亲捡破烂来维持生活。

他在班上不爱说话。记得在高一年级刚入学时，学校催交学费，催了他两次他都没有交，他也没有跟老师说明情况，还有几次迟到记录。我和班长一起来到他家里。一间十多平方米的小屋，放了一张大床和一张上下铺的双人床，就已经没有多少地方了，锅瓢碗灶都放在走廊上。家里唯一值钱的，就是一台十七寸的黑白电视机，桌椅都残缺不全。

他躺在上铺，盖着一床发黑的被子。我用手一摸他的额头，有点发烫，于是赶紧把他送到医院。第二天，他把我为他垫付的医药费还给了我，并把低保证明交给了我。

我曾经在班上开了一次班会，为他募集了一些钱。但他说什么也不要，最后把这笔钱捐给了学校的扶助基金。

想到这，我找来班干部了解关于他的情况，班长说："我们来这里后，培训比较辛苦，大家下晚自习以后，就觉得肚子饿，都吃夜宵。但他不吃，我们给他，他也不要，我们也没办法。所以，我们每天吃夜宵的时候，他就来操场打球。"喔！他们正是长身体的时候。

第二天放学以后，我召集同学们开会："我们来这里学习已经一个星期了，业余生活比较单调，所以准备举行投篮比赛，获得冠军的奖励方便面一箱。"

我把同学们分为男女两组，女同学那一组很快比赛完毕。

男同学比赛开始了，我建议由小雄同学第一个投篮。

体育委员站出来说："按学号来吧！好记录一些。"

"这几天小雄每天晚上都在练习投篮，一定进步很快，让我们先看看他的成绩吧！"我说。

班长对我会心一笑，向我做出了一个OK的手势。

小雄果然超常表现——“十投七中”。球场上响起了一片热烈的掌声。

第二位上场的是班长，班长第一个球进了；第二个擦篮筐而过；第三个是完美的空心篮；第四个力气太大，球蹦出了篮筐……他进了五个球，球场上响起一片叹息声。

第三位上场的是体育委员，他好像明白了什么，他投进了六个球。后面的同学，都没有打破小雄的记录。

晚上，我巡查宿舍时，小雄和大家一起开心地吃起了方便面。

几年过去了，每一年过年时，小雄都会高兴地和同学们一起给我拜年。

点评：感动是双方的，学生在感受教师的宽容和保护时感动，教师也在学生的回馈中得到感动。人是情感动物，找对点，攻心为上，建立真诚的关系，这种关系将会感动一生。

（边相君）

87　我在全班学生面前说了谎

李炳莉

记得人民教育家陶行知先生说过这样一句话："千教万教教人求真，千学万学学做真人。"从教师的层面上来讲，这句话要求人民教师，要教学生求真知，学真本领，养真道德，说真话，识真才，办真事，追求真理，做真人。以"真"字作为自己的立教之本，教好书育好人。从教以来，我一直以这样的道德规范严格要求自己，然而有一次我却在全班学生面前说了谎。

小燕是我班的一名学生，1.68米的身高，长得眉清目秀，样子很讨人喜爱。然而这样一位外表漂亮的女生，却是一名性格泼辣、行为习惯随便、让所有老师都伤透了脑筋的学生。她上课经常迟到，在课堂上也从来没有认真学习过，不是睡觉，就是看小说、画漫画。有时候跟班里的同学一言不合，她就会破口大骂，而且言语恶毒，班里的同学对她意见都很大。

有一次，小燕在数学课上看小说，数学老师发现后，没收了她的小说。她当即拍着桌子和老师吵了起来。下课后，数学老师把她带到了办公室准备对她进行教育，她竟在办公室里跳起舞来，令数学老师无所适从，气急败坏地找到我说："你班的小燕简直就是一个神经病，无药可救了！"

对这样一名学生，我三番五次地找她谈话，还联系她的家长，对她动之以情，晓之以理。然而她依旧我行我素，效果始终不大。

一个周四的下午，第一节课的上课铃响了，同学们都整齐地坐在教室里准备开始上课。这时我发现，小燕的座位还是空着的。"这个讨厌的家伙，又迟到了！"我不禁在心里暗暗地责骂，然后马上掏出手机给她打电话。可是无论是她家里，还是她的小灵通，都一直没人接听。正当我心急如焚，准备联系她家长的时候，我的电话响了，显示的是她的号码。

"大小姐，你这次又怎么了?"电话一接通，我马上冷冷地问了一句。"呃……您好！请问您是小燕的老师吗?"一个陌生的声音从话筒的另一端传了过来。"呃……我是。请问您是哪位?""您好！我们是永好超市的。您的学生小燕今天中午在我们超市偷了几包零食，被当场抓获。我们问她家长的联系方式，她怎么都不肯说，刚才我们听到她小灵通一直在响，看到显示的是‘老师’，所以我们打个电话过来问问。如果没人过来处理，我们打算把她送到派出所去了。”“啊!”听到这个消息，我犹如五雷轰顶。我马上联系小燕的家长，一起赶往永好超市。到了永好超市，我们在超市办公室里看到了小燕，她耷拉着脑袋坐在角落里，完全没有了往日的嚣张和跋扈。我和小燕的妈妈向永好超市的负责人赔礼道歉，并和超市方达成了赔偿协议，才把小燕领了出来。由于小燕的妈妈还要赶回工厂上班，她让我先把小燕带回学校上课。

一路上，小燕和我都沉默不语。其实，当时我是想教训她几句的，可是想到平时批评她时她的那种态度，我忽然觉得这不是解决问题的最佳办法。回到班上，所有同学都把目光投在了小燕身上，都在等待着看我如何对小燕进行批评，而小燕也似乎做好了挨批的思想准备。我并没有批评她，而是对全班同学说：“小燕刚才在上学的路上，自行车爆胎了，没能及时赶到学校。不过她有第一时间打电话给我，向我说明了情况，办好了请假手续。”当我说完这段话时，我注意到小燕用充满感激的眼神看着我。

课后小燕主动找了我，向我承认了错误。原来，她是因为和朋友打赌，才跑去永好超市偷东西的。“老师我错了！您能给我改正的机会吗?”“为什么不能，谁不犯错误！知道错了就好，做人就应该知错就改。今天就凭你这句话，老师相信你一定能改掉你的坏毛病。”在随后的一个小时里，我们俩谈了很多，这是小燕入学差不多一年以来，第一次对我敞开心扉进行交谈。临走时，小燕怯怯地对我说了一句：“老师，谢谢您！谢谢您替我保守了秘密，使我能在同学面前继续抬起头来做人。”

从那以后，小燕就像变了个人似的，不仅改掉了以前上课爱迟到、开小差、对人不礼貌这些坏毛病，还积极主动地承担班里的各项工作。早读课时，她作为领读员带领班级的同学进行早读；做早操时，她作为体育委员指挥着班里的同学集队出操；出墙报时，她更是发挥自己画画的特长，不怕苦不怕脏地为班级服务。

高三那年的教师节，我收到了小燕亲手做给我的一张贺卡，上面写道：“老师，高一时我一直不明白班里的同学为什么都喜欢您。因为打从小学开始，我就觉得所有的老师都是敌人，他们只会强迫我们做这做那，只会批评我们。但是，后来我终于明白，原来您一直是用一颗宽容的心在包容着我们，用一颗真诚的心在耐心教育着我们。老师，谢谢您！正是因为有您，才有今天的我，谢谢您为我所做的一切！老师，我爱您!”

看到这张卡片，我笑了。我在全班学生面前说了谎。但这个善意的谎言，保护了一位学生的自尊，让我赢得了学生的爱与信任，给我带来了教育的契机。学生爱我，我更爱他们！

点评：老师的宽容、信任和期待就是打开学生心扉的钥匙，也是暗室中的一支蜡烛，照亮学生前途，引领学生成长。

（何佩仪）

88 “火鸡”的重生

陈小静

火鸡是一种善斗的野生动物，每一次在介绍美国的感恩节时，我都会向学生介绍感恩节中火鸡的典故。巧合的是，在我做班主任的过程中，竟然遇到一个被同学称为“火鸡”的学生。

他在初中阶段就因多次违纪被批评处分。开学后不久，随着对环境的熟悉，他又开始故伎重演：不搞卫生、迟到、逃课……我一次又一次地告诉他每个人都应该知道的道理，并提出了他必须改变现状的要求。他有些不屑，也有些怒气。其实我的内心也起伏不定，思量着如何“驯化”这只火鸡。我想我一定要抓住机会去掉他的戾气。

机会终于来了，那是高一第二学期的散学典礼。我稍作打扮，以尊重这个重大的日子，也庆祝一下我们班获得的成绩——经过两个学期的调整和努力，获得了学校学年的五星级班级。当我心情愉悦地到达课室的时候，同学们已经齐刷刷地坐好，唯独不见他。我耐心地等待，但是直到散学典礼结束，回到班上进行假期动员，还是没有看到他的影子。

突然一声“Hi，我来了”，打断了我和同学们的谈话。我往外一看，天！这是他吗？长长的头发，精心吹过的高竖的发型，嘻哈的衣服，大红格子的小丑裤子，这让我本已经生气的神经绷得更紧。我怒视着他，走近他，吼道：“你怎么真的变成‘火鸡’了？给我站着，好好反省，这个班不是你想进就进的。”一定是我跟以往不同的语气让他恼羞成怒，他仰着头气冲冲地说：“我喜欢，怎么样！”他高举着刚才和我们打招呼的矿泉水，企图攻击我。我看着他，一句话都没说，但是他的戾气让我陷入了深思：对于做错事情还敢攻击老师的学生，我该怎么办？

我知会部长把他转交给政教处。对学生作完假期动员后，我才去处理这件事。在去政教处的路上，我一直在作思想斗争：是纵容他的过激行为，还是利用这次机会让他彻底改过来？理智让我选择了后者。为了让他能够主动而深刻地认识到事情的严重性，结合我平时所获得的经验和心理学知识，我决定采取冷处理的方式，等他平静了再作沟通。

我来到政教处对他说："你回去吧，放暑假的时候你想通了，知道错在什么地方、自己的弱点在什么地方，你告诉我。然后我和学校商量一下，再决定是否同意你回我们班继续上课。"当时的他，没有说一句话。

当天晚上，他母亲打电话来帮他讲情。我想，他现在的感悟还是不深的，他没有主动和我沟通，证明他还没深刻意识到自己的错误。于是我和他母亲商量，为了改变他，我们要共同努力，等待他自己的觉醒，而不是片刻的说情。

整个暑假，我都在家里思考如何转变他。我心想，虽然他性格暴躁，桀骜不驯，但是和同学很谈得来，偶尔心情好，也会主动找老师谈上几句，这说明他内心还是很善良的。而且，当时他并没有攻击我，说明他还懂得控制自己的脾气。我觉得要转变他就要彻底地了解他，找到和他进行良好沟通的方法。

于是我刻意在班级 QQ 群上和他"巧"遇，并进行了第一次聊天。他对我说喜欢玩《火鸡的末日》这个游戏。我感到非常地诧异，我问他："难道你潜意识里也愿意像火鸡一样易怒吗？还是你想像游戏里的火鸡一样获救后获得重生？"他没有问答我。我没有和他说太多，就结束了第一次聊天。后来又聊了几次，他给我开放了他的 QQ 空间，并主动说："老师，我上传了很多家庭照，有空看看吧。"我知道他对我的态度已经有所改变了。我回复他说："我发现你的家庭很和睦。那是什么原因，让你变成这样呢？"他依然没有回答我。我继续从他的家庭入手，追问他："你父母那么爱你，你也那么在乎你父母，那父母无法工作时，你打算怎么去照顾他们呢？在美国感恩节时，土著居民用火鸡来报恩，以感谢带给他们新生活的人们。我相信你也可以用你的实际行动，改变自己，报答父母，不是吗？"屏幕一片空白，对方没有反应。

又是一次漫长的等待。直到开学前一天晚上，他终于发来一条短信，内容很丰富，很真实。他说我问他的前面两个问题他无法回答，问他的第三个问题却让他思考了很久。他接着说："老师，我做错事情不改正还暴躁冲动，造成很不好的影响，我希望老师能原谅我。我不是想攻击您的，以后我会学会控制自己的脾气，心存感恩之心。希望回到班级后，能在老师的帮助下，学好一门技术，学会做人做事。"看着信息，我的内心无比激动。

在接下来的两个学期，他没有再违纪，补考记录也为零。在分别几年后，我和他在路上偶遇。现在的他已经是公司的业务骨干，举止谈吐也文明有礼。最让我感动的是，毕业后每逢教师节和母亲节，他都会给我发短信祝福。2009 年教师节，他发短信让我上班级 QQ 群，我登录上去看到他制作的动画，上面写着："如果不是'火鸡事件'，就不会有今天的我，您是我心中最好的班主任，老师，谢谢您，教师节快乐！"这是我收到的最令我感动和信心大增的礼物。因为他，因为他的改变，我的教师生涯绽放出不一样的光彩。

点评：苦口婆心的说教，并不一定会被学生接受。唯有找到问题的症结，对症下药，方可药到病除。而正确的沟通方式，就是打开学生心中各种症结的万能之药。

（王江霞）

89　一份意想不到的学生礼物

龙　斌

每天放学后，在夕阳下的操场走走，是一件惬意的事。宽大的草坪上，一群学生正认真地练习踢球，角球，任意球，不时传来得意的笑声和不愠不火的愠骂；边上的几个篮球场，一群年轻的男老师和学生也在挥洒着快乐的汗水，不时传来阵阵爽朗的喝彩声。我很羡慕，也很想加入他们的行列，但人到中年的我，已不太适合打球或踢球了。于是我选择了跑步，每天踏着软软的红色塑胶跑道，跑上十圈八圈，也是一件美事。

周三傍晚六点多，当我跑完步，回到办公室时，我发现办公桌上放着一份用粉红色纸包装着的礼物，下面还压着一封信。我很惊讶，打开一看，是一幅字，用宣纸写的，还蛮正规呢！上面写着“恒心”两个大字，脚注有一行小字：“理想不抛弃有恒心的人，只要不停止追求，你就会沐浴在理想的光辉之中。”书法技法成熟，刚劲有力。我拆开那封信，共三页纸，字体也娟秀娴熟，信上这样写道：

亲爱的龙叔：

您好！不介意我这样称呼您吧？我觉得这样叫您，要比叫您龙老师或龙部长亲切，因为您好慈祥！

龙叔，您知道吗？您每天放学后都坚持在操场上跑十圈以上，我一直在远处看着您。有时在教学楼的走廊，有时在操场的边角，静静地、默默地看着您跑，那有点肥胖的身体，一个圈一个圈地跑……我常常不由自主地悄悄对您喊：“加油……加油……”龙叔！我很敬佩您的毅力和恒心。

龙叔，我一直很感激您，您知道吗？我从小很喜欢美术书法，但是我们学校没有美术专业班，我只好选读了园艺班。但我对园艺不感兴趣，只想学我的美术或书法。没有专门的课堂，没有专门的指导，我很苦恼，想坚持自学，但又没毅力和恒心，常三天打鱼两天晒网，很矛盾。

有一天，您跟我聊天，您说：“做每一件事情，除了自己的努力之外，最重要的就是恒心与毅力。不管成功与否，只要有恒心与毅力，别人都会打从心里尊重和敬佩你，甚至把你当成自己的偶像。”

您还对我说：“心里有目标，千斤万担我敢挑；心里没目标，一根稻草折弯腰。一次一次的磨炼，不要怕失败，有恒心与毅力，成功将在眼前。‘台湾之光’王建民不就是一个例子吗？在美国小联盟他每天都很早起来练球，就是希望有朝一日能上大联盟。皇天不负有心人，他成为纽约洋基的王牌投手，他所投的每一球，每场比赛都牵动台湾广大球迷的心。虽然他现在受伤，不过我相信凭他的恒心与毅力，等到他康复后，一定又能扬名全世界。除了他之外，古今中外也有许多名人具有恒心与毅力，如发明大王爱迪生、海伦凯勒、国父孙中山、贝多芬，等等，不都是靠自己的恒心与毅力成功的吗？”

打那以后，我坚定我的信念，下决心学我的最爱——美术和书法。我参加了学校书法兴趣小组，每天都坚持练习书法和画画。当我累了，坚持不住了，甚至想放弃的时候，看到您每天坚持在操场上跑步，我的信念就再也不动摇了。我一定不会放弃我的至爱，我坚持了。我终于学有所长，参加区镇美术书法比赛，获得优秀的成绩。

谢谢您！龙叔，我们一起加油吧。我相信：理想不抛弃有恒心的人，只要不停止追求，就会沐浴在理想的光辉之中。

您的学生：小李

从教快20年了，这是我第一次收到一份如此特别的学生礼物，很出乎我的意料，没想到半年前我和这学生聊的那番话，对她的影响会那么深，更没想到我坚持每天跑步锻炼身体这一举动，对这个学生起到了潜移默化的作用，坚定了她学美术和书法的信念，让她从此有了恒心与毅力。

一直抓学生德育工作的我，也曾经闪过放弃的念头，嗟叹我们的学生冥顽不灵、烂泥扶不上墙。今天，这位学生坚定了我的教育信念：只要对学生有耐心、爱心、恒心，锲而不舍，必定能改变学生！如果说教师的语言是有声的行动、无形的楷模，那么教师的行动就是无声的语言、有形的榜样，言传身教比什么都重要。

点评：言传身教是最好的教育方法，这封信就是充满爱的教育的回报，经过若干年，留在学生记忆中的就是金子。

（王永清）

90　沟通，需要技巧

林秀梅

初见小良，我以为他是一个富二代。他比较自我，对什么事都无所谓，甚至扬言不在乎毕业证，和科任老师、班主任的关系也很糟糕。他很喜欢打羽毛球，每天下午都要花很多时间在这上面，有时甚至逃课打球。

第二个学期，学校要排《凳舞龙腾》的舞蹈，需要24位男生，其中就选中了他。他的舞蹈感觉非常不错，虽然身子骨比较硬，但是这可以通过训练来解决。只是他不认真练功，经常拿训练的时间打羽毛球，每次训练都要去“请”他。有好多次我找他谈话，给他说明舞蹈比赛的重要性、舞蹈基本功的重要性、舞蹈队集体荣誉感的重要性，可是他似乎并没有领会我的意思，甚至很不屑和我谈话，不理会我的要求，依旧我行我素，后来甚至还有些生我的气。我真是对他恨得牙痒痒，可是为了保全这24位队员，我一直花最大的耐心去容忍他的不羁。

直到一年半以后的一天，那天早上他迟到了，被学部部长抓住了，部长要求班主任来领自己班级的学生。班主任对他的感觉和我一样——恨得牙痒痒，只要他不惹事情，就当他在人间蒸发了。可是那天，班主任来领人，在众目睽睽之下觉得丢人现眼，气不打一处来，非要小良说出个理由来，师生甚至起了冲突。看到这架势，如果不劝止，恐怕训练也没办法进行了。于是我只好硬着头皮充当起和事佬。可能班主任也觉得这样对小良没有用，也趁着这个台阶打住，离开了。

再看看小良，灰头土脸的，同时也在生气——班主任的出现，令他在舞蹈队很没面子，而他恰恰很在乎这个。看来，及时劝班主任离开，受益最大的应该是他了。于是我走过去拍了拍他的肩，说：“我把班主任劝走了。”我发现，对我，他多了一丝温顺。很快，我想到：今天可能有机会教育这家伙。

于是在接下来的训练当中，我临时安排了一点小插曲——让三位学生上台跳韩国热舞《Sorry Sorry》（这是时下最流行的现代舞蹈，学生都很喜欢），其中有一位是小良。而这三个人当中，数他跳得最好。跳完之后我趁机对小良大加赞赏，并拿出来特别分析，作为示范，让其他同学从中学习。这不仅让他将一早丢失的颜面找了回来，而且还赢得了大家的称赞。此时，他更加服帖了，一早“受伤”的心灵似乎被我慢慢治愈了。在他的眼神中，我看到了一丝依赖与信任。

训练完之后，我又特意请同学们到大台北去喝奶茶，以犒劳他们一天辛苦的训练。此时的小良离我很近，似乎已经和我站在了同一条战线。等学生喝完奶茶离开时，我请小良留下了，进行了长达一个半小时的沟通。这次沟通，结果自然有效，他不仅答应我就这次事件给班主任一个交代，而且以后会努力做个好学生，让科任老师都改变对他的印象，保证毕业时顺利拿到毕业证。虽然我始终都没有提到舞蹈队的训练问题，但是从那以后，他训练认真多了，而且每次想过球瘾时，都会很小心地跟我请假，我偶尔也会批准他半小时的假去解馋。

时隔半年多了，小良不仅接纳了我，这学期继续留在了舞蹈队，而且还经常亲切地叫我“妈咪”，偶尔也会撒撒娇蹭我的早餐吃，当然他也会记得回请我更加精美的早餐……

点评：教育需要时机，针对学生不同的表现状态和心理因素，需要选择适当的方法，而这种机会是可遇不可求的。善于抓住问题的关键点，是突破学生心理防线的钥匙。

（边相君）

91　我付出，我快乐

张瑞冰

有人说教师是“只知奉献，不求回报”的蜡烛；有人说教师是前进的路标，是辛勤的园丁；也有人说教师是天底下最光辉的职业，是人类灵魂的工程师……古往今来，域内海外，对教师有数不清的溢美之词。作为一名普通教师，虽然我没有提炼出高深的教学理论，也没有培养出名扬天下的伟人，但我时时都以“好好工作每一天”自勉，以认真的态度对自己、对学生、对教学。这其中，有辛酸，有泪水，但更多的是欣慰，是问心无愧的那份坦然！

不知不觉，我已从教九个春秋了。学生们来了又走，走了又来，我已先后做了三个班级的班主任了。孩子们给了我很多东西，他们让我笑过，让我哭过，也让我感动过。而令我印象最深刻的是2008级小怡。

小怡是个憨厚朴实的女孩，做事默默无闻，只要老师布置的事情，她总能一丝不苟地完成。她对待同学，热情有礼，助人为乐，是一个让老师放心的学生。可是没想到这样的事情会发生在她的身上。某天我的电话铃响起来，电话那头传来了一个男人的声音：“可不可以聊几句?”谁这么没礼貌，招呼都不打，还言词粗野，真气愤，是不是打错电话了呢？“你是谁?”“方便说几句吗?”他说。突然间我想到这可能是某位学生的家长。“我是小怡的爸爸，如果你再分配这么多的工作让我女儿做的话，我就去校长那里投诉或者不让她读书了。”什么？向校长投诉？我的神经突然紧绷起来了。“我……”当我想解释一下时，他却把电话挂了。此时我的心绷得更紧了，怎么回事呢？小怡虽然不是班干部，但她对班上的事情特别热情，每逢布置班容班貌我都能见到她的身影，她的成绩也非常优秀。她既乖巧又认真，我从心底里喜欢她。为什么她父亲这么做呢？

于是，我立刻跑到课室，找到了她。当我把她爸的话转告给她时，她已经泪流满面了。经过交谈，我才知道她家是开小食店的，父母都是下岗工人，家中还有姐姐、弟弟，一家人的生计就靠这间小食店和父亲做散工来维持。而她们三姐弟都不愿意帮父母打理小食店，每天回去吃完饭就回学校，从不在店里帮忙收拾。而这段时间是生意最忙的时候，只靠父母两个人是忙不过来的。而姐弟俩总是你推我让，斤斤计较。父亲压力大，有时候会对她破口大骂，甚至还会打她，所以她不愿意在家多待。听完她的讲述后，我开始开导她，让她换位思考，理解父母的不容易与辛酸，作为子女应尽些什么义务。同时让她理解做人要学会包容，学会忍让，学会体谅，学会吃苦。最后我向她提出要求：在家必须帮父母打理小食店，多与父母沟通，化解误会等。她都答应了。

一周后，我到她家去家访，她父亲表示现在她能帮上忙，比以前听话、懂事了，而且他们的话题也逐渐增多了。由此我也明白了，在日常生活中，除了做好学生的思想工作以外，还要多与学生的父母沟通，毕竟有的学生是学校、家庭两个样，凡事不能只看表面。

教师的生活或许是单调、枯燥、无奈的，但我们也是幸福的。当我听到学生真诚的关心和家长发自内心的感谢的时候，当教师节一条条传递祝福的短信、一张张饱含谢意的精致卡片寄来时，我的心充满了骄傲与自豪！

点评：教师的生活或许是单调、枯燥、无奈的，但只要用心地付出过，认真地经历过，点点滴滴都将是人生快乐的源泉！著名作家张洁女士曾说过："只要我认真地活过，无愧地付出过，人们将无权耻笑我是入不敷出的傻瓜，也不必用他的尺度来衡量我值得或是不值得。在生命的黄昏里，哀叹和寂寞的，将不会是我！"

（黄法强）

92　没有礼物的教师节

蔡凌云

大学毕业后我来到了陈村职业技术学校（以下简称职校）任教，第一年的9月10日，我收到了学生送我的礼物。第一次收到教师节的礼物，拿着礼物，我和周围的同事分享，不停地翻看学生送我的卡片（其实是既普通又平常的卡片），把学生送我的字画挂在自己的宿舍里。

第二年，我做了高三年级的班主任。因为是中途接手，第一个星期基本上是在忙着和前任班主任交接工作。第二周周一的班主任会上，主任提醒我们第二天是教师节，班主任要做好学生工作，为科任老师准备教师节的礼物。这时我才知道，教师节收到的礼物，与班主任有很大关系。这次轮到我做班主任，该怎么办呢？我请教了一些有经验的班主任，方法不一。最后我拿出30元钱，让学生利用课余时间为科任老师买礼物，并叮嘱他们，一个老师都不能少！现在想想，用30元钱买10份礼物，确实难为那些学生了。

第二天教师节，学生告诉我30元刚好用完，每个老师也都有了礼物，我表扬了他们。我也很开心，第一次为别人做“嫁衣”，虽然没有充分的准备，但也完成了任务。课余我翻看其他班级送我的礼物，想象着自己班级将会送我的东西，我很兴奋！

可到了下午，还是不见自己班级给我的礼物，我有点沉不住气，到班里问了他们。“你们一共买了几份礼物？”“9份啊，每位科任老师一份，早就送到了呀！”“哦，对，你们做得很好！”我表扬了他们，心中却有种酸酸的感觉。

这是我做班主任的第一个教师节，也是我记忆最深刻的教师节。这个教师节，我没有收到自己班级送我的礼物。

时间飞逝，一晃又过去了五年，到了我当班主任的第六个年头，也就是今年。我现在带的这个班是从高一带起的，今年高三。毕业后他们将走上工作岗位，这一年教师节是他们在校园度过的最后一个教师节。教师节前一个星期，我就动员他们：“教师节快到了，你们也快毕业了，在职校的两年多时间里，很多老师教过你们，帮助过你们，你们可以借此机会送一份礼物给你最想感谢的老师。”

教师节早上，我看到有些同学带来了金鱼、礼品袋、文具，等等。我也收到了几位优生送来的礼物。但让我意想不到的是，课间，一向被我认为品德最差、经常被我教训的学生，拿着个礼品袋走到我面前说：“老师，送您的礼物。”“啊，送我的?”“是的。节日快乐!”我受宠若惊！看着他离去的背影，两年来和学生一起学习的场景，一幕幕展现在眼前。

他们刚入学时，成绩全年级最差，没有良好的学习习惯，没有明确的学习目标，上学就是为了混日子。因此，他们身上的坏毛病数不胜数：迟到、旷课、上课睡觉、课间打牌、抽烟、染发、早恋、和家长吵架、夜不归宿……尤其刚才那位学生，说明书、保证书、处分通知单，加起来不少于10份。但庆幸的是，班级没有好战分子，刚入学时每周一篇周记的习惯还可以保持。于是，我就利用每周的周记和他们交流、沟通，给他们鼓励和支持。遇到问题时，我严肃地批评，耐心地教导，必要时请教有经验的教师，求助家长，或让班干部帮忙，想方设法点燃他们的激情……

我给优生制造机会，让他们向更好、更高的目标迈进；我支持有特长的学生去参加各种社团活动，让他们更好地展示自己；我对有问题的学生，不断引导和鼓励，决不轻言放弃。也因此，他们不断地成长、成熟，在学校的各项比赛中也取得了一定的成绩。

2005年我校的教学开放日，英语老师选在我班上公开课，同学们认真准备，积极配合，良好的表现受到听课老师的一致好评。2005年和2006年的校运会上，他们发挥得很好，分别获得了年级第三名和第六名。两年的校园十大歌手比赛，我们班都有学生参加，并获得了第三名和第四名的好成绩。尤其值得一提的是上学期的艺术节大合唱，他们一边实习一边排练，也挤进了决赛，最终获得了三等奖……

三年耕耘，不，六年耕耘，今秋我收获了：学生主动送来的礼物，学生的理解、关心和尊重!

拿着学生的礼物，我笑了……

点评：教师节的礼物在外界多遭批评，在职校却是人情味十足。这不是物质上多少的问题，而是心和心的交换，是学生对老师的付出表示由衷的感谢！

（边相君）

93　冲突之后

陈新曦

作为教师，特别是班主任，必然会遇到各种各样性格的学生，因为他们的家庭背景不同，所受的家庭教育也不同。针对不同性格的学生，我们采取不同的教育方法，就会得到截然不同的教育效果。

2009 年 9 月，由于学校的信任，我中途接手一个班级，担任该班的数学老师兼班主任。做过班主任的老师都知道，中途接手的班级都是有些棘手的，一般情况是在原来的班主任或科任老师对该班无计可施，或者是彻底死心的情况下，不得不放弃的班级，说白了，就是“问题班级”。我了解到将接手的这个班级——机电 081 班，是一个典型的“和尚”班。全班 53 人，男生 49 人，女生 4 人。而且这些男生都不是省油的灯，几次把班主任气得掉眼泪，纪律最差，没有集体荣誉感，各种坏毛病特多，为首的几个专门捣蛋的，更是“名声在外”，可以说是各种坏习惯的“集大成者”。要把这样一个班搞好，确实要费一番心血。

为了了解该班的具体情况，2009 年 8 月 29 日，我召开第一次全体班干部会议。我通知的是下午 2 点 30 分开会，但是差不多 3 点才稀稀拉拉地来了几个班干部，我问纪律班长是怎么回事。“老师，他们 3 点钟能到齐就不错了。”她的回答让我第一次领教到什么叫“上梁不正下梁歪”，班干部如此，其他同学可想而知。会议拖拖拉拉的在 3 点 20 分召开，比原定的 2 点 30 分差不多迟了一个小时。我强忍心中的不快，在会议上把自己的想法传达给各位班干部。但是在开会的过程当中，一个意外的插曲令我尴尬不已。每一个问题提出时，总有一个学生会发出阴阳怪调的反对声，然后就不耐烦地制止其他班干部的发言。

后来我知道他叫小聪，是纪律委员、副班长、体育委员，集三权于一身，是我班的实力派人物，颇有些“恃权傲物”的味道。我心里非常清楚，这是我班的一个“刺头”，“金刚”级人物，个性极强，极具攻击性。所以我很明确，要管好我们班，首先要“降服”他才行。但是，要“降服”这样的人物谈何容易？

这是我和小聪之间的第一次“冲突”，或者说是第一次交锋。此后我一直在思考一个问题：怎样才能令他有所改变呢？我想到著名的教育家陶行知先生的教育故事。一次，他在校园里看到一名男生正在欺负女生，于是就让这名男生到校长室找他。这名男生准时来到了校长室，向校长鞠躬问好，低着头等待校长狠批，可陶行知竟然拿出一块糖给他："你能准时来，这是个好习惯，我奖励你一块糖。"然后又拿出一块给他："你见了老师能够鞠躬问好，说明你很有礼貌，再奖励你一块糖。"这名男生的脸红了，倍感不自在，并胆怯地说："校长，是我错了，今后一定不再犯类似的错误了。"这时，陶老先生又拿出第三块糖说："你能够主动认错，这很好。我相信你不会再犯了，这是另外奖励给你的。"从这我受到启发，于是，我决定采用陶老先生的奖励方式，感化这个学生。

我了解到这个学生有体育特长，特别是短跑和篮球。但是他从来没试过参加集体活动，我就鼓励他参加校运会的比赛项目为班级争光。果然，他在校运会上威风八面，我班总分的一半分数是他得到的。后来在运动会的总结会上，我特别地表扬了他一回，而且还颁发了奖金，他很有成就感。

慢慢地，他对我不再充满抵触和反抗了！我知道他的语文和英语成绩比较突出，特别是语文，写得一手好文章。在2009年期中考试中，他的作文以无可挑剔的文字功底获得48分的高分。但是语文老师怀疑他是网上抄袭而来，甚至直接批评了他。经过我的调查，文章确实是他自己写的，我在全班澄清了此事，并表扬了他，他再次受到了鼓励，学习劲头十分充足，充满激情，对我也产生了感激之情。

俗话说："冰冻三尺非一日之寒。"他的坏脾气，或者说一些不好的习惯，又开始慢慢浮现。有一段时间，我发现他特别敏感，特别烦躁，动不动就大发脾气，对老师的要求也置之不理，作业也故意不写，专门找老师的茬。我看出他的内心需要发泄，但是我又不能听之任之，放纵他的不良行为。于是我决定采取一种与以往不同的方式对他进行教育，杀杀他的锐气！

那是一个晚修前的辅导时间，全班同学都在安静地学习，语文科代表找到我说："全班就小聪的语文作业没交，但他还拼命地找借口，态度蛮横，不愿承认自己的错，说自己交了，是我把他的作业弄丢了。"对他的无理取闹，我强忍心中的怒火，对科代表说："让我调查清楚再说。"其实我心里非常清楚是他的错，但是他处于不理智的情绪当中，什么话都听不进去，搞不好还来个顶撞，反而使老师下不了台。于是我决定冷处理，一连几天，我什么都没说，就当什么都没发生一样。几天后，他逐渐冷静之后，我看到他在学一向比较薄弱的数学，学得特别认真，特别用心。在一次考试之后，我在他的试卷上写了这样几句勉励的话："我觉得你是一个非常有理想、有抱负、有才华的青年，只是太过不拘小节，令你才华的发挥受到影响，只要你在这方面稍加注意，你一定可以成为一个成功的人士，老师坚信。”看到我的话后，他主动找到我，向我认错并真诚道歉。我说：“你就像我的弟弟一样，青春年少的冲动谁都有过，只是人总要一步一步走向成熟的。成熟的周期越短，人成功的机会才越大。”他若有所思地点点头，我分明在他的眼睛里看到了泪水。在以后的日子里，我看到一个越来越积极向上的他，打心里为他高兴。

上到高三，由于分班的原因，我不再担任他的班主任和科任老师。但就在2010年9月开学的某一天，我却意外地收到他的一封长信，在信中他表达了对我的感激之情，说我是他的伯乐。然后他表达出自己努力读书的愿望和决心，争取考上好的大学，回报父母。看完他的信，我的心中充满了自豪，教师最为欣慰的事，莫过于看到学生的进步和改变！

点评：曾记得有这样一句话：“你怎样看待别人的方式，就是别人怎样改变的方式。”给予学生恰当适度的鼓励和信任，收获的会是学生的进步和感激，因为谁都希望在老师的心里有自己的位置和分量。春风化雨，润物无声，能看到学生在自己身边的点滴成长，是为师者最大的欣慰和幸福。

（黄法强）

94 尊重的回报

谢伟华

小倩是我帮带的一名后进生。该女生学习能力较差，不善于与人交往，表面上看很拘谨，很内向，其实她内心很热情。她喜欢将自己的情感都写在日记中，她每周上交的周记，我看到的都是另一种形象：文采很好，语句流畅，内心世界丰富多彩，还带有搞笑成分。印象最深的是她写道："我很渴望与别人交往，想大声讲话，想尽情地开玩笑，但总是不能做到。"

为什么会这样呢？经过细心地观察，我发现，她存在较严重的心理障碍。所以对她的帮教，不单是学习方面，更重要的是心理的引导。我平时找她谈话，她不是很健谈，只是一问一答，所以我们的交流主要是通过周记进行，这很特别吧！

在周记中，她真的是将自己的内心世界详细地向我诉说。而我每次在周记里的答复也写得很详细，我对她提了很多的建议，如讲话大声一点，下课多和同学交流，主动帮同学打水，等等。虽然她没有全部按我的要求做，但是也能够乐意接受，特别是见到我能够主动和我打招呼。可接着发生的一件事情，却打破了我们之间平静的交往。

有一天上课，我讲解一道重要的计算题，我提醒全班同学注意看黑板，但发现只有她一个人低头在写东西。我又提醒了一次，但是她无动于衷。这时，我想点她的名字，但又想她的自尊心极强，当着全班的面点名不好，要给她一些面子。于是我一边讲一边走到她的座位前，敲了一下桌子，说："看黑板，不要做其他事情。"然后我就走上讲台，其实全班学生已注意到我是专门提醒小倩的。在我转身时，发现她伏着头哭了，全班学生都望着我。为了不影响上课，我想下课再找她谈谈，于是我继续上课。

下课后，她很生气地说我当着全班同学的面让她丢脸。我很奇怪，这件事情是我做错了吗？我向她说明了我只是想要提醒她上课专心听讲。但是她当时的心情很激动，这一次谈话在不愉快中结束。

过了两天，她交上了周记，她写道："老师，您一点也不尊重我，让我丢脸。老实说，要不是为了考证，我对学会计一点兴趣都没有……"全篇几乎都是责备我的话，令我非常吃惊，这是怎么回事呢？到底我哪方面做得不对呢？我不断地问自己。其实当时的我非常生气，很想找她当面对质，枉我平时还很耐心地对她进行学科辅导，当时只不过在课堂上提醒一下，怎么会有这样的结果呢？

后来，我冷静地想一想，这不能全怪小倩，由于她的心理较自卑，从来没有受到全班的关注，这一次因我的提醒而引人注目，让其他同学以为她犯了错，所以我本身也有责任，没有很好地考虑到学生的心理特点。于是我留了一张纸条对我的冒失作了说明，将其夹到她的作业本中。

没想到第二天一早，我在桌面上发现了小倩的周记，周记写道："老师，对不起。前两天我太激动了，说了一些伤您的话，不要介意哟。"还画了个笑脸。多么可爱的学生呀！我在她的周记里也作了回复，同时也对她提出了希望，我们之间的隔阂逐渐消除了。

通过这件事情，我认识到教育方式是否得当，关系到教育能否取得成功；也懂得了尊重、理解后进生，是感化后进生的前提。对学生的帮带，重要的是了解其心理的特点，要学会运用心理教育的理论和方法，培养学生良好的心理素质。特别是对自尊心强的学生，不当众揭短，不粗暴训斥和冷嘲热讽，用爱心融化后进生坚冰似的"心理防线"，在师生间架起一座情感交流的桥梁。

现在小倩已走上了工作岗位，但是每逢节日我都能收到她的祝福短信，其中最多的一句话就是："老师，祝您每天开心！"而我也说："小倩，老师也要祝你快乐幸福，好运常伴，是你让我明白了教师是人类灵魂工程师的真正含义！"

点评：付出爱，收获的也会是爱。当付出了爱心、细心和耐心时，再顽固不化的学生也会被感动和感化的，收获的将会是意想不到的硕果！

（何小毛）

95 我对“发哥”的爱

周文君

有一位教育专家曾这样说过：“教育不能没有情感，没有爱就如同池塘没有水。没有水就没有池塘，没有爱就没有教育。”作为一名教师，爱心最重要。教师在不经意间流露出对学生的情感，让学生感受到的就是一种巨大的爱。爱是源泉，爱是动力，爱是鞭策。爱，更是坚持，让这份爱连绵不绝的，是我们教师的“心”。

在教育这片原野上，爱点燃了前行的灯盏，爱照亮了学生的心灵，爱延续了中华民族几千年师德师魂的崇高与伟大。

作为一名人民教师，我时刻铭记着：爱心，是教育成功的关键，是新时期师德师魂的一个重要标志。我们要爱一切学生，爱学生的一切。

当然，作为一名普通的人民教师，我的爱是微弱的，是平凡的，我只能在平凡的岗位上用爱与责任做一些非常平凡的事情。

我遇到过这样一名学生，他是小杨，是物流064班“五大金刚”中的一员。他身材最矮小，体重最轻，平时爱笑，而且喜欢偷偷地笑。因他的名字中有一个“发”字，班上同学总喜欢称他为“发哥”。虽说“发哥”其貌不扬，但却是我遇到的学生中最让人头疼、最难教的一名学生。他顽皮，个性强，喜欢上网，而且经常通宵上网，白天一条虫，晚上一条龙。

还记得2008年4月17日的晚上，那天狂风暴雨，我刚进入甜美的梦乡，突然被一阵急促的手机铃声吵醒，学校宿舍管理员打来电话说点名时发现小杨不见了。22点30分了，这家伙不在学校，是不是出事了？我心里非常着急，急忙骑摩托车赶回学校，叫上我班的小陈同学一起去网吧寻找。

陈村镇的每一间网吧，我们都进行了地毯式搜索，始终不见其人。夜已深，我只好送小陈回去休息，我一个人继续寻找。凌晨1点16分，还是找不着，我打电话给他父亲，告诉他小杨不见了。他父亲冷漠地说不要理他，让他自生自灭。他父亲的冷漠无情让我既惊讶又心痛。这个另类的孩子，到底做错了什么，令自己的父亲如此绝望。家长不支持老师，学生自己又不听话，我当时真想就这样放弃他了！不，不，我不能放弃。

回到家时，我全身湿透了，皮鞋里全是水。整个晚上，我都无法入睡。

第二天早上七点，知道小杨一定没回到学校，我再次去网吧找。最后在陈村原文化宫的星光网吧找到了他。见到他时，他目光呆滞，双眼充满了血丝，又红又肿，一副很憔悴的样子。

谢天谢地，我终于找到他了！我带他去吃早餐，并让他先回宿舍休息。

事后，我放下老师的架子，与他聊天谈心。聊自己以前做过的坏事，让他消除对我的戒心，让他知道我们老师也是人，也会犯错，只要勇于改正，都会成才。在后面的日子里，我都比较关心和关注他，让他感到老师把他当作人才来培养，并不时给他一些重要的事做，让他感觉到老师信任他。当建立了信任后，就跟他聊他与父亲的事，问他与父亲之间到底发生了什么矛盾，为何会变成这样。他也慢慢敞开心扉，告诉我说，因为初一的时候，有一次在外面吃东西食物中毒（轻微的），回家告诉父亲，父亲不相信，说他不想读书找借口逃学，并揍了他一顿，从那以后他与父亲的关系跌至冰点。

在接下来的一段日子里，我天天找他谈心，用我的心去感化他。我与“发哥”约法三章，只要他做一件有进步的事，我就在全班同学面前表扬他。此后，“发哥”很少去网吧了，不再通宵上网了，最后他把网瘾彻底给戒了。

如今，他已在深圳找到了一份销售的工作，虽然工资不是很高，但他做得很踏实！

故事讲到这里，我用“发哥”发给我的信息来作为故事的结尾：“敬爱的周老师，有一句话一直想对您说，没有华丽的语言，只有简单的三个字：谢谢您！是您的执著，您的坚持，您的爱，让一个曾经迷途的少年醒了过来，让我戒掉网瘾，重新做人！在今后的日子里我会时刻记住您给我的最真诚的爱！”

点评：德育从细节开始，抓住细节，用爱春风化雨式地熏陶学生，让一个学生回到主流上来，让学生知道对与错，知道人的立身之本。

（边相君）

96　用爱心敲开学生的心门

何佩仪

不知不觉，踏上三尺讲台已经有好几个春秋了，一直以来我都坚持一个信念：要充分尊重学生的人格，平等、公正地对待每一个学生。

“同学们，我希望在未来的一年里我们能做好朋友，一同学习，一同进步！”这是我在第二届高三“升大”班第一节课时的讲话。谁知道话音还没落下，一个声音马上就接下去：“虚伪！”我心里一颤，下意识地问了一句：“这位同学你说什么？”“我说你虚伪！师生就是师生，做什么好朋友？做朋友不一定是件好事情！”那一刹那，我一下子僵在那里，好几秒钟都反应不过来。良久，我挤出一个大概比哭还难看的笑容：“那让时间来证明一切吧！”这是我跟小聪的第一次“正面交锋”，以我狼狈落败收场。从此，小聪这个名字就烙在我的心上了。从他的表现，我心里隐约觉得：这个学生过去一定发生了什么事情。

接下来的日子，我一直在暗中观察小聪。我发现这个学生能写一手漂亮的字，知识面比较广，语文的基础不错，而且有一个聪明的脑袋，但是有点爱钻牛角尖，性格有点倔，有点狂，有点傲，上课时喜欢用自己的一套学习，发现老师讲课的漏洞会毫不留情地指出。但他一般不会与人直视。

我通过各种渠道了解到小聪的过去：他的家庭条件不怎么好，但从小聪明伶俐，在小学时候是全校的风云人物，升初中时以很好的成绩升读区属重点学校，本应一路走到重点大学去才对。但不知出了什么问题，升高中的时候考回陈村职校就读，高二上学期因为某个原因钻进了牛角尖，高三才勉强走了出来。

知道了小聪的过去后，我终于知道为什么他的眼神会闪烁，那是因为他有“丰富”的经历。我的心一紧，暗暗下定决心一定要帮他一把。

我尝试课间多与小聪接触，多跟他聊天，想让他卸下那不必要的戒心。但每一次他对我总是爱理不理，话语的多少也随心情的好坏而变化，我与小聪的第二次“亲密接触”又以我的失败而告终。谈心法失败后，只能改换方法了。

“小聪，你的字那么漂亮，帮老师每天写一句名言在黑板上，可以吗？”虽然有点不情愿，但他总算没有拒绝，每天很负责地完成了我交代的任务，还变着花样美化名言，让人看着赏心悦目。为此，每天我一进入课室的第一件事就是让小聪向全班解释名言的意思，然后不经意地称赞一下小聪。后来我得知小聪爱玩魔方，而且已经达到专业的水平。于是我半开玩笑半认真地鼓励他参加正式的比赛，我看到他的眼睛里一下子闪过一丝不容易察觉的光亮，我知道他不像开始时那么排斥我了。第三次“交手”，算是来了个平手。

从此以后，我常常会寻找机会关心他。天气冷了，我会轻轻拍拍他的肩膀说：“天气凉了，不能只要风度哦。”下雨了，我会问他有没有带伞……不过这一切都只是铺垫，我一直在寻找一个机会，可以真正走进他的心扉。皇天不负有心人！一次月考让我找到了这个机会。那次小聪的作文得分异常的低，我再次仔细地翻阅他的作文，发现只要稍作改动，这篇文章完全可以拿到很好的分数。于是我专门找到小聪给他分析失分的原因，肯定了文章的可取之处，并指导他作了修改，告诉他拿分的法宝。我知道以他的个性不一定会按照我说的去做，但他需要老师的关心与肯定。果然，此后的语文课，他以前经常低着的头抬起来了，而且变得较积极发言了，课后还会跟我开开玩笑。第四次“接触”，我终于“小胜”一把。

往后的日子，我依然关注着小聪的一举一动，发现问题后马上与他沟通。我发现小聪脸上的笑容多起来了。

高考前，我发现他精神状态很不好，猜测他可能回想起升高中的那一幕了。于是我找到小聪，跟他讲我自己的经历，讲往届学长们的经验，只是绝口不提他的过去。他听进了多少我无法得知，但我看到他进来时皱着的眉头舒展开了。

高考过后，他顺利考上大学，很多学生或许已经把高中时的老师忘掉了，但逢年过节小聪都会发信息给我，也会跟我分享他在大学里的生活点滴，遇到不顺心的事情还会问问我的意见，我也尽力帮忙。我祈望他的人生一切顺利！

点评：有一句歌词说：只要人人都献出一点爱，世界将变成美好的人间。同样，在教育的过程中，只要有爱在，就一定能走近学生，教好每一位学生，创造一个美好的人间！

（何小毛）

97 宽容创造的奇迹

沈少华

2009 年 6 月 29 日——高考放榜的日子，小罗在电话里用颤抖的声音向我报喜：他的高考数学成绩为 150 分（满分）。我不禁感慨：他在跌倒后终于站起来了。

一幕一幕往事不断浮现在我的眼前。那是 2008 年 10 月 13 日的早读课，学部部长把我叫到了计算机 085 班的储物间，从垃圾篓里拿出一本作业本，问我认不认识作业本的主人。原来，有人把我班的垃圾倒在了别班的储物间里。是谁干的呢？我急忙跑进教室，查看值日安排表，周六是班长负责倒垃圾，难道是他干的？凭我对他的了解，相信他不会干这样的事。这到底是怎么一回事？我连忙把他叫出来，问他周六是不是轮到他倒垃圾，他说不是他倒的，他和小罗换了。我把小罗找出来，他马上承认事情是他干的，果真是我班的学生干了这么一件缺乏道德的事情。

我当时气极了，立刻把第一节数学课换成临时班会课，在全班通报了垃圾事件，并进行相关的教育，而且要求全班同学课后针对垃圾事件写自己的心得体会。看着收上来的心得体会，学生们多持以下三个观点：绝大多数同学认为，小罗的行为真是太可恶了，简直是丢尽了班级的脸面。少部分同学认为，这件事情是小事，没有必要这么兴师动众，有点小题大做。还有一部分同学认为，犯错的是他，教育他就行了，没必要教育全班的同学。根据班上同学对待垃圾事件所暴露出来的思想问题，我感到应该教育的绝不仅仅是小罗一个人，如果不及时进行思想教育，还会有第二、第三个人重犯小罗那样的错误。

经过一番缜密的思考，我精心准备了一节《做事先做人——由“垃圾事件”想到的》的主题班会。班会上，我通过对一些真实案例的分析，如：一个中国成绩优秀的留学生在欧洲因逃票而不被跨国公司录用，震惊全国的三鹿奶粉毒害婴幼儿事件等，使学生在品读案例的过程中，懂得了遵守规则的重要性，让学生明白不遵守规则的人，必然会受到最终的惩罚，只有遵守规则的人，才是最明智最聪明的人！接下来，我引导全班学生剖析发生“垃圾事件”的思想根源。许多同学都认为自己长大了，有些东西不用那么细致认真，放松一下也无伤大雅；有同学认为自己是“升大”班的学生，是要考大学的，只要自己学习成绩好就行了，其他的方面不用太在乎，有些规定反正自己做不到，就算违反了又怎样呢？最后小罗终于认识到，正是这种放松对自己要求的想法导致了他的错误。而且从“垃圾事件”的后果：个人受到学校的记过处分，集体被摘星，让学生感悟：要慎独，即使在无人监控的情况下也应该学会自律；要建立一个好的形象是多么的难，而要毁掉它又是多么的容易；凡事要三思而后行，要做个品学兼优的学生。同时，个人与集体的关系是息息相关的，个人的成长、发展离不开集体；个人的行为直接影响集体。为此，作为班级的一分子，每个学生都要为建设一个良好的班集体而承担一份责任。

由于“垃圾事件”严重影响了班级的声誉，班上一些同学开始对小罗冷眼相看、冷嘲热讽，小罗也因为内疚而背上了沉重的思想包袱，非常沮丧。于是我在班上引导学生，树立“犯错并不可怕，要看你对待错误的态度，是积极改正错误，还是知错不改。我们要给愿意改正错误的同学一个改正错误的空间和时间，努力帮助他们改正错误”的思想观念。之后我又屡次通过家访和个别谈心的方式，与小罗学分析其所犯错误于己于人的危害，为什么会犯这样的错误，以后如何避免再犯同样的错误，等等，并表示相信他一定能改好，鼓励他好好学习，回报学校和父母。

在我的鼓励与信任下，他不断严格要求自己，表现越来越好，学习也越来越努力，用行动换来了学校撤销处分的决定，并在高考中表现出色，数学考出了 150 分的好成绩，为校为己争了光。高考后，小罗同学给我来发短信：“老师，经过那次事件，我明白了：做每件事之前，都要考虑后果。而我以前对任何事都抱着无所谓的态度，对自己放松要求，那次乱倒垃圾严重损害了集体荣誉，老师事后并没有过多地责备我，而是对我进行耐心细致的教育，在关键的时刻拉了我一把，使我在一个宽容的环境中学习，让我不断找回了自我和自信。高考可以取得如此好的成绩，也归功于这件事。是您教会我怎样做事做人。如果没有您的宽容就没有我今天的成绩。谢谢您，老师!”

点评：不放弃任何一颗略带瑕疵的灵魂，用教师博大的爱与宽容去打磨、雕琢它，化瑕疵为美丽，化腐朽为神奇，让每一颗灵魂都绽放异样的美丽。

（李　丹）

98 美丽的内部处理

邓 波

任何一个学生在成长的过程中都不可能不犯错误，更不可能不“摔跤”。而我们对他们的教育方式必须要因时、因地、因人而不同，既不能小题大作，也不能小题不作。要允许学生犯错误，更要允许他们改正错误。当学生犯了该受处罚的错误时，公开处理与内部处理的效果是截然不同的。此时要求我们教育工作者，要全面了解学生，审时度势选择不同的处理方式。

记得我在担任计算机021班的班主任时，发生过这样一件事：

有一段时间，学校学生自行车被盗现象比较严重。对此，学校德育处决定对校内盗窃自行车的学生，一旦查出，严肃处理，全校通报，并赔偿被盗车辆价钱的两倍，情节严重者将移交当地派出所处理。

一天中午放学，我班的小华因为前一天自己的自行车被盗，没车回家，气恼之余，他看到了旁边一辆未上锁的自行车，竟想把它推走。谁知正巧被车主撞见，抓住了他。车主要报告德育处，而我当时正好值班，负责组织学生离校。问明情况后，我对车主说：“对不起！他是我班的学生，交给我来处理，行吗？”该学生看我是小华的班主任，就点头同意，离开了。

我的心里开始展开激烈的斗争：是交给学校处理，还是我内部处理呢？交给学校，肯定要严肃处理，对学生的心理成长肯定有严重影响。自己内部教育、自行处理，不上报学校，又有隐瞒的嫌疑，肯定要担当一定的风险。我想起小华的入学履历：入学成绩236分（总分：650分）；类型：纪律懒散，社交障碍，沉默寡言，自卑；情况：父母离异，家教缺乏，不配合学校、老师的教育，对学习不感兴趣，我行我素；在校表现：经常迟到，无故旷课，上课睡觉，对老师的教导无动于衷，不与同学交往，不参加集体活动，躲开老师，避开同学，但讲义气。

考虑再三，最后我决定内部处理。在心里思考了一阵后，我便请他去我办公室。

“坐吧。”我亲切而平静地说。他诧异地看了我一眼，坐下了。我轻轻地询问：“怎么去推别人的自行车？”他不禁满脸怒气：“谁叫别人偷了我的单车！

我要报复!”我心里轻松了一些，原来他仅仅是因为所谓的“报复”，而非真偷、惯偷!“你想过这样做会给你带来什么后果吗？现在如果时光倒流一次，你还会选择这样做吗?”久久，他默不做声了。看来，我不能再顺着这个问题问下去了。我转变了一个话题：“听说你很讲义气，敢做敢当。我很欣赏你这点，说明你是有骨气有个性的人。”他抬头看了我一眼，我的眼睛里并没有丝毫的轻蔑与嘲笑。他垂下眼帘，心情仿佛平静了很多。“你想想，这种行为会给你带来什么？又会给被盗的学生、家庭带来什么影响……”“我明白！但我很生气，偷到我头上了!”他很委屈地开了口。“那你这样做，难道不知道学校会怎么处理吗？这不是一失足成千古恨吗?”他低下了头。“如果我把你交给学校处理，你知道意味着什么?”他依然没做声。沉默片刻，他突然激动起来：“老师！千万别把我交给学校处理，我爸会打死我的！我这一辈子就完了！我改，我改，行不行?”我终于明白了：他还是会在乎一个人的看法——他的父亲！还是会考虑到自己以后的人生！幸好，这颗心灵还没有彻底迷失！我倒吸了一口冷气！如果当时我一激动，处理不好，也许就会制造出一个人的人生“悲剧”！像他这样的学生如果教育处理不当，也许会使他带着阴影度过一生。就这样打开话题后，我跟他谈了很多很多……

后来我就这件事进行了家访，与家长座谈，希望做家长的配合教育工作。在学生成长的过程中，无论是家长还是老师，都不能忽略对他们的情感教育。此后，我经常找他谈心、交流，了解他的内心世界，理解他的烦恼与苦闷，给他讲人生的道理。每当他遇到困难的时候，我都能及时发现，并给予适当的帮助。在学校里，既让他感受到母亲的慈爱，又感受到父亲的严厉，用温暖的爱心打开了他紧闭的心扉，用鼓励的话语帮他树立起自信，带他走出人生阴影。

如今，小华毕业多年了，目前已经成为了一家公司的业务主管。他每月至少有两个问候电话，我们之间的交流从未间断过。逢年过节，他还会专门登门拜访，就一些他工作中、生活中无法解决的烦恼和问题与我交流。

我很庆幸，当时选择了这样的一个内部处理的方法！正是因为对学生的这种纯洁而高尚的爱，让我在师生之间开辟了一条通道，开启了学生心智之门，更点燃了学生心灵的火焰，照亮了学生前行的道路!

点评：抓住教育契机，用心去贴近学生的心灵，即使是顽石，也能够感受到师爱的温暖；即使是处罚，也可以如此宽宏而温馨。

（李　丹）

99 一碗双皮奶——我和学生阿诚的故事

刘伟清

双皮奶，是广东顺德的特色经典甜品，在广东流传百余年，家喻户晓。它由牛奶、蛋清和白糖等混合炖制而成，既有奶香，又有蛋香，香而不重，甜而不腻，堪称绝妙。其特异之处还在于它含有双层奶皮，故名“双皮奶”。刚调到顺德工作时，我就对它一见钟情，它很快成了我的“新宠”，而在后来的日子里，双皮奶对我的意义远非如此简单……

阿诚所在的电子班，是我调入新学校后最先接触的班级，阿诚是这个班级中让我印象最深刻的学生。在我的课堂中他最积极回答问题，全班 47 人，只有他一个人的英语中考成绩及格，有他的参与课堂就显得活跃，少了他的参与就会出现“一片倒”的现象。每次的作业、考试他完成得最快，而且做得也最好。因此，我喜欢叫他帮我做事，比如，领读、做小老师给同学过关、订正作业，甚至评讲试卷，等等。但他也有一些让我无法容忍的缺点，比如，张口就是脏话，行为举止粗俗，脾气急躁，同学偶尔教训他一句，他就会破口大骂。加了他的分他就沾沾自喜，扣了他的分，他就会暴跳如雷。对此，我没少操心，绞尽脑汁想：怎样才能让他的言行举止有所收敛和改正呢？很多时候只能以“你今天刷牙没”、“这是课堂，不是野生动物园”、“请不要污染这里的清新空气”等调侃的话语来提醒他、批评他，课后我也没少找他谈话、跟他订条约，等等。在这个班加分是最能调动学生积极性的，比如，早读课，只要把读书声音大的同学的名字写到黑板上，其他同学就会一个比一个大声，榜上无名的学生特意地放开嗓门好让老师早点发现自己，榜上有名的同学也会更加大声。在隔壁班为早读没人读书苦不堪言时，我只需轻松地在黑板上写上一些名字，就可以听到琅琅的读书声。但当我把自以为“屡试不爽”的方法用在阿诚的身上时，却发现都失效了。对他，我喜怒参半，常常因束手无策而苦恼。

又到了报考全国公共英语等级考试的时间，在阿诚的班级我只是例行公事地做了动员，因为在电子类的班级里能控制好课堂已经很不容易了，学习上的事不敢对他们有太多的期望。和我想的一样，报名的只有五个学生，阿诚是其中一个，与其他同学不同的是他报的是一级，而不是一级 B，这比其他同类班级的同学高了一个层次。我在班上表扬他的这一举动，心里也期待这是能促进他转变的一个契机。由于要对报考学生进行集中辅导，我跟阿诚一起的时间多了，也加深了对他的了解，比如，他的“出口成脏”很多时候是一种习惯性的、无意识行为，并非我之前所想象的蓄意骂人，还有他的“火爆”脾气，都是他长期形成的坏习惯。因此，在对他的辅导中，特别是进行阅读理解的辅导时，我常以他的一些表现作例子，让他明白脏话连篇不仅降低自己的身份，影响自己在别人心目中的形象，也是对别人不尊重、不友好、不礼貌的表现，让他明白脏话激化人与人之间的矛盾，造成纠纷的例子举不胜举。“英语这么难你都能学会，这些毛病相信你也能改正。老师相信你！”我常常这样鼓励他。

改变坏习惯并非一朝一夕的事，阿诚还是会屡教屡犯。所不同的是，当大家指出的时候，他不像以前那样对别人动粗，他会不好意思地笑笑，并且主动提出做事，如扫地、多做作业等将功赎罪。有时他刚一张口，能马上意识到需要自控，会不好意思地捂着嘴，我欣喜地看到他一点一点地在进步。

正当我沉浸在阿诚进步的喜悦中时，突然又发生了一件让我意外的事情，他和同学打架了。科代表告诉我事情的原委：那天她在收英语等级考试报名费，本来是上午交的，阿诚说忘了带。下午科代表再找他要钱，他又说忘了。旁边一个同学说：“忘什么？你赌牌输了钱，没钱交了。”“关你什么事！”他怒气冲冲地把同学推倒在地。幸好教室离班主任办公室很近，班主任及时赶到才避免了一场恶斗。当晚我和班主任到阿诚家家访，阿诚没在家。昏暗、零乱的家里弥漫着呛人的烟味和酒味，只有阿诚爸爸一个人在吃饭，一条裤腿高高地卷起，沾满泥巴的脚搭在板凳上。一提起阿诚，他爸爸就滔滔不绝地数落和责骂：“这个小子每天吃饱了都不知道上哪去了。我每晚下班回来都吃他的剩菜剩饭，向我要钱的时候就出现。都怪我自己没本事，他就从来不知道爸爸的难处……”这头一回站着完成的家访让我更能理解阿诚平时的言行举止，从他家出来，我和班主任异口同声地叹道：“有其父必有其子。”

第二天阿诚没有参加辅导，我到教室找他，他却说他不考一级了。我问他是不是真的输了钱，他矢口否认，说钱是弄丢的。我告诉他：“我去过你家，了解你家的情况，我也相信你是不小心把钱弄丢了。不过我们一起努力了这么长时间，你的模拟练习每次都稳中有进，你这样放弃，老师真的觉得很可惜。钱，老师可以先垫上，你要继续参加考试。如果通过一级，就当是老师对你的奖励，如果没通过，就当老师先借给你，你什么时候有钱就什么时候还，不还也没关系，当老师请客吧。”“您就这么相信我？”他瞪大眼睛看着我。“是的，老师相信你！”我微笑着点点头。他如约继续参加辅导。考试结果出来了，五位报考的同学全通过，阿诚的口试得了 4 分，笔试是 71 分，顺利地拿到了一级证书。

在后来的课堂中，阿诚比以前多了几分认真与严肃，平时与同学的相处也更绅士、更君子了。因为他的英语厉害，很多同学都服他，他不仅是我的得力助手，也是班级管理的得力干将，更可贵的是“吾好意思（不好意思）”、“吾该晒（谢谢）”等礼貌用语常常从他嘴里脱口而出。

一天晚上，门卫打来电话说我叫的外卖到了。“外卖？谁叫过外卖？是天上掉的馅饼还是别人挖的陷阱？还是……”带着种种的猜测我来到门卫处。保安递给我一个袋子，里面装着一碗双皮奶，还有对折的一张信纸和一个用100元人民币折成的心。我知道这是阿诚送的，他的别出心裁真让我惊喜万分。展开信纸，上面写着：

老师：

我给您送外卖了。记得您说过最喜欢吃双皮奶的，我请客！谢谢您每次都对我说：老师相信你。您知道吗？您的信任让我很满足，也让我很自责。其实我是个“垃圾”，刚开始时我欺负您是新来的，容易骗，后来发现您是故意受我的骗，才慢慢明白您是在给我机会。报名的钱是我跟同学赌牌输的，同学说的时候我抵赖不认账，死撑着骗您说是弄丢的。这是我自己打工赚来的钱，请您收下，我还专门跟女生学了折心的手工，折一颗心送给您，老师，您喜欢吗？虽然我不是您最好的学生，但您却是我最好的老师，以后我还会常给您送双皮奶，让您能长胖一点，呵呵……

好几年的教师节我都如期地吃到阿诚给我送来的双皮奶，在一年又一年与学生的迎迎送送中，我也常常能吃到很多学生送来的双皮奶，吃后有一种可亲、可敬、可赞、可叹的惬意之感，双皮奶，让我享受到教育之幸福！

点评：教育回馈的本质是情感上的回馈，在精细的情感交流之中，宽容未必是一种放纵。在宽容中让学生收获一份真心，回馈的时候更多的是感动，为人间的真情感动。

（边相君）

100　因为爱，我幸福着

杨艳娟

幸福，是每个人一生的追求。曾有人问我：作为一名教师，你是如何理解幸福的呢？我想：作为教师，我们失去了很多。本来可以成为文学家的人，悄悄藏起了手稿；本来可以成为科学家的人，无声地卷起了图纸。没有显赫一时，没有流芳百世，有的只是年复一年默默地教学。从这点上讲，我们是不划算的，然而我们的生命将在一批又一批的学生身上延续，我们的青春将在一代又一代的青年身上闪光。这对于一个有限的生命体来说，不正是超越自身而永生吗？世界上还有什么比这更幸福的呢？

那年，我担任物流 082 班语文老师。刚刚一接手，一个高个子男同学就引起了我的注意。他上课无精打采，要么搞小动作，要么影响别人学习，提不起一点学习的兴趣；课后，不做作业，即使做了，也不做完，书写相当潦草，而且我个人总觉得他带有一种挑衅的态度……刚开始，我反复批评说教，可是一点效果都没有，真是“不可雕的朽木也”。作为一名语文老师，每次课前小测，我都要在课后陪他喝“苦咖啡”。我试图和他沟通，希望我的善意能够换来他的良心悔改，但每次他都以一副听不懂的表情看着我。哎，真是一块难啃的“骨头”！

那是一节语文课，我正在巡视学生的小测情况。突然发现他的座位空了！刚开始上课的时候我特别看了他一眼，毕竟他给我添过麻烦，那时他还在。我再定睛一看，没错，他是不见了。哪里去了呢？难道跑出去玩了？不可能，或许是躲在桌子下面了。我走过去一看，他果然蹲在地上，手里拿着手机，正在拼命打游戏。见状，我很生气，但还是耐着性子对他说：“上课怎么玩手机啊？”他毫无紧张感地看了我一眼，没动。他居然没动！于是我伸出手去试着把他拉出来，他居然顺势一屁股坐在地上，还蜷缩成一团。我还是强压怒火没发作，因为我知道正面冲突只会让情况更糟。于是，我说：“下课后，去办公室找我！”我强压住怒火继续讲课。

终于等到下课了，我让他帮我拿电脑，他低着头，嘴里面叨唠着我听不懂的陈村话，我没有理会他，就带着他一起走向办公室。这时候，一个之前教过他的老师经过，笑着说："怎么了？又惹祸了？你啊，真是……哎！谁教你谁倒霉啊，这么温柔的老师你都欺负！"他面无表情地又说了几句陈村话，见状，我马上说："不是的，他是帮我拿电脑呢，他看到我拿那么多东西就帮忙，这学期进步可大呢……"听到此，他既吃惊又充满感激地看着我，那一刹那，我忽然想到该怎么教育他了。

到了办公室，我对他说："谢谢你的帮忙，来，给你一根棒棒糖。"他非常吃惊地接受了，并开心地用普通话说了一句："谢谢！"看到他那高兴的样子，听到他那口齿不清的"谢谢"，一股暖流不由地涌上心头。紧接着，他开始用普通话与我聊天："老师，您为什么帮我解围啊？""老师，您知道吗？我会说普通话的，只是我说得不好，我不敢说，怕别人笑话。"（其实，据班主任所言，他的陈村话也是超级难听懂）"老师，您知道吗？我从小学开始就经常被批评，没有人表扬我的，包括我的父母。我有一个妹妹在青云中学读书，父母都喜欢她，不过……无所谓。"

通过这次交谈，我才真正发现职校很多学生内心的悲哀，他们并不是差到无可救药，只是生活中有太多的无奈让他们缺乏自信。作为一名老师，我有责任去挽救这个倍受打击的心灵，因为老师一句关心的话、一个爱抚的动作、一个关切的眼神、一句及时的表扬都对孩子影响非常大。老师的爱可以温暖一颗冰冷的心，可以叩开一扇封闭的门。试想，如果我们每位老师都敞开胸怀去拥抱每一个孩子，都以博大的爱滋润他们，那么他们的生活就会充满无穷的爱，他们就会在和谐的乐园里快乐着、幸福着、收获着……

而他，从那天起，似乎转变了好多。于是，我开始细心地观察他，发现他虽然不愿意和其他人说话，却喜欢和我说话。于是，我有空就和他 QQ 聊天，有意识地锻炼他的语言能力，多亲近他，陪他说话。他每天上课下课都为我拿电脑送电脑。我真切地感受到：我的爱并没有白白付出。

有人说："幸福是亲人温暖的怀抱，是爱人永不褪色的深情，是朋友发自内心的关爱。"不错，如果不是做老师，这也许就是全部。然而，教师这份职业，让我获得了更质朴、更纯洁的幸福！

永远难忘 2010 年 4 月 3 日，我意外流产了。在我痛苦难熬的日子中，我的学生来看我，他走在最前面，手捧着那束鲜花，鲜花上插着一张贺卡，上面写满了让人感动的祝福语，而他则用一口标准的普通话对我说："娟姐，我们想您了，要快点好起来啊，我们等您回来给我们上课呢！"看着他纯真的笑脸，真挚的目光，我禁不住热泪盈眶，能够获得这样质朴和纯洁的爱，难道不是一种莫大的幸福吗？是啊，正是孩子们纯洁的心、圣洁的情、深厚的意，净化了我的心灵，激起了我对教育事业深深的爱。我真正体会到了一个教师所拥有的幸福和快乐！

点评："亲其师"才能"信其道"。教师一句善意的谎言，流淌出的是真诚的关心和挚爱，它激起的是学生对教师的信心和敬重。多一些肯定，少一些批评，让心与心交流，让心与心激荡！

（刘作武）

后 记

《精细育人故事100例》终于成文了。它，是我校德育科研“精细德育：职校生文明行为养成教育模式研究”历程的见证，更是我校教师的心血凝聚和智慧结晶。

本书的故事来源于教学，来源于生活，来源于教师自己的生命历程。它，可能是一次触动内心的谈话，可能是一次机智灵活的事件处理，可能是一次难以忘怀的家庭访问，可能是一场渐次变化的师生相处……这其中，有教育智慧的闪烁，有撼动心灵的感动；但也有错失机会的遗憾，有经历失败的无奈。走进一个个故事，你就走进了一个个心灵，走进了丰富多彩的职校生活……

在编写本书的过程中，我校教师踊跃参与，积极撰写“自己”的故事，从中体现出自己对教育的反思与感悟。有的教师撰写多篇，反刍自己的教学历程；有的教师反复修改，力求写出真实与个性。在完成这本书的编纂工作时，我们也同时在接受一次教育理念和教育实践的洗礼！

如果本书能让您产生一点共鸣，能给您带来一些启发，那将是我们最大的幸福！

本书的编写，得到了广东省中小学德育研究与指导中心研究部主任李季教授的悉心指导，在此我们表示衷心的感谢！

编完全稿，回头通看，深感粗糙浅薄。究其原因，编者水平不高，力不从心，是主要的因素。不当之处，敬望读者批评指正。

我们深信：抛出粗砖，定会引来美玉！

编　者

2011 年 6 月